PIERLUIGI ROMEO DI COLLOREDO MELS

MENTANA 1867
LA DISFATTA DI GARIBALDI

Pierluigi Romeo di Colloredo Mels è archeologo professionista e storico militare; già ufficiale dei Granatieri di Sardegna, è membro dell'Associazione Nomentana di Storia e Archeologia. E' autore di numerosi articoli scientifici e saggi storici, ha pubblicato, tra gli altri, *La battaglia dimenticata. Monte Celio, 12 aprile 1498*, Bergamo 2016; *Rodolfo di Colloredo, un FeldMaresciallo italiano nella Guerra dei Trent'Anni*, Bergamo 2017, *Venezia 1849. Aspetti militari di un assedio del XIX secolo,* Bergamo 2017; *La battaglia di Montaperti* (con Mario Venturi e Luca Cristini, in due volumi), Bergamo 2019, *Le guerre di Carlo d'Angiò. Dalle battaglie di Benevento e Tagliacozzo alla guerra dei Vespri*, Bergamo 2019; *Napoleone I. Da Austerlitz a Friedland: scritti, discorsi bollettini, 1805- 1807*, Bergamo 2019, *Eylau 1809. L'aquila nella tormenta*, Bergamo 2019.

STORIA

ISBN: 9788893275446 prima edizione febbraio 2020
SPS-058 - Mentana 1867 - La disfatta di Garibaldi.
by P. Romeo di Colloredo Mels
Editor: **Luca Cristini Editore per i tipi di Soldiershop serie Storia**
Cover & Art Design: L. S. Cristini e P. Romeo di Colloredo Mels.

Libro disponibile anche in versione e-book ISBN 9788893275453

INDICE.

PREMESSA. Pag. 5

I CAPI: GIUSEPPE E MENOTTI GARIBALDI. CANZIO, KANZLER, DE FAILLY. Pag. 7

LA CAMPAGNA DELL'AGRO ROMANO, 1867. Pag. 19

ROMA NON INSORGE, 22-26 OTTOBRE. Pag. 27

MONTEROTONDO. 25- 26 OTTOBRE. Pag. 36

GARIBALDI ALLE PORTE DI ROMA, 30 OTTOBRE. Pag. 49

MENTANA, 3 NOVEMBRE. Pag. 63

EPILOGO. Pag. 91

DOCUMENTI E TESTIMONIANZE. PAG. 101

CADUTI DI PARTE NAZIONALE NELLA CAMPAGNA DELL'AGRO ROMANO, 1867. PAG. 157

CADUTI DI PARTE PONTIFICIA E FRANCESI NELLA CAMPAGNA DEL 1867. PAG. 163

INNODIA DEL 1867. PAG. 167

TAVOLE UNIFORMOLOGICHE. PAG. 179

NOTA BIBLIOGRAFICA. Pag. 189

I protagonisti. Giuseppe Garibaldi, Pio IX, Napoleone III.

PREMESSA.

Nel 1867 Garibaldi era considerato uno dei migliori generali non solo d'Italia. Dopo i risultati ottenuti nella disperata difesa di Roma del 1848- 49 e la ritirata da manuale da lui effettuata, la campagna del 1859 alla testa dei Cacciatori delle Alpi e soprattutto la conquista della Sicilia e dell'Italia Meridionale con le vittorie di Calatafimi, Milazzo e soprattutto del Volturno ne avevano innalzata la fama a livelli internazionali, tanto che Abraham Lincoln nel 1862 gli offrì il comando delle armate unioniste nella Guerra Civile Americana, offerta declinata dal Generale poiché all'epoca non era stata ancora proclamata l'abolizione della schiavitù.

Dopo l'abortita spedizione del 1862 e la partecipazione alla guerra contro l'Austria del 1866, in cui Garibaldi aveva sbaragliato il nemico a Monte Suello e Bezzecca ed era giunto sin quasi a Trento, unica pagina luminosa per gli italiani nella Terza Guerra d'Indipendenza, questi l'anno dopo condusse in condizioni quanto meno disperate la campagna dell'Agro Romano, dove avrebbe incontrata la sua prima disfatta, ad opera dei volontari di Pio IX e degli *chassepots* francesi del corpo di spedizione inviato da Napoleone III in sostegno al vacillante regime del papa- re.

Garibaldi, appena fuggito rocambolescamente da Caprera, dovette prendere le redini di un corpo di spedizione in cui oltre ad un piccolo nucleo di veterani delle campagne precedenti, la maggior parte era gente senza addestramento e disciplina, male armata (all'indomani di Mentana il generale francese Dumont, esaminando le armi dei volontari, esclamò stupefatto: "*est-ce avec ca que vous faisez la guerre?*[1]"), convinta di fare una passeggiata militare e pronta a sbandarsi alla prima occasione, con infiltrazioni mazziniane ostili al Generale, accusato di compromessi con la Monarchia sabauda; oltre a ciò Garibaldi non poté pianificare le prime operazioni, mal coordinate dai vari comitati di arruolamento, né contare sull'insurrezione di Roma che pure era stata data per certa dai comitati insurrezionali.

Oltre a questo, ulteriori ostacoli alle operazioni erano dati dall'ambigua linea politica seguita dal ministero Rattazzi, desideroso di non inimicarsi la Francia di Napoleone III; di fronte, oltre ai reparti indigeni pontifici, privi di effettivo valore militare, vi erano però i volontari fanaticamente cattolici accorsi a puntellare con le proprie baionette la traballante Cattedra di Pietro: i legionari di Antibes e soprattutto gli Zuavi pontifici[2], ai quali si sarebbero aggiunti i reparti regolari dell'esercito francese, all'epoca considerato il migliore al mondo.

A fianco di pagine di luminoso eroismo e di sacrificio da entrambe le parti, vi furono anche episodi di fuga e di sbandamento, troppe volte nascosti dalla retorica ufficiale,

---

[1] C. Bianchi, *Mentana*, Milano 1868, p. 176.

[2] Ancor oggi troppo spesso definiti *mercenari*, anche se sarebbe più esatto definirli come i *foreign fighters* dell'epoca, caratterizzati, come quelli islamici di oggi, dal fanatismo religioso che li spingeva a uccidere e ad affrontare la morte in battaglia come martirio per la Fede, cui sarebbe stata premio la beatitudine eterna Ma a compiere l'attentato che non si può non definire terroristico alla caserma Serristori degli Zuavi, furono Monti e Tognetti.

riscattati solo dalla presenza del Generale e dal valore dei suoi veterani delle campagne precedenti, e che costituiscono la prova di come senza disciplina, addestramento ed organizzazione l'entusiasmo conti ben poco, troppo poco per vincere.

Insieme all'analisi dettagliata della campagna dell'Agro Romano, e delle operazioni basata su documenti e memorie delle due parti in lotta, con le quali abbiamo cercato di fornire una serie di testimonianze *in presa diretta*, l'opera offre al lettore una serie di documenti mai più ristampati dal XIX secolo che ben rendono lo spirito di un'epoca decisiva per la storia italiana, sia di parte garibaldina, con le pagine sulla campagna dell'Agro Romano, scritte con lo stile tutto particolare a lui peculiare da Garibaldi nelle proprie *Memorie*, i rapporti di Menotti Garibaldi, Eugenio Valzanìa ed Augusto Elia, sia pontifica, con il *Rapporto alla Santità di Nostro Signore Papa Pio IX. felicemente regnante del Generale Ermanno Kanzler proministro delle armi sulla invasione dello Stato Pontificio nell'autunno 1867*. Abbiamo poi voluto riportare la descrizione di Mentana e Monterotondo dopo la battaglia, fatta dal grande storico della Roma medievale Ferdinand Gregorovius, che le visitò cinque giorni dopo la battaglia.

Vogliamo proporre al Lettore una presentazione rapida ma completa della campagna del 1867 dal punto di vista delle operazioni militari, senza insistere sugli aspetti politici e diplomatici più di quanto sia necessario per una corretta comprensione degli eventi.

Militarmente non fu gran cosa: ma impedendo per il futuro ogni riavvicinamento tra Firenze e Parigi, Mentana segnò la fine del millenario potere temporale dei papi. Come scrisse Alberto Mario,

> "Se togli Mentana, Vittorio Emanuele o altro principe di Savoia non avrebbe mai salito lo scalone del Quirinale. Verità penetrata oggimai nella coscienza della nazione.
> E nella giornata di Mentana, i posteri forse ravviseranno il massimo valore istorico fra tutte le gesta di Garibaldi".

P.R.d.C.

I CAPI:
GIUSEPPE E MENOTTI GARIBALDI, CANZIO, KANZLER, DE FAILLY.

Nella sua fondamentale opera del 1962 dedicata alla storia militare del Risorgimento, Piero Pieri, forse il massimo storico militare italiano, traccia il profilo biografico di Garibaldi e Kanzler, i due avversari nella campagna dell'Agro Romano del 1867. Ci sembra opportuno riportarli seguendo l'esposizione del Pieri: per Garibaldi però riporteremo solo il periodo che va dalla spedizione dei Mille (1860) alla morte (1882) in quanto più utile alla comprensione degli avvenimenti oggetto del presente lavoro, ed ampliando il profilo dedicato a Kanzler, piuttosto smilzo. Abbiamo inoltre ritenuto opportuno inserire un breve profilo biografico di Stefano Canzio e del comandante francese Pierre-Louis-Charles conte de Failly.

GIUSEPPE GARIBALDI
(1807-1882)

...Ai primi d'aprile 1860 Garibaldi presentò alla Camera un'interpellanza sulla cessione di Nizza alla Francia ma ivi gli giunse notizia della rivolta scoppiata in Palermo il 4, e acconsentì subito ad accorrere in aiuto degl'insorti. Dapprima domandò uno o due reggimenti di fanteria al re, che gli furono rifiutati per giuste ragioni di politica estera. Si diede allora a raccogliere un corpo di volontari, che per un momento pensò di dirigere su Nizza per distruggere le urne del plebiscito che avrebbe deciso le sorti della città. Dopo qualche incertezza, determinata dalle notizie contraddittorie che venivano dalla Sicilia - e Garibaldi non intendeva partire senza la sicurezza che nell'isola ardesse la rivoluzione, - non sza almeno il tacito consenso del governo, la spedizione partì da Quarto nella notte dal 5 al 6 maggio 1860. Meravigliose tappe dell'impresa, la più grande e la più eroica che il Garibaldi compisse mai nei due mondi, scrive il Pieri, furono lo sbarco a Marsala l'11 maggio, avvenuto non senza la protezione britannica, la battaglia di Calatafimi il 15 maggio, la presa di Palermo il 27 maggio, la battaglia di Milazzo 20 luglio, cui seguì il passaggio dello stretto di Messina il 19 agosto, la trionfale marcia attraverso le Calabrie, mentre la rivoluzione si propagava in tutta la parte continentale del regno delle Due Sicilie, l'ingresso in Napoli il 7 settembre da dove la corte borbonica si era allontanata da poche ore, la decisiva battaglia del Volturno del 1-2 ottobre dove bersaglieri piemontesi combatterono accanto ai garibaldini, a conferma che, fra l'intrecciarsi dei maneggi cavourriani e mazziniani per assicurare alla monarchia o alla repubblica il frutto della conquista quasi miracolosa, Garibaldi aveva mantenuto fede alla monarchia.

L'arrivo del re, e a Teano avvenne il famoso suo incontro il 26 ottobre con il vittorioso generale, impedì la marcia dei garibaldini su Roma; il 7 novembre Garibaldi accompagnò il monarca nel suo ingresso in Napoli, il giorno seguente gli consegnò i risultati del plebiscito che approvava l'unione[3] del regno delle Due Sicilie alla monarchia sabauda, e il 9, rifiutati tutti gli onori, partì di nascosto, non portando con sé come ricompensa che poche centinaia di lire, un sacco di legumi, un altro di sementi e un rotolo di merluzzo secco.

Pur dopo le amarezze provate specialmente negli ultimi tempi dell'impresa, Garibaldi si mantenne fedele all'ideale che aveva abbracciato.

Appena giunto a Caprera in un proclama agl'Italiani affermava:

> "Vittorio Emanuele è il solo indispensabile in Italia; colui attorno al quale devono rannodarsi tutti gli uomini della nostra penisola, che ne vogliono il bene".

E in nome dell'unità italiana finì per riconciliarsi anche con il Cavour - che, come egli disse, lo aveva fatto straniero all'Italia e che aveva attaccato con terribile violenza in parlamento il 18 aprile 1861 -, riconoscendo tutto quello che aveva fatto per l'Italia e sottomettendosi alla sua volontà: *"Sia Vittorio Emanuele il braccio dell'Italia e lei il senno, signor conte"* - gli scrisse il 18 maggio, quasi a raddolcirgli quelli che dovevano essere gli ultimi giorni della sua vita - *"e formino insieme quell'intero potente che solo manca oggi alla penisola"*. Ma il grande statista moriva lasciando incompleta l'opera sua; nei mesi seguenti parve che si allontanasse il giorno del compimento dell'unità italiana; e allora Garibaldi tornò a essere rivoluzionario. Ottenuta dal Rattazzi la direzione del Tiro a bersaglio, ne approfittò per preparare in Sarnico un'invasione nel Trentino (maggio 1862) e, posto nell'impossibilità di attuarla per le misure prese dal governo, si recò a Palermo (28 giugno) lanciò un proclama contro la Francia, e, non tenendo nessun conto delle insistenze fatte per indurlo a recedere dal proponimento, al grido di *"Roma o morte"* mosse verso la città eterna: ad Aspromonte (29 agosto) era fermato e ferito dai soldati italiani comandati dal colonnello E. Pallavicini di Priola. L'impressione fu enorme in tutta Europa, ove il nome di Garibaldi destava entusiasmi popolari ed era simbolo di lotta; e ne fu prova l'accoglienza che gli fece nell'aprile 1864 l'Inghilterra; ma il triste episodio, mentre valse a mostrare quanto tenace fosse la passione italiana, non ruppe i rapporti tra il governo monarchico e Garibaldi, il quale, dal Varignano, dove era prigioniero, in un proclama non solo scusava in nome della disciplina militare l'ufficiale che aveva ordinato il fuoco, ma affermava

---

[3] A differenza degli altri stati preunitari per i quali si parlava di annessione, per il regno delle Due Sicilie si parlò di unione al regno di Sardegna, essendo entrambi regni,

anche "*di non aver egli in nulla alterato l'antico programma e di essere risoluto a non alterarlo a qualunque costo*". E infatti, scoppiata la guerra del 1866, accettò il comando dei volontari, con i quali entrò nel Trentino, e che in quella disgraziata campagna condusse alla vittoria (Monte Suello, 3 luglio; Bezzecca, 21 luglio); e poi, fedele alla consegna militare, accolse con la famosa parola: "Obbedisco" (9 agosto) l'ordine di sospendere le operazioni e di abbandonare il territorio occupato, che il sangue versato dai suoi soldati aveva reso doppiamente italiano e che per il momento era negato all'Italia. Ormai soltanto Roma mancava per completare l'unità; e con rinnovellato fervore a Roma rivolse tutta la sua passione, non solo promovendo un'attiva propaganda per costringere il governo all'azione, ma prendendo le armi. Dapprima fermato a Sinalunga (24 settembre 1867) e condotto a Caprera, sfuggendo alla sorveglianza della flotta italiana ritornò poi sul continente, e il 23 ottobre passò il confine; ma a Mentana (3 novembre) invano tentò di vincere le truppe francesi e pontificie e fu costretto alla ritirata. Arrestato a Figline e condotto al Varignano, il 25 novembre fu imbarcato per Caprera. Doveva ritornare nel continente soltanto nel 1870 per prendere le armi in difesa della Francia, alla quale avrebbe regalato con la battaglia di Digione (21-23 gennaio 1871) una delle poche vittorie di quella sua sfortunata guerra contro la Prussia, e l'unica bandiera tolta al nemico.

Negli ultimi anni della sua vita, che si chiuse in Caprera il 2 giugno 1882, fu ripreso dai suoi giovanili sogni di cosmopolitismo e di fratellanza universale, senza per altro riuscire a dare ordine alla sua inquieta attività; e tentò divenire scrittore, aggiornando le sue Memorie autobiografiche, alle quali volle aggiungere una redazione in versi sciolti; compilando tre romanzi 1873-74): *Clelia o il governo del Monaco*, *Cantoni il volontario*, *I Mille*; e componendo versi italiani e francesi.

Plinio Nomellini, *Garibaldi ed i garibaldini*, 1907.

MENOTTI GARIBALDI
(1840- 1903)

Menotti Garibaldi, figlio primogenito di Giuseppe e di Anita, era nato in un accampamento militare Mustardo, presso San Simon (Brasile) il 16 settembre 1840. Il suo vero nome era Domanico, ma venne chiamato sempre dal padre Menotti in onore del patriota Ciro Menotti. Sul finire del 1847 il piccolo Menotti fu condotto dalla madre a Nizza e vi rimase fino al 1856, quando seguì il padre a Caprera.
Nel 1859 Menotti aveva partecipato come guida a cavallo alla Seconda Guerra d'Indipendenza; ma il battesimo del fuoco lo ebbe l'anno dopo in Sicilia dove, a Calatafimi, il 15 maggio, ricevendo anche una leggera ferita alla mano sinistra. Luogotenente nel battaglione (poi I brigata della 15ª divisione) comandato da N. Bixio, attraversò poi lo stretto e risaliva la penisola arrivando a Napoli l'11 settembre; venti giorni più tardi partecipava onorevolmente con il grado di maggiore comandante del battaglione Bersaglieri della 18ª divisione dell'Esercito meridionale alla battaglia del Volturno, dove assaltò impetuosamente, coi suoi bersaglieri, i Bavaresi del von Mechel, appostati sulle alture di Monte Caro, presso Maddaloni, e li disperse.
infatti nel 1862, venuto meno il progetto di metterlo alla testa di due battaglioni di carabinieri mobili da impiegare nella lotta contro il brigantaggio (o, più segretamente, nelle iniziative d'oltre Adriatico), il generale se ne serviva per preparare e poi attuare la sfortunata spedizione di Aspromonte, durante la quale, al comando del I battaglione bersaglieri, Menotti restava ancora una volta leggermente ferito, non senza prima avere ordinato ai suoi uomini di fare fuoco sui militari italiani inviati a fermare l'avanzata garibaldina, a dispetto degli ordini paterni.
nel 1866 comandò il 9° reggimento volontari e a Bezzecca dove si meritò la medaglia d'oro:

> "Spiegò capacità ed intelligenza rimarchevole durante la campagna conducendo il proprio reggimento in delicate ed importanti operazioni ; si segnalò per colpo d'occhio pari alla risoluzione ed al valore nel combattimento il cui successo gli fu in gran parte dovuto.

Bezzecca, 21 luglio 1866".

Nel 1867, dato lo stretto controllo cui era sottoposto il padre, toccò a Menotti la direzione dei preparativi per la campagna dell'Agro Romano, e, dal 2 ottobre, il comando della spedizione nel Lazio. Il risultato non fu dei più felici: alla testa di una delle tre colonne predisposte per l'invasione Menotti, entrato il 5 ottobre in territorio pontificio nei pressi di Montelibretti, si trovò presto in una situazione di stallo e dovette attendere l'arrivo del padre per imprimere maggiore risolutezza a un'avanzata che si sarebbe conclusa il 3 novembre con la sconfitta di Mentana, giunta dopo che un suo ritardo di ben sette ore nella marcia per rifornire le truppe di scarpe e viveri aveva consentito ai franco- pontifici di arrivare per tempo sul luogo della battaglia.

Dopo l'infelice campagna del 1867 nell'Agro romano, nel 1870 comandò, in Francia, la 3ª brigata costituita dai corpi franchi italiani; il 24 novembre partecipò al colpo di mano su Digione; presenziò alle battaglie che, dal 21 al 23 dicembre, si combatterono attorno a Digione e protesse la ritirata dell'esercito dei Vosgi.

Eletto deputato per la circoscrizione di Velletri dal 1876 al 1900, aveva ottenuto in enfiteusi perpetua dalla vendita dell'asse ecclesiastico (1874-75) una vasta tenuta agricola nell'Agro romano presso Campo Morto, che rese produttiva, nonostante fosse infestata dalla malaria, impegnandosi a migliorare le condizioni di vita dei contadini.

STEFANO CANZIO
(1837- 1909).

Stefano Canzio nacque a Genova il 3 gennaio 1837, la città in cui morì il 14 giugno 1909. Nel 1859, ventiduenne, accolto con qualche difficoltà, perché dimostrava meno dei suoi anni, tra i Carabinieri genovesi, un corpo scelto di volontari, di cui faceva parte il fior fiore del mazzinianesimo cittadino, fu con essi inquadrato tra i Cacciatori delle Alpi.
Si guadagnò il grado di tenente sul campo e "*tornò dalla campagna soldato perfetto e devoto a Garibaldi*".
Con Bixio e Bertani Canzio fu nel 1860 tra gli organizzatori della spedizione dei Mille, alla quale partecipò sempre nel "drappello" dei Carabinieri genovesi. Ferito il 25 maggio al ponte all'Ammiraglio, all'entrata di Palermo, dopo una breve convalescenza a Genova, riprese il suo posto al fronte, questa volta col grado di sergente presso lo Stato Maggiore di Garibaldi, al fianco del quale prese parte alla battaglia del Volturno. Era ormai degli intimi del generale e in questa veste assistette all'incontro di Teano. Sulla campagna ebbe l'incarico di inviare delle corrispondenze informative al *Movimento* di Genova: sembra anche che abbia tenuto un diario, che, rimasto segreto, secondo il Morando, sarebbe stato consegnato dalla vedova a L. D. Vassallo e da questi a G. D'Annunzio.
Garibaldi, quindi seguì il dittatore a Caprera e un anno dopo, alla Maddalena, sposò la figlia di Anita, Teresita.
Canzio seguì Garibaldi a Sarnico, all'Aspromonte, nel Trentino, guadagnandosi a Bezzecca la medaglia d'oro al valor militare, con la seguente motivazione:

> "Nel momento in cui i nostri sopraffatti dal numero dei nemici, piegarono in ritirata, egli raccogliendo intorno a sé parecchi ufficiali, diresse l'azione, animò con l'esempio ed ordinato da ultimo l'attacco alla baionetta contribuì specialmente all'esito fortunato della giornata".

A Mentana salvò Garibaldi da sicura morte, afferrando le redini del cavallo e gridando: "*Per chi vuole farsi ammazzare generale, per chi?*"

Canzio lo seguì anche agli arresti, al confino di Varignano e ancora al seguito del Generale il Canzio si batté a Digione nel 1871 durante la guerra franco- prussiana, dove combatté con un'audacia senza pari. Già al declinare della vita fu chiamato a istituire e dirigere il Consorzio autonomo del porto di Genova, dove, in momenti assai difficili, seppe egregiamente assolvere il suo compito, riportando col suocero l'unico successo delle armi francesi nella guerra.

Nel marzo 1879 venne arrestato in una manifestazione di commemorazione di Mazzini e condannato a un anno per resistenza, pena poi ridotta a tre mesi e infine amnistiata. Si impegnò attivamente nelle società operaie genovesi che lo elessero come loro rappresentante regionale nel 1880.

Recatosi durante una violenta burrasca a domare un incendio scoppiato nel porto di Genova, Canzio venne colpito dal male che poco dopo lo condusse alla tomba.

Garibaldini in carcere dopo la tentata impresa d'Aspromonte del 1862.
(Gioacchino Toma, *Roma o morte*, 1863)

HERMANN KANZLER
(1822-1888)

Hermann Kanzler nacque in una cittadina nei pressi di Karlsruhe da Max Anton, un impiegato dell'amministrazione fiscale del Granducato di Baden. Più tardi la famiglia si trasferì a Bruchsal, dove il ragazzo trascorse la sua giovinezza. Cominciò il suo servizio come tenente nel corpo dei Dragoni a Karlsruhe, dopodiché, vista la sua marcata militanza cattolica, entrò nelle file dell'esercito pontificio. Nel dicembre 1843 rassegnò definitivamente le sue dimissioni dall'esercito granducale. Kanzler entrò nell'esercito del Papa nel 1845 col grado di capitano; combatté nel 1848 contro l'impero austriaco nel corso della I guerra d'indipendenza e nel 1859 fu nominato colonnello del primo reggimento dell'esercito pontificio; in seguito, l'anno successivo, fu promosso generale dall'allora comandante in capo Lamoriciére, in riconoscimento delle sue audaci azioni a Pesaro ed Ancona contro l'esercito piemontese nel corso della II guerra d'indipendenza. Nell'ottobre 1865 divenne comandante supremo delle forze armate pontificie e prominstro delle armi. Il 3 novembre 1867 comandò l'esercito papale a Mentana e sovrintese alla difesa di Roma nel settembre 1870. Il combattimento di Mentana che vide la vittoria del piccolo esercito pontificio – se pure coadiuvato dall'armata francese – e la sconfitta di Garibaldi certamente non creò illusioni né mutamenti nel pro ministro circa la direzione futura degli eventi. Tra il 1867 ed il 1870, continuarono i lavori di ristrutturazione e stabilizzazione dell'Armata pontificia e del dicastero delle Armi nonché i lavori di fortificazione delle mura e delle zone preposte alla difesa. Continuarono gli arruolamenti ed il piccolo esercito si configurò sempre più come una compagine realmente internazionale.

Nel frattempo i tentativi di conciliazione promossi da Vittorio Emanuele II nel corso del tempo che separa Mentana da Porta Pia non riscossero alcun successo. Kanzler preparò l'esercito a difendere il più possibile la Santa Sede secondo alcune linee strategiche e tattiche già sviluppate e sperimentate nella campagna del 1867 ovvero rafforzamento della difesa della città Leonina e del Forte S. Angelo – destinato ad essere base di tutte le operazioni – e concentramento progressivo delle truppe pontificie a

Roma e nella piazzaforte di Civitavecchia per evitare di esporle ad essere isolatamente sopraffatte e a garanzia di una maggiore tutela della capitale.

La partenza definitiva nel luglio 1870 del Corpo di spedizione francese e gli eventi di politica internazionale che coinvolsero Francia e Prussia (con la sconfitta della prima a Sedan) mostrarono chiaramente come Roma ed il Governo Pontificio fossero rimasti nelle sole mani della sua armata e, come scrisse Pio IX, «di Dio».

Kanzler, di formazione militare, ben poco sembrava affidarsi al caso, alla provvidenza o tanto meno alla speranza di un qualsiasi intervento estero o almeno non poteva davvero tenerne conto nel preparare una linea di difesa. Egli sapeva bene che il numero di forze a sua disposizione non era e non sarebbe stato sufficiente a sconfiggere il numeroso Esercito italiano, tuttavia era altrettanto consapevole e convinto della possibilità di una difesa ad oltranza della città di Roma, una difesa da svolgersi entro la cinta muraria che avrebbe portato ad una caduta onorevole dell'Esercito da lui guidato e ad una manifestazione chiara agli occhi dell'Europa della violenza protratta ai danni del papa. Medesima opinione nutrivano i due generali al suo fianco, Raffaele de Courten e Giovan Battista Zappi, nonché il ten. col. Atanasio de Charette, comandante degli Zuavi Pontifici e fidato braccio destro di Kanzler, già dal 1867

L'attacco alla città di Roma ebbe inizio alle 5,15 del 20 settembre 1870. Lo scontro fra i due eserciti fu violento e concitato, nutrito da entrambe le parti dall'emozione e dall'entusiasmo per la difesa del proprio ideale. Secondo le testimonianze, l'ingresso a Roma dell'Esercito italiano accompagnato da molta gente al suo seguito avvenne in modo non del tutto pacifico e non del tutto rispettosa fu la sua condotta in città

Dopo la firma della capitolazione avvenuta quello stesso giorno presso Villa Albani tra le 14,00 e le 17,30, Kanzler, accompagnato dal maggiore Rivalla e dal conte de Beaumont, si recò in Vaticano per riferire al pontefice quanto avvenuto. Il 21 settembre, con la lettura del suo ordine del giorno ai capi dei Corpi della disciolta Armata pontificia su Piazza San Pietro, si può dire concluso il suo ministero. All'età di 48 anni, decidendo di rimanere presso il pontefice – risiedette in Vaticano con la famiglia fino alla morte di Pio IX, avvenuta nel 1878 – Kanzler aveva ormai posto fino alla sua carriera militare ed in nessuna occasione entrò in conflitto o in polemica con il governo italiano, mantenendo sempre un contegno riservato e rispettoso.

Dopo la fine dello Stato Pontificio e del potere temporale del Papa, Kanzler continuò ad essere nominalmente proministro fino al 1888 e rimase ad esercitare le sue funzioni di comandante in capo delle truppe e le armi papali, anche se solo simbolicamente. Al generale fu conferito anche il titolo nobiliare di barone von Kanzler. Sposò una donna dell'antica famiglia comitale romana dei Vannutelli, che di lì a poco avrebbe dato alla Chiesa due cardinali. Fu a lungo nel consiglio del Campo Santo Teutonico e fu amico del direttore dell'ente, Anton de Waal.

Il figlio di Kanzler, il barone Rudolf von Kanzler (nato il 7 maggio 1864) fu l'archeologo capo della Santa Sede e, fin dal 1896, fu membro della Pontificia Commissione di Archeologia Sacra; considerato il più abile conoscitore della topografia di Roma antica, ebbe una parte di primo piano negli scavi effettuati sotto la Basilica di San Pietro e nelle catacombe romane

PIERRE-LOUIS-CHARLES DE FAILLY
(1810-1892)

Il generale Pierre- Louis- Charles, conte de Failly nacque a Rozoy-sur-Serre, nell'Aisne, nel gennaio 1810 . Partecipò alle battaglie di Magenta e Solferino; uscito diciottenne dalla scuola militare di Saint-Cyr, a 41 anni era colonnello; bonapartista, divenne generale di brigata nel 1854, e dopo la guerra di Crimea, divenne aiutante di campo di Napoleone III e generale di divisione, col qual grado fece la campagna del 1859 in Italia contro gli austriaci al comando della 2eme *Division d'Infanterie* e partecipò alle battaglie di Magenta e di Solferino . Nel 1867, nominato da Napoleone III a capo del corpo di spedizione che venne inviato da Napoleone III in aiuto di Pio IX, sbarcato a Civitavecchia si portò a Roma ed il 3 novembre 1867 decise col peso delle armi francesi il combattimento di Mentana e acquistò in Italia triste notorietà per una frase (forse non esattamente interpretata) del suo rapporto del 26 novembre dove era scritto: "*Nos fusils chassepots* (i nuovi fucili a retrocarica francesi usati per la prima volta in combattimento) *ont fait merveilles*".
Nominato senatore nel 1868, fu nella guerra franco-germanica del 1870-71 alla testa del 5° Corpo dell'Armata del Reno, e si attribuì a sua imperizia il non essere intervenuto il 6 agosto né alla battaglia di Woerth né a quella di Spickeren. Il 30 agost1870]], si fece sorprendere dai prussiani alla battaglia di Beaumont, subendo forti perdite. In effetti egli era giunto in ritardo in città poiché raggiunto in ritardo dai portaordini, e seppe proteggere la ritirata verso la Mosa in modo non insoddisfacente, alla luce delle sfavorevoli sproporzioni di forze con il nemico.
Egli venne, comunque, sostituito dal generale Emmanuel Félix de Wimpffen nel corso della ritirata da Beaumont a Sedan. Sicuramente pesò la sconfitta a Beaumont, probabilmente la cattiva fama guadagnata a Reichshoffen. In ogni caso era considerato un favorito di Napoleone III, il quale, in quei giorni di estrema difficoltà, doveva pur offrire qualche capro espiatorio ad una scalpitante opinione pubblica.
Caduto prigioniero, pubblicò al suo ritorno un opuscolo giustificatorio, (*Campagne de 1870. Opérations et marches du 5ᵉ corps*, Parigi e Bruxelles 1871), che non valse a distruggere del tutto le censure mossegli. Dopo la sconfitta e la caduta del Secondo

Impero il generale de Failly si ritrasse a vita privata a Compiegne, dove morì nel 1892.

Le truppe papali schierate in piazza San Pietro, 1867.

Accampamento dell'esercito pontificio ai Campi d'Annibale
presso Monte Cavo, 1867.

Lo Stato pontificio nel 1867.

LA CAMPAGNA DELL'AGRO ROMANO, 1867.

Citando il più autorevole storico militare italiano, Piero Pieri, la campagna dell'Agro Romano del 1867, conclusasi con la rotta dei garibaldini a Mentana il 3 novembre, potrebbe forse essere esclusa da una trattazione dello sforzo che i patrioti italiani fecero per ottenere che, attraverso un'azione rivoluzionaria appoggiata da volontari, fosse data all'Italia la sua naturale capitale. La questione di Roma era una questione internazionale e non poteva venire risolta che sul terreno diplomatico, oppure grazie a qualche grande avvenimento della politica europea che togliesse gli ostacoli a un'azione contro Roma; e in questo caso questa sarebbe stata fatta dalle forze regolari.
Tuttavia essa presenta caratteristiche proprie, sebbene sia da vedere in essa soprattutto il declino dello spirito rivoluzionario italiano, mal sostenuto o addirittura ora avversato dal governo e dalla monarchia; e minato pure dal dissidio fra elemento garibaldino ed elemento mazziniano e socialista, dissidio che sarà decisivo nell'esito fallimentare dell'impresa.
Ottenuto bene o male il Veneto, rimaneva all'Italia la questione di Roma.
In base alla Convenzione di settembre del 1864, l'11 dicembre 1866 Roma sarebbe stata libera da truppe francesi. Tale convenzione impegnava il governo italiano «*a non attaccare il territorio attuale del Santo Padre*», non solo, ma ad «*impedire anche con la forza qualunque attacco esterno contro quel territorio*». In compenso la Francia avrebbe sgomberato Roma e il territorio pontificio.
Ma fino dal settembre '64, vale a dire appena stipulata la famosa Convenzione, il governo di Francia aveva pensato ad eluderne i patti con la costituzione di un grosso corpo di volontari cattolici francesi, la famosa Legione di Antibes, dal luogo della sua costituzione, Antibes, fra Nizza e Cannes.
Proprio nei primi giorni del '67 la Legione antiboina era definitivamente costituita, ricca di tutti i maggiori rappresentanti del clericalismo e del legittimismo francese.
Non solo, ma erano stati chiamati a farne parte anche soldati dell'esercito francese, che figuravano come volontari aventi terminata la ferma, ma che conservavano nei loro libretti personali persino il numero del loro reggimento; gli ufficiali erano poi tutti francesi e indossavano la divisa dell'esercito imperiale.
I democratici italiani ne erano indignati, ma una scappatoia si presentava anche a loro per risolvere ugualmente la questione: la Convenzione di settembre prevedeva l'intervento italiano contro un attacco esterno, ma non il caso in cui si fosse prodotta una sollevazione all'interno dello Stato pontificio e che le popolazioni di Roma e del Lazio avessero di conseguenza con un plebiscito proclamato di volersi annettere al regno d'Italia. Nel febbraio del '67 il governo Ricasoli aveva sciolto la Camera, e i democratici speravano con le nuove elezioni d'avere un governo di sinistra; ed ecco Garibaldi lasciare il suo romitorio di Caprera per recarsi a sostenere la lotta elettorale.
 Il Generale si recò a Firenze, a Bologna, a Ferrara, quindi a Venezia e nel Veneto, poi in Lombardia e in Piemonte; ovunque Garibaldi ricevette accoglienze festosissime, deliranti; e i suoi discorsi, nel criticare la politica dei moderati, finivano col scivolare sempre sulla questione romana. A Roma del resto vi erano due comitati clandestini: il Comitato nazionale dei moderati e il Centro d'insurrezione, sostanzialmente repubblicano.

La questione dell'insurrezione romana era minata dal dissidio fra moderati e democratici. Infatti, ricorda il Pieri, gli elementi più animosi e capaci nel campo rivoluzionario sono certamente i democratici e i repubblicani; ma dopo il cattivo esito della campagna del 1866 Mazzini torna a sperare in un'iniziativa popolare che non solo liberi Roma, ma faccia veramente della terza Roma, la Roma del popolo, il centro della missione della nuova Italia.

L'insurrezione dei democratici ha un carattere dunque prevalentemente repubblicano, e il Comitato nazionale sembra a volte aver soprattutto la funzione di freno: la rivoluzione dei moderati andrà preparata lentamente con un'azione educatrice e persuasiva fra la popolazione e solo come extrema ratio nel caso che le trattative diplomatiche debbano mostrarsi assolutamente inefficaci. Il Centro d'insurrezione non intendeva andare tanto per le lunghe e si rivolgeva a Garibaldi che dal governo della Repubblica romana del 1849 aveva avuto il grado di generale e, al momento di abbandonare Roma il 4 luglio, i pieni poteri nelle zone ove avesse ritenuto opportuno fermarsi e riaccendere la lotta. Il governo della Repubblica romana era ai suoi occhi il solo governo legale e legittimo, perché emanazione della volontà popolare liberamente espressa con un plebiscito. Il Centro d'insurrezione invitava dunque il generale ad assumere la direzione dei moti popolari e della guerra di volontari per la liberazione di Roma; e lo invitava a farsi appoggiare da un comitato di emigrati romani.

Garibaldi allora dalla pianura lombarda, dov'era ospite del patriota Giorgio Pallavicino, rispondeva il 22 marzo accettando l'incarico, e senz'altro disponeva perché in Firenze si formasse il centro dell'emigrazione romana, destinato ad agire sotto la sua «immediata direzione»; quindi creava in altre parti d'Italia dei subcentri con l'incarico precipuo di raccogliere denaro per l'impresa. Il 1° aprile il Centro d'insurrezione diffondeva nello Stato pontificio un proclama eccitante all'insurrezione ed emetteva dei buoni a prestito, apparentemente solo per aiutare la popolazione bisognosa, in realtà per raccogliere denaro per la vicina lotta.

Garibaldi a sua volta scriveva ad associazioni operaie e a giornali.

Il movimento per la liberazione di Roma sembra farsi sempre più intenso, tanto che il Comitato nazionale romano - quello dei moderati - per non lasciarsi sopravanzare troppo dagli altri decide di fondersi col Centro d'insurrezione in modo da creare una Giunta nazionale e romana che riunisca i patrioti di tutte le tendenze, col solo immediato scopo di provocare l'insurrezione della Città Eterna. Intanto però le elezioni non hanno dato quei risultati che i democratici si aspettavano, e il 10 aprile al posto del ministero Ricasoli si formò il ministero Rattazzi, con una coloritura un po' meno conservatrice ma non certo di sinistra. Il Rattazzi che pur proviene dalle file della democrazia e dell'opposizione è stato il ministro di Aspromonte, l'uomo che colla sua politica tortuosa e oscillante ha illuso per troppo tempo Garibaldi fino a condurlo al doloroso episodio.

E l'uomo politico piemontese continua sostanzialmente nella vecchia politica. Per il momento anzi sembra voler frenare il movimento.

Napoleone III, infatti, ha elevato una regolare protesta a Firenze per tramite del suo ambasciatore, e il Rattazzi gli ha risposto che la convenzione di settembre sarà rispettata. E realmente, cessato il pretesto delle elezioni politiche, svanita la speranza d'un governo nettamente democratico, visti i timori del Rattazzi di fronte alle proteste francesi, l'agitazione per Roma si attenua. Tuttavia non mancano gli elementi impazienti d'agire.

A Terni un gruppo di 106 giovani si raccoglie nell'ex convento di San Martino, in un podere del vecchio cospiratore Pietro Faustini, e, armatisi con armi raccolte fin dai tempi di Aspromonte, tentano di penetrare negli Stati pontifici.
Ma Rattazzi informato della cosa ha mandato contro di loro un reparto di granatieri, e i volontari allora si sciolgono, meno una trentina che vengono arrestati il 18 giugno.
Intanto Garibaldi, indignato contro il governo, con la scusa di sperimentare le acque di Monsummano, si reca in Toscana continuando la sua propaganda. Alla fine, da Siena, annuncia l'insurrezione e la lotta decisiva per il prossimo autunno e dice le famose parole: «*Alla rinfrescata, muoveremo*».
Nel frattempo Garibaldi aveva inviato Francesco Cucchi a Roma per dirigere il moto popolare, il figlio Menotti nel Mezzogiorno per iniziare l'arruolamento dei volontari, e Giovanni Acerbi alla frontiera tosco-umbra perché analogamente raccolga i giovani che affluiscono dal Nord. Intende poi agitare la questione romana profittando del congresso della Lega della pace e della libertà al quale intervengono numerosi campioni della democrazia e del socialismo, fra cui lo storico rivoluzionario Quinet, il sansirnonista Pierre Leroux e il socialista-anarchico Bakunin. In quella assise altamente democratica egli, invitato a parteciparvi, intende esporre i diritti di Roma alla libertà, e avere così l'appoggio di gran parte degli elementi di sinistra di tutta Europa. L'accoglienza nella città svizzera è quanto mai calorosa; Garibaldi è nominato presidente onorario del congresso, e senz'altro presenta una serie di proposte che cominciano colla dichiarazione che tutte le nazioni sono sorelle e che tutte le querele fra loro dovranno essere sottoposte al giudizio arbitrale del congresso, per finire affermando che «lo schiavo solo ha il diritto di far la guerra al tiranno; è il solo caso in cui la guerra è permessa»; il che vorrebbe dire che i romani hanno diritto d'insorgere contro la tirannide e che in questo caso l'azione loro è giustificata e va anzi appoggiata. La conclusione spaventa troppa gente; Garibaldi non aspetta nemmeno la fine della discussione col prevedibile rigetto della sua proposta, e l'11 settembre abbandona la città e se ne torna in Italia preparandosi all'azione. Ora la Giunta nazionale romana lo assicurava che, qualora fossero giunti denaro e armi, l'insurrezione non sarebbe mancata; e Garibaldi, come del resto aveva inteso fare nel '60 - e ora motivi più complessi lo spingevano ad agire in tal modo - dichiarava che si sarebbe mosso a sostegno degli insorti. Ma il ministro Rattazzi manda ora a dire a Garibaldi di tornarsene almeno per qualche tempo a Caprera.
Garibaldi al contrario non si muove e continua i preparativi nella speranza che quanto più i romani vedranno certo l'aiuto in caso d'insurrezione tanto più saranno spinti ad agire. Manda perciò di nuovo a Roma il bergamasco Cucchi, e il figlio Menotti a Terni, perché di là muova su Passo Corese e Monterotondo; e l'Acerbi a Orvieto, perché proceda a sua volta verso Viterbo, e il Nicotera dalla parte opposta col compito di puntare su Frosinone. Egli dichiara poi che scopo del movimento è di rovesciare il governo dei preti, proclamare Roma capitale d'Italia e lasciare il popolo romano in piena libertà sulle proprie condizioni di plebiscito. Da rilevarsi che Garibaldi non usa più la formula del '60, e anche del '62, prima d'Aspromonte; *Italia e Vittorio Emanuele*, pur non prendendo un atteggiamento nettamente repubblicano, quanto meno fuori luogo ed irrazionale, date le contingenze politiche, e che avrebbe portata ad una frattura irreparabile col Regno d'Italia.
È da notare poi che nelle istruzioni diramate ora c'è anche questa: «*Fra le eventualità possibili, vi è quella di essere io arrestato. In quel caso il movimento deve continuare*

colla stessa impavidezza, come se fossi libero. E deve pur continuare anche se arrestassero la maggior parte dei capi».

Via via il piano di operazioni si andava precisando e facendo più complesso: Menotti da Terni, Acerbi da Orvieto su Monterotondo, il Nicotera dall'Aquila e il Salomone da Pontecorvo su Velletri; Stefano Canzio dovrà preparare una spedizione marittima che sbarchi fra Montalto di Castro e Corneto (oggi Tarquinia), a nord di Civitavecchia.

Punto di concentramento delle colonne è Viterbo, il che significa che lo sforzo va fatto soprattutto dal territorio toscano e da Orvieto; ma è una vera azione concentrica che si profila verso Roma, soprattutto dal Lazio settentrionale.

Sembra però che Garibaldi tema ora d'essere arrestato, parte quindi da Firenze e si porta ad Arezzo dichiarando che procederà per Perugia; invece procede dalla parte opposta, e la sera del 23 è a Sinalunga ai confini del Senese, ospite dell'ingegner Angelucci. Ma era appena arrivato che una compagnia di soldati e di carabinieri invase il paese e circondò la casa; e alle quattro di notte un tenente dei carabinieri si presentò a Garibaldi dichiarandolo in arresto.

Di lì con un barroccio è condotto alla stazione di Luciniano, quindi, in treno speciale, portato ad Alessandria e rinchiuso nella fortezza. La notizia provoca dimostrazioni e proteste in molte città d'Italia. Ad Alessandria gli stessi soldati del presidio si affollano sotto le finestre della cittadella, dove Garibaldi è rinchiuso, gridando: «*A Roma! A Roma!*»

I deputati di sinistra sono fuori di sé, perché oltre a tutto Garibaldi deputato è stato arrestato con aperta violazione dell'immunità parlamentare. Il Rattazzi manda allora ad Alessandria il ministro della Marina, generale Pescetto, per indurre Garibaldi a ritornare a Caprera, promettendo di non abbandonare l'isola; il che significa restarvi al confino, ed egli rifiuta nettamente. Intanto nuove dimostrazioni, e allora Rattazzi decide di far tornare Garibaldi a Caprera con una nave della regia marina; e qui lo fa sorvegliare da ben nove navi da guerra oltre che da numerose imbarcazioni minori. Ad onta di ciò l'accorrere di volontari, lungi dall'arrestarsi, s'intensifica. Garibaldi nel passare in stato d'arresto da Pistoia ha potuto affidare a persona devota un biglietto scritto a matita:

> "24 settembre.
> I romani hanno il diritto degli schiavi, insorgere contro i loro tiranni: i preti.
> Gli Italiani hanno il dovere di aiutarli, e spero lo faranno, a dispetto della prigionia di 50 Garibaldi. Avanti dunque nelle vostre belle risoluzioni, Romani e Italiani... Il mondo intero vi guarda, e voi, compiuta l'opra, marcerete colla fronte alta e direte alle nazioni:
> Noi vi abbiamo sbarazzata la via della fratellanza umana dal suo più abbominevole nemico, il papato."

E il 27 settembre, da Genova, anzi dalla nave che lo trasportava a Caprera, Garibaldi aveva scritto al Crispi, che aveva molta influenza sul Rattazzi e che aveva servito talvolta da tramite fra i due, dicendogli di non vedere altra soluzione per la questione romana, oltre quella dell'insurrezione, che nell'azione del governo italiano coll'esercito italiano. Ossia, Roma andava comunque liberata e Garibaldi era pronto a rinunziare all'onere e all'onore di liberarla purché la liberazione comunque avesse luogo.

E il Crispi telegrafava al generale a Caprera:

> "Ottime disposizioni, e spero non tarderete a vederne conseguenze. Impossibile precipitare avvenimenti a vista d'interessi internazionali impegnati. State tranquillo".

E ancora il 4 e il 5 esorta Garibaldi ad avere pazienza e a bene sperare.
Il patriota siciliano ha frequenti colloqui col Rattazzi, e il 6 ottobre annota nel diario «*Rattazzi entra nel sistema*».
In verità il Fabrizi e il Guastalla vanno a Caprera, d'accordo con Rattazzi, per parlare con Garibaldi; e a quanto sembra il Rattazzi, vista l'impossibilità di frenare la volontà popolare per Roma, sembra che si afferri egli pure alla scappatoia di provocare una sollevazione in Roma, con successiva invocazione al governo italiano, e intervento di questo. Soluzione ch'era stata, come s'è visto, accettata dallo stesso Garibaldi.
A questo punto, però, vi è fra gli stessi garibaldini chi ritiene, come il Menotti, il Canzio, l'Acerbi e il Nicotera, che Roma non si solleverà sul serio se prima non si sarà sollevata la campagna, e che questa non insorgerà se non accorreranno i volontari. In conclusione costoro, a differenza del Crispi, del Fabrizi, del Cairoli, del Cucchi, del Guastalla, del Guerzoni, non credono che i romani, pur col sussidio di denaro e di armi, faranno subito per primi una grande insurrezione, tale che possa trionfare o almeno sostenersi per vari giorni; e in questo caso la scappatoia per eludere la Convenzione di settembre verrebbe meno.
E intanto mentre Garibaldi, dietro gli incitamenti del Crispi, pareva doversi alla fine adattare ad aspettare, gli giungevano notizie che una banda dei soliti elementi irrequieti e impazienti forte di 150 uomini, al comando del maggiore Ravina, aveva occupato Acquapendente, a nord del lago di Bolsena, costringendo 36 gendarmi pontifici alla resa, e s'era poi spinta avanti, e il 3 ottobre aveva battuto i pontifici che avevano lasciato 80 prigionieri nelle mani dei volontari.
In base alle istruzioni emanate da Garibaldi nel settembre, il 7 ottobre Menotti era partito da Terni e con 600 uomini aveva occupato Nerola e Monte Libretti, ad est del Passo Corese, in territorio pontificio. E ora anche l'Acerbi da Torre Alfine, fra Orvieto e Acquapendente, si disponeva a marciare a sostegno del maggiore Ravina. Dall'altro lato il Nicotera con 800 uomini sconfinava presso Frosinone, e altre bande pure penetravano nel territorio pontificio. Gli elementi più ardenti avevano preso in mano e trascinavano all'azione la massa dei volontari. E allora il Rattazzi si adoperava per creare una legione romana, fatta di sudditi del territorio pontificio e guidati da un certo Ghirelli, al quale perveniva denaro pel tramite di Crispi.
In questo modo il Rattazzi sperava di poter mostrare all'estero che anche i volontari erano soprattutto romani che si ribellavano alla tirannide. Ma il Ghirelli non volle sottostare ad alcuna autorità e agì in modo così scorretto e disonesto da far persine sospettare che fosse un agente provocatore governativo con l'incarico di screditare l'azione di tutti i volontari. Garibaldi, dal canto suo, ormai fremeva di non potersi trovare a dirigere le mosse dei volontari. Ma il governo aveva dislocato nelle acque di Caprera nove navi da guerra e numerose imbarcazioni che vigilavano attorno alla piccola isola.
L'8 ottobre aveva tentato di evadere imbarcandosi sul vapore postale giunto alla Maddalena; ma il postale era stato fermato e Garibaldi ricondotto alla sua dimora. Allora però Stefano Canzio muoveva al suo soccorso e con una paranza in compagnia di un esperto marinaio da Livorno riusciva a giungere alla Maddalena e per mezzo della signora Collins, che in passato gli aveva ceduto l'isola e che abitava alla Maddalena,

faceva avvertire Garibaldi, il quale mandava la figlia Teresina e il Basso a prendere accordi. La sera del 14 ottobre Garibaldi lasciava la casetta di Caprera e giungeva a un porticciolo dov'era una piccola barca con una falla, mezza piena d'acqua in stato d'abbandono dietro una pianta di lentisco. Garibaldi vi montava e la guidava stando sdraiato e maneggiando un solo remo; l'imbarcazione usciva d'un palmo alla superficie del mare e le tenebre e le stesse ondate favorivano l'evasione. Garibaldi poteva così passare senza essere visto da tre navi da guerra che li vigilavano. Giungeva a un isolotto e faceva a guado l'ultimo tratto fino alla Maddalena. Udì grida e spari di fucile, ma proseguì il suo cammino, e così giunse alla Maddalena. Presso la signora Collins rimaneva l'intera giornata del 15 ottobre, la sera con un amico traversava l'isola della Maddalena e lì il capitano Cuneo e un marinaio lo aspettavano con una barca; traversavano poi lo stretto e passavano la notte e il giorno successivo in una grotta, quindi il 16 a buio traversavano a cavallo i monti della Gallura e al mattino del 17 erano al porto di San Paolo, ove li aspettava la paranza di Stefano Canzio con la quale il 19 ottobre Garibaldi e Canzio sbarcarono a Vada, poco sopra Cecina, donde con due biroccini proseguono per Livorno. Il giorno dopo, mentre i giornali davano la notizia della fuga di Garibaldi da Caprera, paragonata alquanto enfaticamente con quella di Napoleone dall'isola d'Elba, il fuggiasco giungeva in carrozza a Firenze munito di un passaporto britannico intestato a un commerciante di nome Joseph Pane. Si concludeva così un'evasione francamente eccezionale per un sessantenne afflitto per giunta dai reumatismi; la popolazione, alla quale non si è potuto nascondere il suo arrivo, gli tributa dimostrazioni di gioia.

Ecco il racconto della fuga da Caprera secondo la relazione fatta dalla signora Maddalena Elps che la raccolse dalla bocca stessa del Generale mentre era prigioniero al Varignano dopo Mentana:

> " Erano le 10 pom. del 14 ottobre, quando partii l'ultima volta dall'isola di Caprera. Voi vi rammenterete probabilmente di una chiatta, che mio figlio Menotti comperò a Pisa nel 1862: questo piccolo legnetto si guastò in seguito, e già da lungo tempo se ne stava abbandonato e pieno d'acqua nel mio piccolo porto, in uno stato sì deplorabile, che a nessuno dei miei guardiani venne in mente che potesse servirmi ad una fuga.
> Esso mi bastò per altro al mio scopo, e con questo piccolo legno, traversato lo stretto, che separa Caprera dall'isola della Maddalena, raggiunsi la Punta della Moneta, dove la signora Collins, che voi già conoscete, mi raccolse nella sua villa, e mi ospitò fino alla sera seguente alle ore sette.
> Il nostro comune amico Pietro Susini, mi attendeva col suo cavallo presso la signora Collins, e coll'aiuto di questa peritissima guida, traversai da Oriente a Occidente l'isola della Maddalena fino al piccolo porto naturale, che si chiama Cala Francese. Colà mi attendevano Basso ed il capitano Cuneo con una lancia e un marinaio, pronti per la partenza. Favoriti dal vento, in sei ore varcammo quel braccio di mare, che giace fra la Maddalena e l'isola di Sardegna, dove sbarcammo.
> Appena arrivati, la lancia ripartì per la Maddalena, e noi passammo la notte in una Conca (grotta), che per avventura ci venne ritrovata non lungi dallo stazzo (capanna) di un pastore nominato Domenico.
> Dopo averci procurato con lunghi stenti tre animali da soma, partimmo il 16 di sera verso le 6, e dopo aver valicato, or a piedi or a cavallo, le inospite montagne di Gallura e le steppe deserte di Terra Nuova, giungemmo, allo spuntare del giorno, sulle alture del porto di San Paolo.

Qui dovevano aspettarci mio genero Canzio e il valoroso giovane vigiani, che morì più tardi al mio fianco nel combattimento di Monterotondo.

Se non che le nostre aspettazioni an andarono fallite, e non avendo trovato alcuno, riparammo allo stazzo di un pastore nominato Nicola.

Non ostante il mio travestimento e la mia barba colorita di nero, costui mi riconobbe ben tosto, laonde non mi parve prudente dimorare più a lungo nel suo stazzo, e dopo quindici ore di fatica e di viaggi, partimmo novellamente per il piccolo villaggio di Porto Prudinga, che giace sulla costa orientale dell'isola di Sardegna.

Colà trovammo finalmente Canzio e Vigiani con una piccola tartana, ch'era la nave destinata a trasportarci sul continente. Alle ore 5 pom. dello stesso giorno levammo l'ancora, ed un fortissimo vento di scirocco, gonfiate le vele della nostra tartana, la spinse bentosto fuori della baia di Tavolara. Il giorno 18 a mezzogiorno, vedemmo l'isola di Montecristo nello stretto di Piombino: un forte vento di Sud Ovest, che tenne dietro allo scirocco, favorì straordinariamente il nostro viaggio, così che sul mattino del giorno 19, eravamo in vista di Vada, che è fabbricata sulle ruine di un'antica città etrusca.

Ci fu forza attendere quivi che calasse la notte per poter prender terra; alle 7 della sera noi cinque, Canzio, Basso, Vigiani, Maurizio ed io toccammo finalmente il lido di terraferma, a mezzogiorno di Vada.

Le alghe marine, che qui crescono frequentissime, e le tenebre della notte c'impedivano quasi del tutto il camminare. Per più ore ci aggirammo per quelle paludi colle gambe nell'acqua, fin ché, grazie al soccorso dei bravi abitatori di Vada, ci venne fatto di levarci da quell'incaglio.

Due *baroccini* ci attendevano ad un certo punto, i quali ci condussero assai prestamente a Livorno. a Giunto in quella città, mi recai tosto alla casa del l'amico mio Sgarallino, dove non trovai che le signore, le quali mi accolsero con isquisita amabilità. Il mio amico Lemmi mi procurò subito una carrozza, e mi accompagnò a Firenze, dove giunsi il giorno 20.

Passai a Firenze il giorno 21 nella casa di Lemmi, e lungi dall'opporsi al l'impresa ch'io meditava su Roma, il governo d'allora mi diede facoltà di parlare al popolo. Se non che innanzi tutto mi premeva ricongiungermi prontamente co'miei figli, che si trovavano già di fronte al nemico.

Crispi mi procurò un treno speciale, mediante il quale, fra le acclamazioni del popolo, entrai il giorno 22 in Terni".

Come scrive Pieri, la fuga del sessantenne Garibaldi dallo scoglio di Caprera rimane un'impresa di straordinaria abilità. Ma accanto ai festeggiamenti il Generale ricevette notizie preoccupanti.

Il 17 ottobre il governo francese ha deciso d'intervenire a Roma poiché il governo italiano è impotente ad impedire l'invasione del territorio pontificio. La politica francese ha avuto dei notevoli insuccessi: la guerra del '66, che ha dato il Veneto all'Italia, ha segnato il trionfo della Prussia e il trionfo prussiano è stato così fulmineo e decisivo che Napoleone non ha potuto svolgere quella mediazione armata dalla quale sperava di poter ottenere territori verso il Reno dalla Prussia.

Questa si avvia a compiere l'unità germanica dopo aver cacciato l'Austria e non intende per di più dare compensi di sorta; l'impresa del Messico dove Napoleone III sperava di creare un grande impero latino sotto l'influenza francese si è risolta in un disastro, con la fucilazione del disgraziato Massimiliano d'Austria che aveva accettato d'essere imperatore; il regime napoleonico ha bisogno di successi, e ora s'illude di riparare al suo declinante prestigio con un'umiliazione inferta all'Italia e a Garibaldi che ne avrebbe rafforzato il prestigio tra i cattolici ed i conservatori.

Di fronte alla arrogante minaccia del governo francese prontissimo a muovere guerra, il 19 il ministro Rattazzi ha rassegnato le dimissioni. Invano 12.000 cittadini di Roma firmano un indirizzo al sindaco della città per invitarlo a pregare il papa di chiamare in Roma le truppe italiane a mantenere l'ordine! Ma Vittorio Emanuele aveva promesso, a quanto sembra, a Napoleone III che l'esercito italiano non sarebbe intervenuto in Roma.

Il 22 il generale Enrico Cialdini incaricato dal re di formare il nuovo ministero tenta d'indurre Garibaldi a desistere dall'azione, ma ormai Garibaldi è inflessibile e lancia un proclama col motto: «*redimere l'Italia o morire* », ed in un successivo proclama, dichiarando che già a Roma i fratelli innalzano barricate e dalla sera prima si battono cogli sgherri papali, conclude, riprendendo Nelson a Trafalgar: «*L'Italia spera da noi che ognuno faccia il suo dovere*».

Poi il Generale arringa dall'albergo il popolo fiorentino e nel pomeriggio parte in treno speciale per Terni.

ROMA NON INSORGE,
22- 25 OTTOBRE.

Mentre Garibaldi arringava i fiorentini, in quello stesso 22 ottobre a Roma sarebbe dovuta esser scoppiata l'insurrezione che il Cucchi preparava da tempo.
Già circolano false o esagerate notizie: che la Città Eterna è piena di barricate, che l'insurrezione trionfa, che la popolazione si batte da due giorni.
C'erano di guarnigione, nella città, circa 3000 uomini, al comando del marchese Zappi, e ripartiti in modo da poter in breve domar la sommossa, se fosse scoppiata. C'era l'ordine che cinque colpi di cannone dessero l'allarme da Castel Sant'Angelo. Furono prese molte misure di difesa, per consiglio specialmente del generale Prudhon, il quale il 20 ottobre era venuto a Roma ad assicurare il Papa dell'immancabile protezione francese e a persuaderlo a restare a Roma, finché la flotta francese da Tolone non fosse giunta a Civitavecchia.
Egli consigliò anche di abbandonare le provincie, e di concentrare in Roma le truppe che vi si trovavano sparse, per difendere questa città, mira unica del movimento.
Nella notte dal 21 al 22 ottobre si cominciarono a barricare le porte, a porre trincee dinanzi a quelle che rimanevano aperte, e a rincalzare, dal di dentro, con terrapieni, quelle che si potevano serrare. Questo si chiamava nel medioevo fabbricare le porte. Furono completamente chiuse le porte Maggiore, Salara, S. Lorenzo, S. Paolo, S. Pancrazio, S. Sebastiano. Il Ponte Rotto e il nuovo ponte alla Lungara furono resi impraticabili col levar via le tavole che li coprivano.
I tre ponti sull'Aniene, Salaro, Nomentano e Mammolo, sulla via di Tivoli, furono minati. Si praticarono feritoie nelle mura, ed anche al Pincio, e si stabilirono batterie di cannoni. Se ne pose una al punto dove la ferrovia entrava in città. Le fosse di Castel Sant'Angelo furono empite d'acqua. La notte del 22 ottobre trascorse passò tranquilla; si udì solo lo scoppio di petardi in molte strade, e l'allarme delle sentinelle e i colpi delle loro armi.
Una tensione febbrile era in tutti gli animi. Roma si sentiva separata dal mondo: i telegrafi erano inattivi, la posta irregolare; le ferrovie interrotte in parte ai confini dall'esercito pontificio medesimo. Sinistre voci correvano.
Il 22 ottobre si diffuse la voce che la sera, in città, sarebbe scoppiata la rivolta; se ne parlava apertamente negli alberghi e nei caffé. Si sapeva che Garibaldi era andato a Firenze; si diceva che si sarebbe posto alla testa delle schiere volontarie, che Roma si sarebbe sollevata, e che egli vi avrebbe fatto il suo ingresso trionfale
In realtà l'insurrezione doveva scoppiare veramente la sera del 22 ottobre, ma essa miseramente falliva. Troppo complicata e complessa si presentava l'azione e troppo s'era parlato; la polizia era ormai in stato d'allarme. Una grossa schiera, quella del Cucchi, doveva assalire il Campidoglio; un'altra assalire il corpo di guardia di piazza Colonna; il Guerzoni con 100 uomini doveva forzare Porta San Paolo, introdurre in città un carico d'armi e distribuirle; il muratore Giuseppe Monti doveva minare la caserma Serristori; Francesco Zoffetti e altri sette cannonieri avrebbero dovuto inchiodare le artiglierie di Sant'Angelo, così che non potessero funzionare; inoltre i fratelli Enrico e Giovanni Cairoli (che in verità non agivano d'accordo con il comitato

romano), dovevano scendere lungo il Tevere con 70 compagni[4] fino a Ripetta con un carico d'armi.

Tutti gli orrori di una guerra civile per le vie, tutti gli eccessi che si compiono in una rivoluzione, forse anche un probabile saccheggio, riempivano molti di apprensione e di angoscia. In molte famiglie, dove erano da temersi vendette da parte del partito d'azione, regnava grande spavento. Verso sera l'aspetto di Roma si fece spaventoso. Botteghe e porte chiuse; qua e là si facevano arresti; gli accessi al corso deserto erano sbarrati da sentinelle; pattuglie a piedi e a cavallo percorrevano le strade. Una bomba, gettata correndo da un uomo contro il corpo di guardia di Piazza Colonna, diede il primo segnale della rivolta. Subito dopo si udì un frequente scoppiar di petardi, un rumore di moschetteria, e un sordo rimbombo. Saltava in Borgo la mina a palazzo Serristori; una parte del grande edificio, dove avevano il quartiere principale gli zuavi, saltò in aria, seppellendo più di venti persone, in massima parte giovani musicanti del corpo e orfani della città, ma non si riuscì a incendiare le mine poste sotto le altre caserme. Gli artiglieri che erano stati guadagnati alla causa rivoluzionaria, in Castel Sant'Angelo, erano già stati scoperti e imprigionati. Secondo il loro piano, i rivoluzionari, non più di 500 uomini, si erano divisi in piccole bande e dovevano impadronirsi dei varî posti militari. Il corpo di guardia del Campidoglio doveva essere forzato, e si doveva suonare la campana della torre per chiamare alle armi i Romani. I 50 garibaldini che mossero contro il Campidoglio, furono dispersi da un paio di fucilate. Eguale esito ebbe ogni altro tentativo del genere.

Intanto il generale Zappi, governatore di Roma, aveva fatto murare 6 delle 12 porte della città; il Guerzoni, che in luogo dei 100 compagni promessi si trovò ad averne solo 7, veniva sorpreso e assalito da zuavi, gendarmi e dragoni pontifici, e dopo breve lotta doveva abbandonare al nemico il carico d'armi. L'assalto al Campidoglio falliva, quello a piazza Colonna, dispersi i congiurati già prima dell'ora fissata, non poteva nemmeno esser tentato; la caserma Serristori veniva minata dai due muratori Giuseppe Monti e Gaetano Tognetti, guidati dagli ex emigrati Ansiglioni e Silvestri, ; scrive, sottovalutando il fatto, Piero Pieri che la Serristori *"rimaneva in parte rovinata; e vi furono vari feriti; ma il grosso degli zuavi era già uscito per correre contro la colonna del Guerzoni"*; in realtà la strage fu assai maggiore, e senza alcun risultato militare.

Fu un atto terroristico, che coinvolse la fanfara degli Zuavi ma anche dei civili inermi.

Uno dei punti cardine di tutta l'insurrezione si fondava sulla distruzione della caserma degli zuavi nel quartiere Serristori a poca distanza dal Vaticano. Lo scopo fondamentale, ovviamente, era quello di colpire e fiaccare fisicamente e psicologicamente il corpo degli zuavi. Facendo saltare in aria il loro quartier generale e con esso la maggior parte degli zuavi, si sarebbe inflitto un durissimo colpo alla forza fondamentale a cui si affidava l'estrema difesa della città. Una grande parte del fabbricato crollò. Ma la maggior parte dei militari, per ragioni di servizio, era partita poco prima alla volta di Porta S. Paolo a caccia dei volontari di Guerzoni; rimasero sotto le macerie una ventina zuavi che facevano parte della banda musicale.

Le vittime furono:

Carmine Carletti di Olevano
Luigi Carrey di Arbois

---

[4] I numeri variano; altre fonti parlano di 75 o 78. Ferrari, che vi fu, nel suo *Villa Glori*, Milano 1898, parla di settanta uomini.

Giuseppe Cesaroni di Roma
Fortunato Chiusaroli di Roma
Emilio Claude di Nancy
Federico Cornet di Namur
Alessio Desbordes d'Ilê de Oléron
Cesare Desideri di Roma
Federico De Dietfutr di Colmar
Giovanni Devorscek di Bologna
Luigi Flamini di Roma
Giovanni Lanni di Roma
Eduardo Larroque di Cahors
Michelangelo Mancini di Roma
Pietro Mancini di Roma
Stefano Melin di Moulins
Francesco Mirando di Portici
Antonio Partel di Vigo, Tirolo
Giacomo Poggi di Genova
Andrea Portauovo di Napoli
Edmondo Robinet di Saint-Pol-de-Leon
Nicola Silvestrelli di Roma
Oreste Soldati di Palestrina
Domenico Tartavini di Roma
Vittore Vichot di Parigi

Morì anche un passante, Francesco Ferri insieme alla figlia Rosa di sei anni; vi furono poi dei feriti, tra i quali vi era la moglie di Ferri, alcuni dei quali morirono in seguito. Fu semplicemente un atto terroristico, lo ripetiamo, che macchiò inutilmente la causa della libertà di Roma.
Si legge a proposito dell'attentato nel *Rapporto del Comitato romano d'insurrezione*:

> "La caserma Serristori degli Zuavi pontifici era stata con sommo ardimento e grave pericolo minata; ma, per uno di quegli incidenti tecnici, che sarebbe fuori luogo spiegare, uno solo dei tre barili di polvere prese fuoco, e la caserma non poté saltare che in parte. Ma anche nella parziale ruina seppellì non pochi Zuavi".

Affermazioni che diedero buon gioco alla propaganda papalina, e con piena ragione questa volta: il periodico dei gesuiti *La Civiltà Cattolica* poté ribattere:

> "Purtroppo l'atroce disegno di codesti 'ristauratori dell'ordine morale' in parte riuscì; ma il Comitato di insurrezione fu anche qui truffato dal prezzolato assassino. La caserma non fu minata, ma sì in una cameretta al pian terreno, non abbastanza custodita, fu introdotto un barilozzo solo di polvere, che all'ora posta scoppiò. Degli altri due barili, che il *Rapporto* deplora pietosamente non aver preso fuoco, non si rinvenne traccia veruna dopo le più squisite indagini. L'assassino certamente si fece pagare per tre; ma, o non gli bastasse il tempo, o fosse atterrito dal proprio pericolo, ne pose solo in un luogo di facile acceso.
> Ecco tutto."

Monti e Tognetti pagarono con la vita l'attentato, venendo ghigliottinai a piazza dei Cerchi l'anno successivo, ultimi condannati a morte dello Stato pontificio; quanto fu proposto a Pio IX di concedere la grazia, l'anziano pontefice ribatté. *"Ma se mi hanno buttato sottosopra mezza Roma!"*
Ben altro fu al contrario il comportamento dei fratelli Enrico e Giovanni Cairoli, infine, del cui arrivo presso Roma né il Cucchi né altri era stato avvertito in tempo, pervenuti nella notte all'altezza di ponte Molle e udito il fallimento della sollevazione, si erano nascosti fra i canneti della riva e all'alba si avviavano a Villa Glori sui monti Parioli. Per comprendere meglio gli avvenimenti si rende però necessario fare un passo indietro
A Firenze, nel settembre precedente si era formato un comitato di soccorso capeggiato da Benedetto Cairoli, col proposito di aiutare la spedizione su Roma ideata da Garibaldi; Enrico e Giovanni Cairoli, i quali erano riusciti a penetrare in Roma per verificare il vero stato dello spirito rivoluzionario in quella città e ne erano stati allontanati, giunti a Firenze avevano esposto al comitato il loro piano di marciare su Roma con un drappello di giovani per facilitare quel moto rivoluzionario che i patrioti romani, con i quali i due fratelli avevano preso accordi verbali, si erano ripromessi di far scoppiare. A Terni fu organizzato il "sacro drappello" che al comando di Enrico Cairoli partì la sera del 20 ottobre i valorosi si avviarono a Passo Corese, dove salirono su fragili barche, seguendo la corrente del Tevere, e all'una di notte del 23 ottobre scesero a terra poco lontano dalla confluenza del fiume con l'Aniene, spiando che da Roma si udissero i colpi di cannone annunzianti che il moto era scoppiato nella città. I volontari attesero dapprima il ritorno di un messo inviato a Roma per avere notizie sul vero stato delle cose, quindi, all'alba, salirono su un'altura dov'era la villa di certo signor Glori, su cui Enrico Cairoli organizzò il drappello in modo da fronteggiare qualsiasi evento, disposto ad una disperata resistenza.
 Poche ore dopo una compagnia di svizzeri del reggimento Carabinieri esteri, irruppero nella villa.
Dapprima i garibaldini, con un feroce assalto alla baionetta riuscirono a far ripiegare i Carabinieri Esteri, venendo però falciati dal fuoco degli svizzeri. Durante il conflitto a fuoco, Enrico Cairoli cadde ferito mortalmente, accanto al fratello, pur esso ferito, che poté nondimeno vedere indietreggiare gli assalitori, sgomenti di tanta audacia, e che supponevano si trattasse dell'avanguardia di un corpo più numeroso di volontari. Tornarono poche ore dopo con maggiori forze; e poiché gran parte dei volontari, veduta inutile qualunque resistenza, si erano allontanati, dirigendosi su Mentana, per combattere nelle file garibaldine, raccolsero i feriti e fecero prigionieri quei pochi che ne erano rimasti a guardia, avviandoli su Roma.
Alberto Mario dedica all'episodio di Villa Glori una pagina che unisce all'esattezza della ricostruzione- fatta eccezione per il fatto che i Carabinieri esteri sono confusi con i legionari di Antibes- la brillantezza dello stile, e che va riportato, anche perché oggi il ricordo dei Cairoli e dei loro uomini è pressoché svanito:

> " ...Ed eccoli presso allo sbocco del Teverone nel Tevere ove sta di guardia un picchetto pontificio di finanzieri. Il Cairoli aveva spiccato Stragliati che navigava in prima linea a sorprenderla, e questi ghermì soldati e armi. Ed eccoli quasi sotto Roma , in vicinità di Ponte Molle. Ma nessun segnale annunciatore al capitano dei fatti della città.

Vi spedì questi successivamente due fidati , il Muratti di Trieste, e il pittore romano Candida. Intanto chetamente sbarcarono sulla sponda sinistra e celaronsi in un canneto. Ricovero insufficiente e intenibile. Enrico ordinò canneto, uno dei Parioli. Il quale al nord ha il Tevere, all' ovest sorge arduo e vi sta la Villa Glori , al sud alzasi più dolcemente e c'è la casa rustica, o Vigna Glori.
Quivi i settantasei salirono cheti e cauti. Enrico riconosciuta la posizione dispose la sua schiera così che la prima fronte s'appoggiasse alla Vigna, e il maggior polso alla Villa.
Era savio l'antivedere che il nemico assalirebbelo dal sud perché più agevole. Giovanni accampava alla Vigna.
Il sole da poca ora sull' orizzonte, circonfuso dai vapori autunnali, illuminava di raggi colorati la cupola di Michelangelo ai settantasei che guardandola da quell'altura con occhi avidi e con cuore gonfio proruppero in queste parole che sono anche latine: *Ave Roma!*
Al secondo piano della Villa, ove Enrico e Giovanni ascesero a contemplar Roma, a speculare il luogo, a guardare alla loro gloria di vincitori o di martiri, e ad aspettarvi con ansia il messaggero, si consigliavano; e conchiusero conforme la visione, o palma o corona. Frattanto sopraggiunse un garzonetto da Roma spedito dal Muratti e nunzio dell' abortita insurrezione e dell' impossibilità di nulla fare. E il nunzio ritornò portatore della seguente lettera di Enrico:
« *Stanotte saremmo entrati se il moto abortito e la mancanza della guida non ce lo avessero impedito. Abbiamo presa posizione per sé forte, ma con forze esili come le nostre (avendo radunati qui 75 arditi giovani in tutto) non possiamo, in caso di attacco, rispondere che con una risoluta sì ma breve difesa. Dateci ordini, ma netti, precisi, determinati; se ci co mandate un colpo ardito per la notte, e ci mandate una guida, lo tenteremo ad ogni costo. Fermandoci domani non possiamo rispondere di noi, perché siamo in pochi e miracoli non se ne fanno. Scrivete chiaro, il messo è sicuro.*»
Il detto augurale di Aspromonte — *O Roma o morte* — sigillato dal sangue di Garibaldi, quivi doveva ricevere sanzione di altro nobile sangue. Qualunque comandante a cui fosse commesso l' officio di portar armi in Roma, trovandosi al tu per tu.
Ed ecco il Veroi, di Verona, sentinella avanzata additare una pattuglia di dragoni condotta da un gendarme in ricognizione dei settantasei. Erano le 3. 1/2 pomeridiane. Alle cinque s' avanzarono fulminando con armi a lunga gittata tre centinaia d'Antiboini salendo l' erta a dolce pendio che mette ai cancelli.
Giovanni con due squadre della sua sezione alla bersagliere campeggiava davanti alla fattoria, dietro la quale si venne grado riducendo per ordine di Enrico e addossandosi al corpo principale che s' avanzava dalla Villa. Il nemico, già sul ciglio del colle, prorompeva con baldanza dai cancelli, rassicurato dal breve tiro degli schioppi italiani. Venuto alla portata di un assalto, Enrico comandò una carica a fondo alla baionetta. Enrico precedeva gli assalitori, velocissimo come il Peliade, e dilungatosi da essi di molti passi terribilmente. E Giovanni gli si precipitava dietro e industriavasi di trattenerlo con queste parole: *Fermati, Enrico, andiamo insieme.*
Veementi e furenti scagliaronsi i nostri sui nemici, i quali atterriti da cotanta ruina dieder volta a precipizio.
Non però è venuto fatto a tutti i nostri di caricare a cagione degli ingombri del suolo e della necessità di tutelare il fianco destro esposto a obliqui movimenti del nemico, e non è venuto fatto, a cagione del sottile numero, d' investirlo e di conquiderlo con azione simultanea sulla sinistra donde da altura acconcia esso tempestavali di costa durante l'attacco. Contro questo gruppo si rivolse tutta la

ferocia dei nostri; opperò i due campi si mischiarono e si trafissero scambievolmente ad arma corta.
Enrico vibrando colpi mortali, che stesero al suolo un capitano e un soldato tromba, cadde piagato al petto e alla guancia da un ufficiale che in su quel punto lo Stragliati trafisse di baionetta. E vicino ad Enrico caddero feriti Repazzoni, Mantovani e Bassini e il fratel suo mentre sorreggevalo con braccia pietose. Enrico veniva perdendo la vita, e Giovanni la coscienza, e nell'agonia quegli fece con labbra fioche:
— *Muojo sai; saluta mammina, Benedetto egli amici.... è sciolto il problema.*
— *Muojo anch' io*, rispondevagli mezzo svenuto il fratello.
Gli Antiboini sopraffatti dall'irresistibile violenza dei nostri fuggirono in confusione, però nella fuga ferendo i feriti italiani, spirando — *vigliacchi Francesi* ! .
E l' un fratello moriva sul petto dell'altro.
Gli Antiboini scompigliati da tanto furore e credutisi in vista di più grosse schiere con precipitosi passi allontanaronsi dal campo d' onore degli Italiani, i quali fin alla dimane ebbero i sorrisi della vittoria.
Tre degli incolumi rimasero alla custodia dei cari morti è dei feriti, con nuovo rischio della vita, Antonio Colombi e Edoardo Fiorini di Cremona, Camillo Campani di Pavia; che il giorno dopo ritornati i nemici trasportarono a Roma. Degli altri, alcuni raggiunsero Garibaldi a Passo Corese, ad altri riesci fatto di penetrare alla spicciolata in Roma".

Scrive Ferdinand Gregorovius nel proprio diario:

"Tra i prigionieri c'è anche un conte Colloredo di Udine. Un ufficiale del reggimento esteri si è avvicinato e gli ha detto. -*Voi qui signor Conte?*
Ciò prova che con i garibaldini non c'è solo la canaglia."

Si trattava in realtà del triestino Pietro Mosettig, cui l'amico Giovanni di Colloredo Mels aveva dato il proprio passaporto, perché, in caso di cattura, gli venisse evitata la forca in quanto suddito austriaco.
Rievocò i fatti in dialetto romanesco Cesare Pascarella, nel suo *Villa Gloria* del 1886:

"E mentre stamio tutti aridunati,
Li sentimio venì' pe' lo stradone
Urlanno come ossesi scatenati;
Ma Righetto che stava inginocchione

Avanti a tutti, fece:— Attento... Attento!...
E quanno che ce stiedero davanti,
Righetto ch'aspettava quer momento,

Buttò via la berretta, fece 'n sarto,
Strillò: — Viva l'Italia! e córse avanti,
E noi dietro je dassimo l'assarto.

Ar vedecce sortì' da la piazzetta
Come er foco che uscisse de 'n vurcano,
Preso de fronte, er reggimento sano
Se mette a fugge' verso la casetta.

Noi, pe' poteje fa' la cavalletta,
S'arrampicamo sopra a 'n farso piano,
E mentre li vedemio da lontano
J'annamo sotto co' la bajonetta;

Ma mentre p'arrivalli c'era poco,
Sangue de Dio! Bum... bum... sentimo un botto
E vedemo 'na nuvola de foco.

Ce calò sopra a l'occhi com'un velo...
L'assassini, scappanno giù de sotto,
Ci aveveno sparato a bruciapelo."

Giovanni Cairoli venne crivellato da ben dieci ferite e il fratello Enrico colpito a morte; e gli altri valorosi che si erano difesi disperatamente erano morti oppure feriti In cima a Villa Glori, vicino al mandorlo a cui piedi spirò Enrico, c'è una semplice colonna romana dedicata ai Cairoli ed ai loro 70 compagni. Oggi Villa Glori è un parco pubblico, e nessuno sa a chi sia dedicata.
Un ultimo strascico della abortita rivoltasi aveva il 25 ottobre, nel rione di Trastevere, alla Lungaretta, nel lanificio Ajani, ed era il solo che valeva a salvare l'onore del popolo romano. Quaranta patrioti, tra cui venticinque romani, lavoravano a preparare cartucce per l'insurrezione. All'avanzare dalla parte di via del Moro di una schiera di gendarmi allertati da una spiata, pare che partisse per errore un colpo d'arma da fuoco, e allora i pontifici assalivano l'edificio dove trovarono una resistenza accanita: anima di essa erano i patrioti Francesco Arquati con la moglie Giuditta Tavani, figlia di un difensore della Repubblica romana del '49, incinta di quattro mesi, e il figlio Antonio, dodicenne, che, di vedetta, avvertì dell'arrivo dei papalini. Iniziò un violento scambio di colpi, ciò che provocò l'accorrere di un reparto di Zuavi.
I pontifici riuscirono a penetrare nel lanificio quando gli assediati esaurirono le munizioni; una bomba all'Orsini cagionò gravi perdite mentre i pochi difensori rincuorati da Giuditta, ferita quattro volte, continuavano a resistere con la forza della disperazione; alla fine più che mai inferociti gli Zuavi pontifici massacrarono l'Arquati con il figlio Antonio, trapassandoli con colpi di baionetta talmente violenti da intaccare le pareti alle loro spalle; toccò poi a Giuditta, malgrado fosse ferita e visibilmente incinta: vedendola gravida gli Zuavi la massacrarono a baionettate nel ventre, scannando all'arma bianca altri quattro patrioti. I pontifici pare che avessero un morto e 18 feriti.
Poi gli Zuavi ed i gendarmi si concessero un brindisi con il vino ancora sulla tavola, davanti ai corpi martoriati delle vittime ed al sangue schizzato ovunque.
In questo modo si spegneva l'insurrezione romana su cui i patrioti di tutta Italia avevano tanto calcolato: la popolazione romana aveva mostrato nell'insieme un ben diverso spirito dai tempi di Ciceruacchio, della giornata del 30 aprile '48 e delle prime settimane della difesa di Roma!
E come non s'era mossa Roma, così neppure s'era mossa la popolazione della campagna, che anzi guardava con più rassegnazione che con benevolenza la presenza dei garibaldini, simpatizzando piuttosto per il governo pontificio.

Lo scontro di Villa Glori : la morte di Enrico Cairoli.
(Inc. di Quinto Cenni).

I garibaldini incendiano il portone del castello di Monterotondo.

La resa delle truppe pontificie a Monterotondo.

MONTEROTONDO,
25- 26 OTTOBRE 1867.

Ad onta di ciò Garibaldi decideva l'avanzata generale su Roma: Acerbi a destra, Menotti al centro, Nicotera a sinistra. In tutti non sono più di 8000 uomini, male armati, quasi senza artiglierie e quasi senza cavalleria. Il 23 ottobre Garibaldi raggiunge il figlio Menotti al passo di Corese, e di lì nella notte sul 24 si dirige verso Monterotondo. La cittadina giace sopra un'altura ed è cinta di grosse mura nelle quali si aprono tre porte, e nel mezzo c'è un solido castello. I pontifici ne hanno fatto una fortezza con feritoie, minacciante sul fianco chi da passo Corese, per la via Salaria, muovesse contro Roma. Garibaldi decide d'impadronirsi della terra forte per aver libera e sicura la via per Roma. Egli dispone del grosso delle sue forze, 5000 uomini, e in Monterotondo non ci sono che 400 uomini scarsi con 2 cannoni.

Ma i papalini sono in una posizione fortissima con mura inaccessibili, bene armati, mentre i garibaldini sono allo scoperto, male armati con 2 piccole vecchie colubrine quale unica artiglieria. Garibaldi spera d'impadronirsi del posto con un colpo di mano notturno, fatto dal Caldesi e dal Valzania, due intrepidi; ma l'azione fallisce.

Come scrisse Anton Giulio Barrili, ufficiale del battaglione Burlando,

> "Monterotondo, il *Mons Eretum* degli antichi, ricco di forse duemila quattrocento abitanti (...) sorge alla sinistra del Tevere, presso la strada ferrata che da Roma conduce ad Orte, e comanda la carrozzabile che volta risalendo per Rieti; quella stessa che noi avevamo fatta a ritroso.
> È rafforzato di mura dalla parte dei monti, e ci ha due porte, la Pia che ho accennata, e l'altra, assai vicina, che mette al piazzale del castello Piombino; così detto perché oggi appartenente ai Boncompagni Ludovisi, principi di Piombino. Ma in altri tempi era dei Barberini, il cui stemma, azzurro seminato di api d'oro, vi è ripetuto dentro, per tutte le grandi sale, sulle pareti, nelle fasce sovrapposte, e credo anche nei soffitti.
> Dall'altra parte, verso il Tevere, non ci sono più mura; il borgo scende a ripiani di casupole e d'orti pensili verso un burrone, al cui piede corrono fossatelli, sentieri e tragetti fino alla stazione della strada ferrata. Noi avremmo potuto attaccarlo di là, donde non era murato: ma del non appigliarci a quel partito c'erano parecchie e buone ragioni: aspra la salita; frastagliato, anfrattuoso il terreno; ogni scaglione difendibile con mezza squadra d'uomini, che avrebbero fatto per cento. Inoltre, con pochi drappelli, non ancor battaglioni veri, e già embrioni di colonne, ma composti per la più parte di gente nuova al fuoco, Garibaldi giustamente temeva che troppi non si sbandassero all'assalto. Quella stessa mattina anche ad attaccare dalla parte del castello, dove tutti gli uomini si potevano invigilare e tener quasi sotto la mano, non se n'erano forse sbandati parecchi? Noi li avevamo pure veduti, gli otto o dieci fuggiaschi!"

All'alba del 25 Garibaldi tentò un'azione di viva forza contro le tre porte, ma anche questa non ebbe buon risultato. Alle tre pomeridiane vi fu un nuovo attacco generale e nuovo scacco. Allora Garibaldi ordina che nella notte si sentì d'incendiare le porte. E così i volontari in attesa dell'azione notturna, *nudi, affamati e con le poche vesti bagnate,* - narra Garibaldi, - *si erano sdraiati sull'orlo delle strade che le dirotte piogge dei giorni antecedenti avevano colmate di fango e rese quasi impraticabili.*

Infine alle tre di notte i volontari si preparano all'attacco definitivo. Una porta viene incendiata e poi battuta dal fuoco delle due colubrine, cosicché si riduce a un mucchio di rovine ardenti; e i garibaldini aspettano il momento d'avanzare. I pontifici, dietro, stanno tuttavia improvvisando una barricata, ma allora i garibaldini avanzano risolutamente e non li arrestano né i rottami ardenti ammonticchiati sulla soglia, né un carro messo di traverso come inizio della barricata né la grandine di fucilate.
I garibaldini penetrano a furia in Monterotondo e i pontifici dopo breve resistenza si arrendono. Gli Antiboini però, rinchiusi nel castello, non vogliono cedere, ma appiccato anche qui il fuoco alla porta si i legionari arrendono a discrezione.
Alle nove sventolava sulla torre bandiera bianca.
Garibaldi entrò a cavallo nel duomo di Monterotondo, volendo far qui la sua sosta; ed anche in ciò egli si palesò figura di condottiero schiettamente medioevale. Così Francesco Sforza entrò a cavallo nel duomo di Milano conquistata; così fece re Ladislao di Napoli il suo ingresso nella chiesa di S. Giovanni in Laterano, essendosi impadronito di Roma. I prigionieri furono condotti anch'essi nel duomo, in presenza di Garibaldi, e siccome essi si scoprirono il capo, il Generale, credendo lo facessero per rispetto verso di lui, fece loro segno di coprirsi.
Lodò poi il valore che i prigionieri avevano mostrato, degno, disse, di una miglior causa; li difese anche dal furore dei garibaldini, che già qualcuno ne avevano ucciso, e li fece condurre ai confini, di dove le truppe del re li trasportarono alla Spezia, nel forte Varignano. Garibaldi passò la notte in un confessionale, mentre, scrive il Gregorovius, le camicie rosse facevano del duomo ciò che avevano già fatto di S. Pietro le selvagge schiere del connestabile di Borbone.
Le selvagge schiere del connestabile di Borbone erano i lanzichenecchi del sacco di Roma del 1527.
L' espugnazione di Monterotondo durò ventisette ore.
E in quattro o sei ore poteva il generale Kanzler gettare da Roma alla schiena di Garibaldi tre o quattromila soldati freschi e attaccare i volontari. Solamente sul finire del giorno 27 comparvero tre colonne provenienti da Roma che si scontrarono con i volontari di Valzania e di Salomone davanti alla stazione di Monterotondo , e che, dopo esser state respinte ripiegarono su Roma avendo visto che il castello era oramai in mano nemica; come scrive Alberto Mario,

> "Salomone accolseli a suono di archibugiate, ond'eglino diedero volta precipitosi e ripararono in Roma scombuiati e con tanto di lingua. Pur nell' inglorioso tentativo questi mercenari ebbero agio di provvedere alla propria infamia, trucidando nella sala della stazione , ove nella scorreria erano pervenuti , alcuni feriti nostri i quali erano cinque, e si proffersero prigionieri al capitano della compagnia di zuavi. Due furono uccisi e squartati ; e tre semplicemente trattati per diletto a baionettate; due di loro ne toccarono diciassette e uno ventidue."

Garibaldi annunciò la vittoria con le seguenti parole :

> " Anche in questa campagna di Roma, i volontari hanno compiuto il loro glorioso Calatafimi. Temporali , nudità , fame , quasi da non credersi sostenibili , non furono capaci di scuotere il brillante loro contegno. Essi assaltarono una città murata con uno slancio di cui l' Italia può andare superba".

Così quello che il Pieri definì l'antemurale di Roma era nelle mani dei garibaldini, i

quali s'impossessano di 2 cannoni con 70 cariche, uno da 25 ed uno da 12 a canna liscia; bottino prezioso in quel momento. Garibaldi era sereno e il suo cuore si apriva alla speranza.
Così A.G. Barrili rievoca vivacemente l'assalto al castello di Monterotondo e la resa degli Antiboini:

"...Giungemmo davanti ad un canneto. I canneti, lassù, per lo spesseggiar dei fossati, si alternavano colle vigne. Quello era il più vicino all'abitato; subito dopo il canneto si affondava il letto d'un rigagnolo; di là si rizzavano le mura del castello Piombino. A cinquanta passi dal canneto, ordinato un breve alto, il maggiore ci ripeté la raccomandazione di andar cauti.
Volendo, con un po' d'attenzione e di calma, potevamo trafugarci tutti là dentro, senza far stormire una foglia. Ma sì, come persuadere a duecento uomini lo stesso grado di attenzione e di calma? Entrati nel canneto, sento il terreno discendere; si aggrappano tutti alle canne; si rompono qua e là i fusti nodosi e si divelgono stridendo. Il rumore ha destata l'attenzione del nemico; non siamo ancor tutti in basso, e dalla spianata che è davanti al castello si scorge un lampo, e un tuono lo segue; col lampo e col tuono una grandine di ferro percuote, flagella, dirompe il canneto; grida e gemiti rispondono allo schianto improvviso
Non c'è modo di raccogliere feriti, per allora, né di contare i morti; la bisogna più urgente è di correre al posto. Taciti, ma fortemente commossi, stringendoci la mano come non avevamo fatto mai, raggiungiamo il muro, e ci mettiamo in agguato. Intanto, al primo colpo della mitraglia nemica verso il canneto, si sveglia una tempesta che obbliga i difensori a guardarsi su tutta la linea di difesa: le bande si spingono sotto; è da una parte e dall'altra un fuoco d'inferno, che dura lungamente nella notte. I nostri, dalla spianata tentano di avvicinarsi alle porte; ma inutilmente, da principio: la gragnuola delle palle è così fitta da mozzare il fiato. Dopo un'ora di quel frastuono si giunge ad accostare della stipa alla porta minore, e ad appiccarvi il fuoco. Alla vampata fumosa si rischiara un po' l'aria, e in quella mezza luce rossastra si agitano ombre nere di assalitori. Voci dall'alto del muro, come quelle delle furie dantesche dal sommo delle mura di Dite, s'intrecciano in un suono con le voci del basso, e in quel tentano di avvicinarsi alle porte; ma inutilmente, da principio: la gragnuola delle palle è così fitta da mozzare il fiato. Dopo un'ora di quel frastuono si giunge ad accostare della stipa alla porta minore, e ad appiccarvi il fuoco. Alla vampata fumosa si rischiara un po' l'aria, e in quella mezza luce rossastra si agitano ombre nere di assalitori. Voci dall'alto del muro, come quelle delle furie dantesche dal sommo delle mura di Dite, s'intrecciano in un suono con le voci del basso, e in quel suono assordante si distinguono a tratti le più feroci ingiurie, le più pazze imprecazioni, le più strane contumelie che siano mai state pensate in due lingue e in una ventina di dialetti.
-*Lâches Garibaldiens!*
- Sì, venite, qui, canaglia, e ve lo daremo noi il *lâches*!
-Carne venduta!
- *Vauriens! chenapans!*
- Brutti boia!
- Assassini!
- *Brigands*!
-Mascalzoni! Fioi de cani! *Pito ch'i seve!*
E taccio, per ragioni facili a indovinarsi, le gentilezze maggiori; tralascio sopra tutto le genovesi e le livornesi, che nel campo della ingiuria salace ottengono certamente la palma. Ma allora non urtavano i nervi, non suonavano male all'orecchio; la gravità del momento solenne toglieva la volgarità all'improperio, lo

faceva parere epico, omerico, tra il piombo che fischiava e crepitava per ogni dove, mentre la fiammata si vedeva salire in vorticosi giri, e un gran fumo, screziato di faville fantasticamente danzanti, involgeva le mura. Il nostro maggiore non era stato alle mosse: aveva sentito gridare in genovese; certamente la prima compagnia era impegnata; e lui sotto, e noi dietro a lui, restando poca gente all'agguato. Ma che agguato, oramai? Il presidio pensava a difendersi, non a fuggire. Tutti quanti, in breve, correvamo verso la casa in costruzione, donde si sentivano i nostri genovesi, e donde giungevano a noi le sonore invocazioni parmensi di Faustino Tanara. Di lassù una più bella fiammata si vedeva più oltre, davanti a porta Pia. Stefano Canzio aveva avuta una delle sue felici ispirazioni. Raccolto dai vicini casolari tutto lo zolfo avanzato ai coloni dalla cura dei vigneti, ne aveva fatto una carrettata, con molta stipa e tronchi di legno. Il carretto era stato spinto contro la porta, e un ragazzetto, garibaldino precoce, andando dietro la mobile catasta, le aveva appiccato il fuoco. Bravo ragazzetto volontario, vorrei ricordare il tuo nome! E si salvò ancora, il coraggioso, tornò illeso alle file. Né i difensori valsero a spegnere il fuoco; tardi pensarono all'acqua; di spalancar la porta, liberare il passo da quel brulotto rotabile, non c'era nemmeno a pensare; i nostri, avanzati sotto il muro, e là nascosti in attesa, avrebbero fatta in due salti la strada per entrar dentro alla svelta. Ce n'erano dei morti, lì davanti, in gran numero: li vedemmo la mattina, tutti colpiti alla testa, alla gola, al petto, o caduti bocconi, sulla propria ferita, i valorosi!

La fiamma aveva fatto presa; in breve ora si abbronzarono, si arroventarono gli assi chiodati; divamparono, cigolarono le poderose imposte, diventando di bragia; un'ora dopo, la breccia era fatta; tra gli avanzi del carretto e quelli dell'uscio, mentre cadevano ancora a falde incandescenti i brandelli di legno, si ficcarono dentro i più animosi, dilagarono nella strada maggiore del borgo, mentre i difensori, chiuso da quella parte l'uscio ferrato del castello, si mettevano al riparo.

Un altro assalto, un'altra fiammata avrebbe dovuto snidarli; ma oramai la difesa poteva durar poco; più per guadagnar tempo ed agio alla resa, si erano rinchiusi, che non per vender cara la vita. Due ore dopo, incalzati in quell'ultimo covo, gridarono di volersi arrendere. A discrezione, per altro; così voleva Garibaldi, che fu poi generoso, e li rimandò tutti (erano forse quattrocento) al confine italiano".

Un quadro più generale dello scontro, anch'esso assai vivo, è quello che dà lo stesso Giuseppe Garibaldi nelle proprie *Memorie* e che merita di essere riportato di seguito. Garibaldi inizia dalla propria partenza da Firenze il 22 ottobre:

" Passai a Firenze il resto del giorno 20 e tutto il 21 Ottobre - Il 22 con un convoglio speciale, mi avviai verso la frontiera Romana sino a Terni, e di là in carrozza per il campo di Menotti - che raggiunsi il 23, al passo di Corese - Essendo la posizione di Corese, poco idonea ad una difesa, per truppe in pessima condizione - com'erano i nostri poveri volontari - marciammo per monte Maggiore - e da questa posizione, nella notte dal 23 al 24 - ci dirigemmo in diverse colonne su Monterotondo - ove si sapeva trovarsi circa 400 nemici con due pezzi d'artiglieria - La colonna comandata dai maggiori Caldesi, e Valzania, doveva principiare il suo movimento alle 8 p.m. del 23 - giungere a Monterotondo verso mezzanotte - e procurare d'introdursi nella città con un assalto dalla parte di ponente, che si credeva, ed era veramente la parte più debole - ove le mura di cinta rovinate, erano state supplite da case, con porte esterne, e quindi di non difficile accesso - Questa colonna di destra, composta per la maggiore parte di coraggiosi Romagnoli - per gli inconvenienti inseparabili ad un corpo, non organizzato - mancante di tutto - stanco - e senza poter trovare guide pratiche del paese - arrivò di giorno sotto la cinta di Monterotondo - e fu per conseguenza fallito l'attacco di notte -

È incredibile lo stato di cretinismo, e di timore in cui il prete, ha ridotto cotesti discendenti delle antiche legioni di Mario e di Scipione!

Io già lo avevo provato nella mia ritirata da Roma nel 49 - ove con oro alla mano - non mi era possibile di trovare una guida - E così successe nel 67 - Quando si pensa: in una città Italiana come Monterotondo - colle porte di casa - a ponente - che mettevan fuori della cinta - non trovarsi un solo individuo - capace di darci relazione, su ciò che esisteva dentro - Mentre noi erimo Italiani per Dio! pugnando per la liberazione patria - mentre dentro - v'era la più vile ciurmaglia di mercenari stranieri, al servizio dell'impostura - «Libera chiesa in libero Stato» ha detto un grande ma volpone statista[5]: Sì! ebben lasciatela libera cotesta nera gramigna - ed avrete i risultati ch'ebbero la Francia e la Spagna - oggi, per i preti cadute all'ultimo gradino delle nazioni -

La colonna di sinistra comandata da Frigezy, giunse fuori di Monterotondo a Levante, occupò il convento dei Cappuccini verso le 10 a.m. colle posizioni adiacenti - e spinse alla sua sinistra alcune compagnie, per darsi la mano coi corpi nostri di destra - ciocché fu impossibile per tutto il giorno 24 - essendo tremendo il fuoco nemico da quella parte - La colonna del centro - guidata da Menotti - con cui mi trovavo - avendo marciato da Monte Maggiore, direttamente all'obbiettivo, fu pure arrestato da' passi disagevoli della strada Moletta - e nonostante giunse la prima all'albeggiare, sotto le posizioni che contornano Monterotondo da Tramontana - Io ordinai a questa colonna, comandata da Menotti - e composta per la maggiore parte dai prodi bersaglieri Genovesi di Mosto e Burlando - di occupare le forti posizioni settentrionali, già accennate - ma di non assaltare - pensando poter combinare 500 l'attacco colle altre colonne che dovevano giungere a poca distanza di tempo - Ma lo slancio dei volontari non poté trattenersi - ed invece di limitarsi ad occupare le posizioni suddette - essi si lanciarono all'assalto di porta S. Rocco - affrontando un fuoco micidialissimo - che da tutte le finestre del paese - in quella parte - li fulminava - Essendomi allontanato dalla colonna del centro sulla sinistra, per potere scoprire la colonna di Frigezy, che doveva giungere da quella parte - io mi accorsi con pena e stupore dell'impegno in cui s'eran avventati i bersaglieri Genovesi per troppo coraggio - Quell'attacco prematuro ci costò una quantità di morti e feriti - valse però a stabilire nelle case adiacenti a porta S. Rocco, alcune centinaia di volontari - che più tardi, sostenuti e coadiuvati da compagnie fresche d'altri corpi - poterono incendiare la porta suddetta - ciocché ci valse l'entrata e presa del paese -

Tutto il 24 Ottobre, fu dunque occupato a cingere colle forze nostre la città di Monterotondo, e la guarnigione composta di zuavi papalini, per la maggior parte, armati d'eccellenti carabine, e due pezzi d'artiglieria - ci fulminava - senza che si potesse rispondere dovutamente, coi soliti nostri catenacci - e per trovarsi i nemici al riparo, da non poterne scoprire uno solo - Monterotondo è dominato dal palazzo dei principi di Piombino - di cui un giovane di quella famiglia militava con noi -

Cotesto palazzo, o piuttosto castello è spaziosissimo e fortissimo - Il nemico ne avea fatto una fortezza, con delle feritoie tutto attorno ed un parapetto sulla piattaforma orientale ove teneva i due pezzi - uno da 12 e l'altro da 9 - Tra i caduti all'attacco di porta S. Rocco - contavano i prodi maggiore Mosto, gravemente ferito, il capitano Uziel mortalmente - il mio caro e buon Vigiani che tanto avea contribuito alla mia liberazione da Caprera - a cui devo tante gentilezze - morto! e tanti altri valorosi! - l'attacco colle altre colonne che dovevano giungere a poca distanza di tempo - Ma lo slancio dei volontari non poté trattenersi - ed invece di limitarsi ad occupare le posizioni suddette - essi si lanciarono all'assalto di porta S. Rocco -

---

[5]Cavour, ndA

affrontando un fuoco micidialissimo - che da tutte le finestre del paese - in quella parte - li fulminava - Essendomi allontanato dalla colonna del centro sulla sinistra, per potere scoprire la colonna di Frigezy, che doveva giungere da quella parte - io mi accorsi con pena e stupore dell'impegno in cui s'eran avventati
i bersaglieri Genovesi per troppo coraggio - Quell'attacco prematuro ci costò una quantità di morti e feriti - valse però a stabilire nelle case adiacenti a porta S. Rocco, alcune centinaia di volontari - che più tardi, sostenuti e coadiuvati da compagnie fresche d'altri corpi - poterono incendiare la porta suddetta - ciocché ci valse l'entrata e presa del paese - Tutto il 24 Ottobre, fu dunque occupato a cingere colle forze nostre la città di Monterotondo, e la guarnigione composta di zuavi papalini, per la maggior parte, armati d'eccellenti carabine [sic! in realtà si trattava di Volontari di Antibes, ndA], e due pezzi d'artiglieria - ci fulminava - senza che si potesse rispondere dovutamente, coi soliti nostri catenacci - e per trovarsi i nemici al riparo, da non poterne scoprire uno solo - Monterotondo è dominato dal palazzo dei principi di Piombino - di cui un giovane di quella famiglia militava con noi - Cotesto palazzo, o piuttosto castello è spaziosissimo e fortissimo - Il nemico ne avea fatto una fortezza, con delle feritoie tutto attorno ed un parapetto sulla piattaforma orientale ove teneva i due pezzi - uno da 12 e l'altro da 9 -
Tra i caduti all'attacco di porta S. Rocco - contavano i prodi maggiore Mosto, gravemente ferito, il capitano Uziel mortalmente - il mio caro e buon Vigiani che tanto avea contribuito alla mia liberazione da Caprera - a cui dovevo tante gentilezze - morto! e tanti altri valorosi!"

Barrili così descrive il generale Garibaldi dopo lo scontro- definirlo battaglia è forse eccessivo- vittorioso:

"Quella mattina, all'alba, vedemmo Garibaldi in tutta la gloria del suo trionfo. Era venuto sopra un piazzale, e sedeva sopra un muricciuolo, donde si scopriva la campagna verso il Tevere. Indossava la camicia rossa e i calzoni bigi chiari, affondati nelle trombe degli stivali alla scudiera, in una delle quali era collocato un lungo stile, dalla guaina e dalla impugnatura gentilmente cesellata.
Quel gingillo era la sua misericordia; certo, in un brutto frangente ne avrebbe usato, non volendo esser preso vivo da soldati del papa. Portava sulla camicia il suo poncho, non quello di panno grigio della campagna antecedente in Tirolo, che era nel fatto, e salvo poche modificazioni, un mantello di cavalleria; ma un poncho americano autentico, di stoffa a colori, vergato di rosso e di azzurro, che io non so come l'arte scultoria non ami ritrarre più spesso, tanto è elegante di caduta e di pieghe. Non aveva il solito cappello catalano, dalla falda arrovesciata tutto intorno alla testiera e foderata di velluto; portava invece un cappello alla calabrese, di feltro nero, finissimo, contornato d'un largo nastro di seta. Era di lieto umore; la vittoria colorava d'un tenero incarnato il suo viso, negli ultimi anni un po' cereo; la barba aveva ancora bionda, con riflessi dorati, il labbro vermigli
Egli riposava un istante, e riposando speculava tutto intorno la campagna. Noi, ottenuto l'abbraccio ch'egli dava volentieri ai suoi Genovesi, tornammo al nostro primo alloggiamento della cascina Villerma, dopo aver raccolti i nostri morti e i nostri feriti. Avevamo avuto una ventina d'uomini fuori combattimento. dolcissimo, e il sorriso affascinante come la voce. Dal 1860, quando egli era a Genova, per preparare la spedizione di Sicilia, non avevo mai più veduto Garibaldi così giovane, così vivace nell'aspetto, così poeticamente bello".

Ecco cosa scrisse lo stesso Garibaldi a proposito dello scontro di Monterotondo:

"Il prode maggiore Testori, poco prima della resa dei nemici, aveva preso la determinazione di mettersi allo scoperto, alzando una bandiera bianca, per intimar loro di arrendersi - ma quei mercenari, violando ogni diritto di guerra, lo fucilarono con vari colpi, e lo lasciaron cadavere - Ebbi un'immensa fatica, dopo tanti e siffatti atti di barberie di cotesti sgherri dell'inquisizione - per salvar loro la vita - essendo i nostri irritatissimi contro di loro. Io stesso fui obbligato di condurli fuori di Monterotondo, e farli scortare al passo di Correse - da quaranta uomini, agli ordini del maggiore Marrani -
Altro che stanchi, spossati, e affamati!
- Non avevo forse già visto operar dei miracoli a cotesta gioventù Italiana! Diffidarne era un delitto - roba da vecchio decrepito!
 Non valsero ad arrestarli, il carro attraversato - i rottami ardenti, ammonticchiati sulla soglia - una grandine di fucilate, che pioveva da tutte le direzioni - Essi mi facevano l'effetto d'un torrente, che rotti gli argini ed i ripari - si precipita nella campagna - In pochi minuti la città fu inondata dai nostri, e tutta la guarnigione rinchiusa nel castello - Alle 6 p.m. si cominciò l'attacco del castello, essendo i nostri, già padroni di tutti gli sbocchi di strade, che conducevano a quello - ed avendoli barricati tutti si mise il fuoco alle scuderie, con fascine, paglie, carri, e quanti oggetti combustibili vi si trovavano - Alle 10 a.m. si respinsero con poche fucilate circa due milla uomini - che da Roma, avanzavano al soccorso degli assediati
- Alle 11, la guarnigione affumicata, e temente di saltare in aria, col fuoco alle polveri, che tenevan di sotto - alzò bandiera bianca, e si arrese a discrezione
- Il prode maggiore Testori, poco prima della resa dei nemici, aveva preso la determinazione di mettersi allo scoperto, alzando una bandiera bianca, per intimar loro di arrendersi - ma quei mercenari, violando ogni diritto di guerra, lo fucilarono con vari colpi, e lo lasciaron cadavere -
Ebbi un'immensa fatica, dopo tanti e siffatti atti di barbarie di cotesti sgherri dell'inquisizione - per salvar loro la vita - essendo i nostri irritatissimi contro di loro.
Io stesso fui obligato di condurli fuori di Monterotondo, e farli scortare al passo di Correse - da quaranta uomini, agli ordini del maggiore Marrani - Successe in Monterotondo, ciocché succede in una città presa d'assalto - e che poca simpatia s'era meritata, per il mutismo e l'indifferenza, quasi avversione - manifestata verso di noi - E devo confessare: che disordini non ne mancarono -
E tali disordini impedirono pure, di poter organizzare dovutamente la milizia nostra - quindi, poco si poté fare in quel senso, nei pochi giorni che vi soggiornammo - Colla speranza, di meglio poter organizzare la gente fuori, tenendola in moto - toglierla ai disordini della città - ed avvicinarci a Roma - uscimmo da Monterotondo il 28 ottobre, ed occupammo le colline di S. Colomba - Frigezy, facendo la vanguardia occupò Marcigliana - e spinse i suoi avamposti sino a Castel Giubileo, e Villa Spada -"

Dei *disordini* accennati da Garibaldi parla estesamente un autore di parte pontificia, con toni tra l'apocalittico ed il grottesco (i garibaldini sono definiti demoni, barbari del decimonono secolo, e addirittura cannibali!), ma che pure racchiudono una buona parte di verità:

"...Dopo avere abbassata la bandiera pontificia gridando le più turpi ingiurie contro il Papa e il Cattolicismo, slanciaronsi, a guisa d' infuriati démoni, verso la chiesa. La pietà della popolazione erasi compiaciuta adornare quel tempio in modo degno del Dio che l' abitava. Ma quei novelli Vandali non tardarono a farne un mucchio di ruine. Tanto avidi quanto sacrileghi si gettarono a prima giunta sul tabernacolo, ne spezzarono gli sportelli, e s'impadronirono de' vasi sacri, calici ostensorii, ciborii etc.

Gli altri vasi sacri chiusi nella sagrestia non tardarono anch'essi ad essere rapiti, come anche tutti quegli oggetti, che a loro occhi aveano qualche pregio.

Fin qui nulla v' ha di molto sorprendente: cupidi, di preda, s'erano arricchiti delle spoglie della chiesa. Niente di più naturale: essi avean ciò di comune cogli antichi barbari.

Ma costoro empi per sistema, facevano il male per l'unico piacere di commetterlo. Il modo iniquo, con cui si condussero in questa occasione, non permette dubitarne. Dopo avere disperse a terra le sacro sante specie, perpetrarono sovr' esse profanazioni tali che la penna ricusa a descrivere. Un sacerdote a piè d'uno degli altari si dispone a celebrare la santa Messa.

Que' Cannibali gli si avventano contro, gli strappano gl' indumenti, lo cuoprono d'insulti, lo percuotono in faccia, ridono della sua paura, e, per aumentarla di più, uno gli appunta il suo pugnale alla gola, l'altro gli spinge sul petto la pistola carica, quegli tiene sospesa sul capo la sciabola, questi final mente fa le viste di trapassargli il corpo con la baionetta. Si deliziano a prolungare il sup plicio del povero prete; e lo avrebbero certa mente ucciso, se un lor compagno non avesse gli salvata la vita con uno scherzo schifoso.

"Per Bacco! egli disse; il chieruto ci ha fatto ridere assai co' suoi versacci; quanto a me ho dovuto reggermi i fianchi con le mani. Sono però di parere che non lo facciamo crepare; non è una gran soddisfazione il vedere un uomo morto. Lasciamo piuttosto che se ne vada. Noi ci metteremo su due ranghi, ed egli passerà nel mezzo. Sarà curioso a vedere un pretucolo passar la rivista a volontari di Garibaldi".

L'idea fu adottata ad unanimità. Il povero prete uscì fra le due file de' suoi nemici, ricevendone sputi ed ingiurie; abbastanza fortunato che non venisse in mente ad alcuno di essi di colpirlo con la baionetta, o tirargli un colpo di pistola.

Poscia essi cominciarono la loro opera di distruzione.

Animati com' erano d' un odio im placabile contro Dio, non risparmiarono nulla di ciò che serviva ad onorare il suo tempio.

Gli altari furono sguerniti, le tovaglie strappate, i candelieri spezzati, e i loro avanzi gittati qua e colà.

I reliquiarii, che non erano di metallo prezioso, furono pure messi in pezzi con imprecazioni e bestemmie.

Le statue furono solennemente fucilate; i quadri e gli altri oggetti d'arte del tutto ruinati. I vetri furono rotti, e rovesciate le intavolature. Gli organi stessi non trovarono grazia presso questi Barbari del decimonono secolo. Si presero il piacere di esercitarsi al tiro sulle loro canne, e quelle de due lati soprattutto furono crivellate di palle e messe completamente fuori d'uso. Indi, essi fecero della tribuna il loro cesso.

Io ardisco appena dirlo, pel rispetto a miei lettori, ma debbo confessare la verità tutta intera. Affine di non lasciare alcuna maniera di profanazione, essi spogliarono tutte le croci del loro Cristo, ne gittarono uno lungi da loro con gesti di disprezzo e bestemmie contro il Salvator del Mondo, ne prendevano un altro fra le mani, lo guardavano un tratto con gioia infernale, poscia gridavano: « Bisogna giustiziarlo! »

Questa esecuzione era del genere di quelle che i persecutori faceano alcune volte sopportare ai primi martiri[6]."

---

[6] G. Leroux, *Narrazione della battaglia di Mentana e degli altri principali fatti avvenuti nello*

Bisogna per onestà storica ricordare come, quando le schiere garibaldine furono nel duomo di Monterotondo, uno di essi salì sul pulpito, afferrò il crocifisso e cominciò un sermone burlesco, condito di innumerevoli bestemmie, invitando finalmente l'uditorio ad invocare il Dio Garibaldi. Questo fu fatto in mezzo ad un indescrivibile baccano, dopo di che il predicatore esclamò: «*Ed in nome di Garibaldi io vi impartisco la benedizione*»

Gli ascoltatori non risparmiavano *ogni sorta di gesti osceni e schernitori delle sacre reliquie*; quello salito sul pulpito fece, col crocifisso, il segno della croce, poi lo gettò al suolo riducendolo in pezzi. Gregorovius cita la testimonianza di un domenicano prigioniero, padre Vannutelli, cappellano pontificio e cognato di Kanzler, che traccia un ritratto dei garibaldini che, malgrado le esagerazioni a volte al limite del ridicolo, è interessante per vedere come i papalini considerassero i volontari; alla fine, ammirato dal carisma straordinario di Garibaldi, lo attribuisce nientemeno che a cause demoniache:

> "I garibaldini appartengono a tutte le classi sociali; vi sono nobili, plebei, colti, incolti, ed ogni specie di briganti. Essi appartengono a tutte le nazioni e si sono tutti riuniti con lo scopo di condurre, contro la Chiesa e la società Cristiana, la campagna della distruzione; infine essi sono l'esercito cosmopolita del diavolo, la spaventevole caricatura dell'esercito cattolico.
> Fra di essi, molti hanno avuto una buona educazione cristiana ed hanno eccellenti genitori. Molti hanno pure ingegno e coltura ed anche maniere distinte e signorili. Però la massa è fatta di uomini di vita indegna ed errante, avanzi di galera, o di giovanetti fatti entrare con insidie nelle sétte segrete, o di vagabondi delle grandi città, senza fisso impiego, che vanno guadagnandosi il pane alla ventura, servendo da cocchieri, fattorini, facchini, garzoni e via dicendo. Altri sono braccianti ed operai.
> Tutti questi si arruolano per tentar la fortuna, per ammazzare o lasciarsi ammazzare, senza sapere perché. Una febbre, un delirio vano li trascina alla lotta, e non se ne rendono conto. Fra loro sarebbe vano cercare una qualunque coesione ed unità di idee. Alcuni hanno lo scopo di distruggere il Papato, come a me stesso hanno detto; altri di fare l'Italia una; altri di togliere al Papa il potere temporale che, secondo loro, è contrario al Vangelo, altri di rovesciare tutti i troni e tutti i re; e molti, finalmente, lo scopo di rubare.
> Da questa varietà di intenzioni, nasce una indescrivibile confusione sicché non c'è da far le meraviglie se talora si maltrattano e si fan del male fra di loro.
> Se fra i loro comandanti uno ordina una cosa, un'altro ne ordina un'altra, onde l'abitudine di disprezzare e trasgredire i comandi.
> Ciascuno si crede un'autorità, e tutti vogliono dominare. Molti di essi non sarebbero cattivi, ma, in quei momenti di febbre, sono capaci di eccessi; ne fui purtroppo testimone a Monterotondo, e le sue chiese ne serbano le deplorevoli traccie. Le loro vesti sono intonate alle loro idee ed opinioni. Sarebbe difficile trovar fra di loro due uomini vestiti nello stesso modo. Molti portano la camicia rossa o il berretto rosso; alcuni son vestiti di rosso da capo a piedi, ma tutti hanno un cencio rosso in qualche parte. Di religiosità non mostrano traccie; molti ostentano odio verso ogni forma religiosa; in parecchi si potrebbe facilmente trovare un'esatta immagine dei demonî, così sinistra appare la loro veste

---

Stato Pontificio, Bologna 1868, pp. 9-11. Si noti come, a differenza dello Stato Pontificio, nel regno d'Italia vigesse la piena libertà di stampa!

fiammante, specialmente quando va unita ad uno sguardo selvaggio ed audace. V'è un solo nome che li elettrizza: Garibaldi. Esso ha su tutti loro una tale autorità affascinante, da far veramente supporre, non essendo possibile scorgervi cause reali, una potenza diabolica a servizio della sétta segreta."

Ancor oggi la pubblicistica sanfedista e codina continua a presentare pressoché nei medesimi termini Garibaldi ed i suoi volontari, a demonizzare la lotta per l'unità d'Italia e la caduta di un potere temporale in fin dei conti basato non sul diritto ma sulla falsa donazione di Costantino, smascherata dal Valla cinque secoli prima, nel XV secolo, agitando a mo' di spauracchio la tenebrosa potenza della Massoneria, l'odiata e temuta *setta verde*. Del resto era chiaro a tutti che Garibaldi non voleva la rivoluzione, e se mai a Roma dopo le camicie rosse sarebbe giunto lo Stato italiano, il regno sabaudo e non certo la repubblica mazziniana, il socialismo o l'anarchia (come Garibaldi permettesse certe manifestazioni lo si era pur visto a Bronte con i plotoni di Bixio contro i *comunisti*!), lo Stato con le sue leggi e con lo Statuto Albertino che riconosceva il cattolicesimo quale religione di Stato: come avvenne infatti tre anni dopo, nel 1870. Ecco come alla propaganda clericale ribatteva Celestino Bianchi nel suo *Mentana* del 1868:

"E innanzi tutto non è vero che la distruzione del supremo potere spirituale del Santo Padre fosse scritto sopra la bandiera degli insorti romani.
Può ben darsi che qualche grido frenetico sia stato proferito dai volontari; ma in nessun atto dei go verni provvisori, insediatisi anche momentaneamente negli Stati pontifici, venne accennato a questa guerra a oltranza al culto religioso, né si pronunziò niuna dichiarazione di razionalismo, né l'abolizione della religione cattolica o l'ostracismo all'autorità spiri tuale dei papi furono mai pubblicati in alcun bando dei capi dell'insurrezione.
Invece abbiamo letti i proclami del Ghirelli, che marciava sopra di Roma colla bandiera tricolore e col rispetto alla fede degli avi ; abbiamo letti quelli dell'Acerbi, che appellando ad un futuro plebiscito, si faceva precedere dal vessillo nazionale; abbiamo letti finalmente i manifesti di Garibaldi, il quale minacciando i preti come perpetratori di un turpe mercimonio di sacre e profane cose e strumenti di menzogne e di oppressione politica, nondimeno, an che nei suoi discorsi i più incendiari, li ha sempre rispettati nel loro spirituale ministero"[7].

Lo storico britannico Denis Mack Smith sottolinea come Garibaldi fosse ben lungi dall'essere ateo, e quale fosse la sua posizione religiosa:

"Spezzare i vincoli dell'oppressione clericale era per lui un requisito assoluto per qualsiasi sviluppo nell'educazione morale e politica del paese…(Garibaldi) aveva senza debbio una natura religiosa… Rifuggiva dall'ateismo dall'indifferenza e dal materialismo… Ma non poteva credere nel "dio vendicativo, iracondo e crudele dei preti". I suoi sacerdoti erano i Galilei, i Keplero, i Newton, 'veri ministri di Dio'"

Tornando alle operazioni militari, adesso Garibaldi era padrone del luogo più forte della provincia; ma aveva ottenuto queste risultato, l'unico degno di nota in tutta quella campagna, avendo avuto 200 fra morti e 148 feriti, e avendo perduto tempo

---

[7]Bianchi, *Mentana. Narrazione storica*, Milano 1868, p.187.

prezioso. La piccola guarnigione di Monte Rotondo aveva reso al papa il più grande servizio; se non avesse trattenuto Garibaldi resistendogli tanto strenuamente, egli avrebbe affrettato la marcia su Roma.

Prendere Monterotondo era d'altra parte necessario, perché esso congiunge le strade della Campagna romana alla strada dell'Umbria. Un esercito che l'abbia occupato, è padrone della strada di Roma e di quella di Passo Corese, mentre ha facile la ritirata sui monti di Tivoli e nell'Abruzzo.

Se Garibaldi avesse allora avuto qualche migliaio di uomini ben armati, da gettare sulle mura di Roma, prima che i pontifici, richiamati, tornassero dai vari luoghi della provincia, avrebbe potuto avere in sua mano la città.

Quanto spesso le sue deboli mura aureliane non erano state, nel medio evo, diroccate in qualche luogo meno vigilato, di notte, da una schiera di assalitori! Lo stesso poteva ora accadere. Le truppe pontificie non avrebbero potuto difendere la larga cinta di Roma. Chi li avesse veduti, quei pallidi e stanchi belgi ed olandesi, trascinarsi armati per la città, avrebbe ben potuto dire che essi sarebbero stati incapaci di respingere un attacco alle mura da parte dei volontari, e di opporsi loro validamente quando fossero entrati. Essi avrebbero potuto soltanto rinchiudersi nella città leonina, per difendere in Castel Sant'Angelo il Pontefice, finché non fossero giunti i soccorsi di Napoleone III.

Durante la puntata verso Roma Garibaldi pose il proprio punto di osservazione sulla torre di Casal de' Pazzi.

Il ponte Nomentano, oggi al centro del quartiere di Montesacro, fu il punto più avanzato raggiunto dai garibaldini nella Campagna dell'Agro Romano.

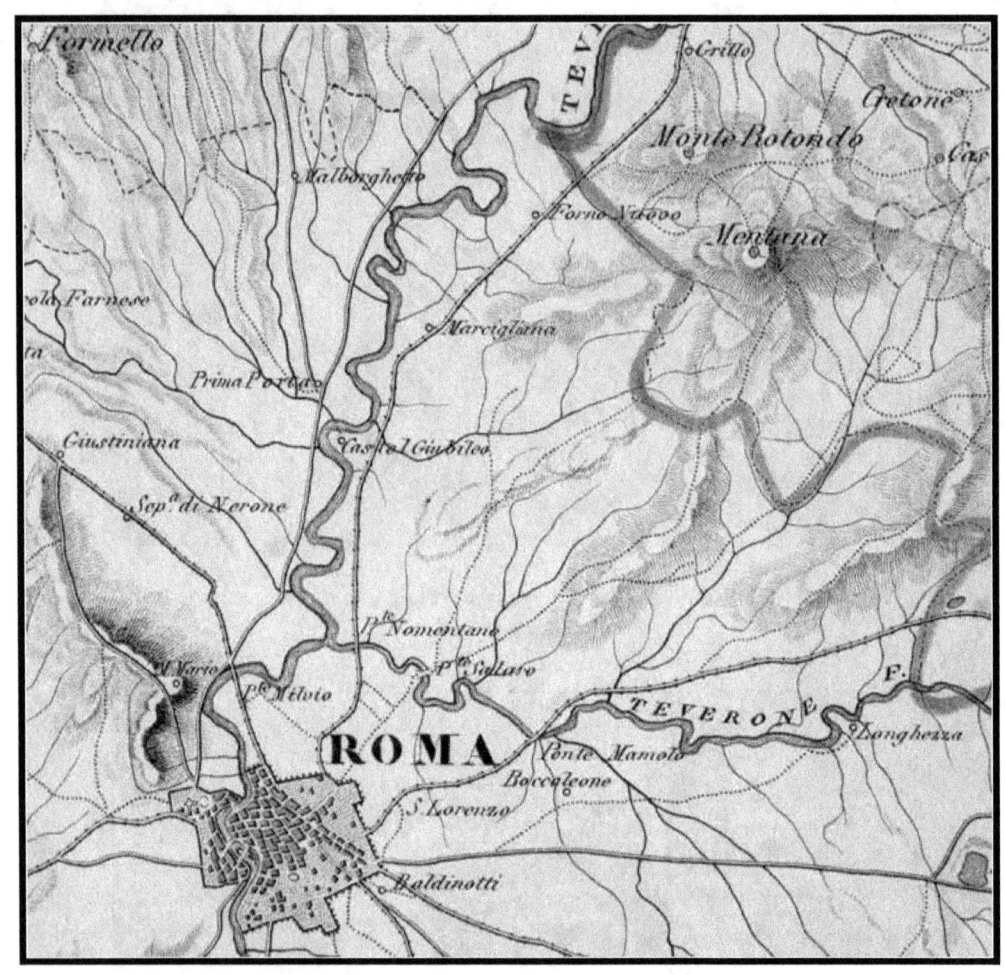

L'area delle operazioni intorno a Roma nel 1867-

GARIBALDI ALLE PORTE DI ROMA, 30 OTTOBRE 1867.

La presa di Monterotondo suscitò grande spavento in Roma, dove più d'un appartenente all'Aristocrazia nera ed alla borghesia pontificia- il cosiddetto *generone*- pensò a porre al sicuro i proprî valori.
La Giunta Insurrezionale Romana il 27 ottobre pubblicò il seguente proclama:

"Romani!

Da tre giorni voi spargete—senza armi, senza munizioni, animati solo dal sentimento del dovere, forti del vostro diritto—voi spargete timore e danno nelle file di una feroce soldatesca, che sta pronta alla lotta nei suoi quartieri, e mostrate così all'Italia e al mondo che Roma, anche se inerme, non può attaccare un'aperta battaglia, sa scrivere col proprio sangue la protesta contro il suo martirio.
Nella prima notte del 22 avete scoperte e portate via le poche armi che servivano per la vostra difesa; avete costretto il nemico ad aprire la Porta S. Paolo, avete risolutamente assalito la guardia del Campidoglio e vendicato così i vostri morti, abbattendo tutti quegli avversari che han potuto raggiungere le vostre armi. Una parte della caserma, Serristori saltò in aria, minata dalla vostra mano, e seppellì non pochi nemici sotto le rovine.
In tutte le lotte a corpo a corpo il nemico piegò sotto i vostri colpi.
Soprattutto seminarono il terrore nelle schiere nemiche le vostre bombe Orsini. Nella notte del 23, quando il nemico già si era messo sulle difese, osaste assalire, in S. Pietro e Tommaso, le pattuglie che accompagnavano i prigionieri, e riusciste a liberarli. Ai Monti, il sangue degli zuavi arrossò le strade; a Ripetta, presso il Clementino, sulla piazza Sforza Cesarini e in altri luoghi, ufficiali e soldati caddero colpiti da voi. Il governo papale, nella vana speranza di far credere all'Europa ingannata che Roma sia tranquilla, vi ha, da una settimana, tenuto in un effettivo stato d'assedio, senza osare di proclamarlo; ma questo giuoco non poteva a lungo durare, di fronte al vostro animoso contegno, ed i vostri oppressori sono stati forzati a riconoscere e dichiarare la vostra ribellione e la loro paura.
Ieri fu dichiarato lo stato d'assedio e dato l'ordine del generale disarmo, ma con quella ipocrisia che è caratteristica principale del governo pretesco. Roma è messa in stato d'assedio e disarmata, non perché i Romani lottano e muoiono, ma perché una banda di uomini, introdottisi segretamente in città, turba l'ordine pubblico e sparge il terrore in una guarnigione di migliaia di soldati.
O menzogna! Romani furono uccisi al Campidoglio, Romani i 200 prigionieri della porta S. Paolo, Romani la vecchia e il bambino uccisi nella caserma di Sora.

Mentre quella menzogna si faceva ogni giorno più palese, il popolo di Trastevere, memore del suo passato, scese in campo, e afferrando con mano febbrile le poche armi restate in suo potere, si chiuse in una delle sue case come in una fortezza, e sfidò tutto l'esercito pontificio ad una lotta leale e cruenta.
Erano cinquanta contro mille; ogni strumento, ogni arnese era un'arma, e per quattro ore resisterono. Il popolo inerme cercava di portar loro soccorso, ma ogni accesso era chiuso; impossibile avvicinarsi ai combattenti.
Il numero soverchiò finalmente il valore; gli zuavi riuscirono, mentre già avevan veduto la strada seminata di cadaveri dei loro compagni, a penetrar nell'interno della casa, e allora non diedero quartiere.
Nessuna ferocia potrebbe paragonarsi a quella di questi crociati del vicario di Cristo. Tutto fu massacrato: la famiglia Aiani, donne e bambini, senza pietà trucidata; i feriti con pochi colpi finiti di uccidere. Il Papa Re può benedire questo bagno sanguinoso e ringraziare il Signore.
Romani! Era necessario dare una risposta di sangue alla proclamazione dello stato d'assedio, e voi l'avete data; era necessario porre tra voi ed il Papa una barriera di cadaveri, ed uno solo dei massacrati di Trastevere basterebbe a provare al mondo che non è più possibile una conciliazione fra Roma e i suoi tiranni.
Se ciò non basta, se l'Italia non si affretta ed esita, se la vittoria non deve arriderci ancora, non sarà colpa nostra; noi avremo compiuto intero il nostro dovere, e questa pagina rimarrà nella nostra Storia.
Ma abbiate fiducia: Garibaldi è alle porte; l'intervento francese sembra scongiurato; tutta l'Italia, Governo e Popolo, sta per riunire le sue forze ad uno scopo unico: Roma. Noi non saremo abbandonati.
È impossibile che questa esitazione si prolunghi; è impossibile che questo conflitto non termini colla proclamazione di Roma a capitale d'Italia.

Roma, 27 ottobre 1867".

Ma la speranza di avere scongiurato l'intervento francese dovette essere presto abbandonata. L'opinione pubblica in Francia sembrava favorevole alla difesa del papa minacciato; solo i ministri Duruy e La Valette erano contrari, e parlavano in pro della causa italiana. Il 24 ottobre, il papa ricevette, per mezzo del suo nunzio a Parigi, una netta dichiarazione dall'Imperatore, al quale aveva fatto conoscere le disperate condizioni di Roma, e Monstier, il 25, partecipò alle potenze che la Francia interveniva, perché era stata commessa un'infrazione al trattato di settembre. Invano Vittorio Emanuele II aveva tentato di provocare un intervento misto, non ottenendo che di ritardare la partenza della flotta da Tolone; ma il 26 ottobre il comando fu dato, e le navi da guerra cariche di truppa francesi navigarono verso Civitavecchia.
Intanto, Garibaldi rimase il 26, il 27 ed il 28 a Monterotondo per riordinare le sue forze e coordinare l'azione con quella dell'Acerbi dal territorio di Viterbo, del Pianciani verso Tivoli e del Nicotera da Frosinone verso Velletri.
La mattina del 29, quando da poche ore il Pianciani è entrato a Tivoli festosamente

accolto dalla popolazione, Garibaldi muove verso la Marcigliana, lungo la via Salaria; e qui sosta ponendo i suoi avamposti a Castel Giubileo e a Villa Spada.

Il 30 Garibaldi avanza ancora occupando Castel Giubileo e spingendosi fino al ponte Nomentano e al Monte Sacro.

Egli spera sempre che al suo avvicinarsi i romani insorgano, e aspetta un segnale che glielo indichi, ma tutto il 30 ottobre passa senza che nulla si oda dì rumore di combattimento e senza nemmeno che qualche avviso giunga dagli amici della città.

In Roma è concentrato quasi tutto l'esercito papale, circa 15.000 uomini! La situazione va sempre peggiorando. Il governo italiano ha chiuso la frontiera, cosicché ai volontari non possono più giungere né viveri né armi né rinforzi (il numero dei volontari oscillò durante la campagna, perché essi spesso andavano e venivano, o nuovi volontari sopraggiungevano, mentre altri se ne tornavano a casa loro: non pare che Garibaldi abbia mai avuto più di 8000 uomini complessivi).

Il 27, fallito il tentativo del generale Cialdini di comporre un nuovo ministero, è divenuto presidente del Consiglio il generale L. F. Menabrea, savoiardo e conservatore, il quale ha assunto su di sé anche il ministero degli Esteri. Un proclama del re, verosimilmente steso da Menabrea, sulla *Gazzetta Ufficiale* sconfessa la spedizione:

"*Italiani* !

Schiere di volontari eccitati e sedotti dall'opera di un partito, senza autorizzazione mia né del mio Governo, hanno violato le frontiere dello Stato.

Il rispetto, egualmente da tutti i cittadini dovuto alle leggi ed ai patti internazionali, sanciti dal Parlamento e da me, stabilisce in queste gravi circostanze un inesora bile debito d'onore.

L'Europa sa che la bandiera innalzata nelle terre vi cine alle nostre, sulla quale fu scritta la distruzione della suprema autorità spirituale del capo della religione catto lica, non è la mia.

Questo tentativo pone la patria comune in un grave pericolo, ed ingiunge a me l'imperioso dovere di salvare ad un tempo l'onore del paese, e di non confondere in una due cause assolutamente distinte, due obbiettive diverse.

L'Italia deve essere rassicurata dai pericoli che può correre; l'Europa deve essere convinta che l'Italia, fedele ai suoi impegni, non vuole né può esser perturbatrice del l'ordine pubblico.

La guerra col nostro alleato sarebbe guerra fratricida fra due eserciti che pugnarono per la causa medesima.

Depositario del diritto della pace e della guerra, non posso tollerarne l'usurpazione. Confido quindi che la voce della ragione sia ascoltata, e che i cittadini italiani che, violarono quel diritto si porranno prontamente dietro le linee delle nostre truppe.

I pericoli, che il disordine e gl'inconsulti propositi possono creare fra noi, devono essere scongiurati, mantepuò farmi difetto.

Allorché la calma sia rientrata negli animi e l'ordine pubblico pienamente ristabilito, il mio Governo d'accordo colla Francia, secondo il voto del parlamento, curerà con ogni lealtà e sforzo di trovare un utile componimento che valga a porre un termine alla grave ed importante questione dei Romani.

Italiani!

Io feci e farò sempre a fidanza col vostro senno, come voi lo faceste con l'affetto del vostro Re per questa grande patria, la quale, mercé i comuni sacrifizi, tornammo finalmente nel novero delle nazioni, e che dobbiamo consegnare ai nostri figli integra ed onorata.

Firenze, 27 ottobre 1867.

VITTORIO EMANUELE

MENABREA.
CAMBRAY DIGNY.
GUALTERIO.
CANTELLI. BERTOLE'-VIALE.
A. MARI.".

Intanto a Civitavecchia è sbarcato il generale de Failly, il quale ha annunziato al popolo romano con un proclama l'arrivo di un corpo di spedizione francese mandato da Napoleone III per *«proteggere contro gli attacchi di bande rivoluzionarie il Santo Padre e il Trono Pontificio»*, affisso il 30 per le strade di Roma:

> "Romani! L'Imperatore Napoleone manda per la seconda volta in Roma un corpo di spedizione, per difendere il Santo Padre e il Trono Pontificio dagli attacchi delle bande rivoluzionarie.
> Voi ci conoscete da lungo tempo; noi compiamo soltanto una missione morale e disinteressata. Vi aiuteremo a ristabilire la tranquillità e la fiducia nella cittadinanza. I nostri soldati rispetteranno, come prima, le vostre persone, i vostri costumi, le vostre leggi.
>
> Civitavecchia, 29 ottobre.
>
> Il Comandante Generale del Corpo di spedizione francese DE FAILLY"

E il 30 e 31 sbarcava la prima delle due divisioni francesi, dopo due giorni di attesa dovuti al mare assai mosso.
I liberali avevano sperato che l'occupazione francese si dovesse limitare a Civitavecchia; ma s'ingannavano. Scive Gregorovius, che assistette all'arrivo dei francesi a Roma:

> "Napoleone aveva ora trovato il coraggio di dichiararsi alleato dei gesuiti e salvatore del Papato. Il 30 ottobre nel pomeriggio, i primi battaglioni francesi entrarono in Roma al suono delle fanfare. Scesero dal Quirinale, circondati dai legittimisti e dai papalini, i quali erano andati loro incontro fino alla stazione ferroviaria, per festeggiare un trionfo da lungo tempo atteso.
> L'aspetto di queste truppe era fosco e punto famigliare, come quello di gente che entra in terra nemica e ne sente l'odio su di sé.
> Molta gente era per le vie, ma silenziosa. Non una voce si levò".

Scarso compenso a tutto questo l'arrivo del Nicotera colla sua colonna a Velletri. Il 31 Garibaldi da Castel Giubileo spinge una ricognizione verso il ponte Nomentano, occupando Casale dei Pazzi e la tenuta della Cecchina. Due reparti pontifici in ricognizione fanno saltare il ponte Salario, e rientrano tosto in città. Anche ora però nessun accenno a movimenti insurrezionali in Roma, e Garibaldi decide allora la ritirata su Monterotondo.

Giova ancora una volta citare il Barrili, che nell'occasione si trovò al fianco dello stesso Garibaldi a Casal de' Pazzi mentre questi aspettava il segnale dello scoppio dell'insurrezione romana:

"Passò un'ora, ne passarono due, ma il segnale non venne. Vennero bensì due ricognizioni nemiche, simultaneamente, una da manca e l'altra da destra. La prima indicata da una sequela di punti grigi, nei quali non tardammo a riconoscere il reggimento degli zuavi pontifici, si stese oltre la via Nomentana, lentamente, con poca intenzione di avvilupparci, forse temendo di essere avviluppata. La seconda, tutta di punti neri, si avanzò guardinga, ma con più risolute intenzioni, sulle colline dalla parte di ponte Molle, venendo con le avanguardie in quadriglia fino al colmo di una eminenza, a duecento metri da noi. Riconoscemmo allora i cappottoni della legione d'Antibo.
Le disposizioni di Garibaldi furono poche e semplicissime. Al reggimento degli zuavi non oppose alcun nerbo di forze, solo ordinando al maggiore Guerzoni di tener dietro ai loro movimenti, piantato un po' più in là, con un cannocchiale da campo. Alle ardite quadriglie antiboine volse la sua attenzione egli stesso. Si avanzavano sempre, si avanzarono fino a cento metri, non di più, dalla tranquillità nostra argomentando l'insidia. Per tastarci, incominciarono da quella distanza a tirare. I nostri avevano ordine di non muoversi, di tener bassi i fucili, di non far vedere neanche la punta delle baionette di sopra al ciglione.
— Li aspetteremo a venti passi; - diceva Garibaldi; - e allora daremo dentro tutti quanti.
Le quadriglie antiboine non fecero un passo di più; parevano inchiodate al terreno. Solo davanti a loro, o per mezzo, si moveva correndo un bel cane spagnolo, evidentemente felice come tutti i cani in guerra, che partecipano con tanto ardore, e sto per dire più dei cavalli, alle forti commozioni della battaglia. Il fuoco era aperto, ma durava senza merito, poiché nessuno di noi rispondeva, Fischiavano e gnaulavano le palle; quasi tutte troppo alte, passando; alcune troppo basse, ficcandosi nel terreno davanti a noi, o daccanto; nessuna toccando il bersaglio, che in quindici o venti offrivamo. E certo gli Antiboini avevano riconosciuto Garibaldi, poiché intorno a lui la gragnuola era più spessa. Un ufficiale di quella gente, da noi distinto benissimo, si fece dare da uno dei suoi soldati il fucile, puntò lungamente e sparò, anch'egli fallendo il colpo, e guadagnandosi un sorriso di commiserazione. Garibaldi, che era stato un pezzo guardando i tiratori col cannocchiale, si avanzò di alcuni passi fino alla linea dei pini, e gridò loro con voce stentorea:
— *Vous étes des conscrpits; vous ne savez pas tirer. Vous étes des conscripts,* - ripeté ancora parecchie volte, rinforzando la voce, forse con la speranza che il sarcasmo li ferisse, invitandoli a farsi sotto, dove egli avrebbe voluto.
Ma il sarcasmo non li ferì, o se li ferì non bastò a farli scattare.
Continuavano a scattare, in quella vece, i loro fucili, con sempre inutili tiri, e la musica era già molto durata, quando si avanzò Stefano Canzio.
— Senta Generale; - diss'egli. - Vuol proprio che imparino, tirando su Lei?
Venga qua, la prego, un pochino, più indietro, al riparo di quel pagliaio. Per quello che vuol fare, se ci sarà da farlo, soggiunse, con un'accorta restrizione che mostrava la sua poca fede in certe notizie, - non è mica necessario che Lei stia qui a far da bersaglio ai coscritti.
Sorrise il Generale, gradì la celia, ma non si volle muovere di là.
Il fuoco antiboino continuava, sempre con lo stesso esito di vana molestia.
E frattanto, nessun segnale da Roma. Il viso di Garibaldi cominciò a rabbruscarsi, la falda del suo cappello a calarsi sugli occhi
— Che cos'hanno quei seccatori? - esclamò egli ad un tratto.

> Noi prendemmo coraggio a domandargli il permesso di rispondere con qualche colpo.
> — Purché sia bene assestato; - rispose, assentendo col gesto. Trovate quattro o cinque buoni tiratori, e andate ad appostarli laggiù, verso la falda della collina. Cinque tiratori, dei meglio armati, scelti nei due battaglioni, furono collocati dove il Generale aveva consigliato. Una piccola siepe di rovi li nascondeva al nemico. Presero essi a tirare, puntando con calma, e cinque colpi bene aggiustati mostrarono che nelle nostre file non erano coscritti. Le quadriglie balenarono, risposero ancora due o tre colpi, poi si ritrassero, portando i loro feriti; e l'ufficiale e il suo cane sparirono con esse dietro una ondulazione del terreno.
> Un quarto d'ora dopo, ad una insenatura della collina, vedemmo la legione tutta quanta ritirarsi, nella direzione di ponte Molle. In pari tempo si ritirava dall'altra banda il reggimento degli zuavi. Eravamo rimasti padroni del campo: ma per che farne? Ahimé, niun segnale da Roma. (...) Verso l'imbrunire fu deciso di dar volta a Castel Giubileo, donde la mattina eravamo partiti con tante speranze. Garibaldi aveva un messaggio da Roma: niente da sperare, là dentro, dove in quel medesimo giorno erano giunti i Francesi a sostegno del poter temporale".

Ma numerosi volontari protestarono contro l'ordine di ritirata: essi si erano mossi per andare contro Roma! Durante la marcia furono numerose le diserzioni.
Il mattino dopo Garibaldi deve constatare che dei suoi 5000 più di 2000 mancano all'appello; e dalla popolazione dell'Agro Romano non sono giunti rinforzi. Si è discusso molto circa questa defezione; chi ne fece responsabile gli emissari regi, chi invece gli emissari di Mazzini. Costui ebbe a scrivere a Garibaldi:

> "Voi sapete ch'io non credevo nel successo ed ero convinto essere meglio concentrare tutti i mezzi sopra un forte movimento in Roma che non rompere nella provincia; ma una volta l'impresa iniziata giovai quanto potei".

Garibaldi, non a torto, finì col ritenere che, se non il Mazzini in persona, certo molti suoi seguaci agirono ora in modo disfattista. Senza dubbio il Mazzini voleva l'insurrezione in Roma, sperando di darle un carattere repubblicano; ma mancata quella e dato l'atteggiamento deciso di Napoleone III, ormai l'impresa poteva considerarsi fallita. Il primo novembre Garibaldi indirizzò a sua volta un proclama agli italiani, rispondendo categoricamente alle parole del proclama del re e al fatto compiuto dell'intervento armato dei francesi

> "Noi siamo venuti in armi — scrisse — da ogni parte d' Italia sotto le mura di Roma col soccorso, col plauso di tutto il popolo italiano. Se non abbiamo chiesto autorizzazione dal go verno che legalmente rappresenta la nazione, esso, sospinto dalla pubblica opinione, ha dovuto coi fatti più favorire che osteggiare la nostra impresa.
> Noi siamo sulla via di Roma i precursori del popolo. Sulla sua bandiera, che noi abbiamo risollevata, sta scritto:
> Abolizione del potere temporale del papa, Roma capitale d' Italia, libertà di coscienza, eguaglianza di tutti i culti inanzi alla legge.
> Questa era pure la bandiera del popolo romano quando, il 22 e il 25 ottobre, con disperato ed eroico sforzo, tentava stenderci la mano ed aprirci le porte di Roma. Questa e non altra è la causa per cui combattiamo. Contro di noi non istanno che coloro i quali hanno obliato di Roma perfino il nome e cospirato per il ritorno dello straniero sul suolo italiano.

La Convenzione di settembre, già impunemente violata dall' impero francese, non poteva mai avere per iscopo di vietar all' Italia la rivendicazione della sua capitale.
L' irrevocabile impegno d' onore assunto dal governo col popolo era, ed è, l' Italia una ed indivisibile.
Quando ad un tanto impegno un governo vien meno, il popolo subentra e salva sé stesso.
Amici e fratelli col popolo francese oppresso, ricada sui provocatori e sui loro complici la responsabilità degli eventi. Affidati al diritto e all' onore nazionale, protestando con tro chi lo tradisce e contro la nuova invasione straniera, confortati dalla simpatia dell' esercito e dall' idea ch' egli senta pel primo il nuovo oltraggio inflitto alla nazione, ci appelliamo armati al popolo italiano, certo che non ci lascerà soli sulla via sacra di Roma, e con la sua forte volontà e col suo braccio rivendicherà la dignità oltraggiata e difenderà la pericolante libertà della patria".

E nel bollettino ai volontari il Generale affermava:

"Il governo di Firenze ha fatto invadere il territorio romano da noi conquistato con prezioso sangue sui nemici d' Italia. Noi dobbiamo accogliere i nostri fratelli del l' esercito con la solita amorevolezza ed aiutarli a cacciare da Roma i mercenari stranieri sostenitori della tirannide. Se però, fatti infami, continuazione della vigliacca Convenzione di settembre, spingessero il gesuitismo di una sudicia consorteria a farci mettere giù le armi in obbedienza agli ordini del Due dicembre, allora ricorderò al mondo che, qui, io solo Generale romano con pieni poteri, dal solo governo legale della repubblica romana eletto con suffragio universale, ho il diritto di mantenermi armato in questo territorio di mia giurisdizione. E che se questi volontari, campioni della libertà ed unificazione italiana, vogliono Roma capitale d' Italia, compiendo il voto del parlamento e della nazione, essi non deporranno le armi se non quando l' Italia sarà compiuta, la libertà di coscienza e di culto edificata sulle mine del gesuitismo, ed i soldati dei tiranni saranno fuori del nostro libero suolo".

Pure Garibaldi non sa adattarsi all'idea di ritirarsi dopo aver concluso tanto poco. Decide allora di spostarsi in altro luogo e precisamente a Tivoli, situata in posizione forte, dove la popolazione si è mostrata molto patriottica, coll'Appennino alle spalle, colla possibilità di comunicare colle province meridionali dove potrebbe trovare maggiori entusiasmi ed aiuti. Da Tivoli potrebbe iniziare, favorito dal terreno montano, una energica guerriglia per stancare il nemico e guadagnar tempo, il famoso beneficio del tempo, l'imprevisto che tanta parte ha nelle guerre e più che mai nelle rivoluzioni; forse Roma potrebbe insorgere, forse il popolo italiano potrebbe sollevarsi e non lasciarlo in olocausto coi suoi!
Perciò ordina al colonnello Paggi di occupare Sant'Angelo, Monticelli e Monte Porci in modo d'aver assicurata la protezione durante la marcia da Monterotondo a Tivoli. Marcia ch'egli dispone con precise istruzioni scritte al figlio Menotti, che dovrà comandare la colonna. Alle quattro e mezzo del mattino, ossia ancora a buio, questa dovrà mettersi in movimento.
Ma in quello stesso giorno a Roma si è tenuto un consiglio di guerra tra il generale svizzero Kanzler, comandante delle truppe pontificie, e il generale francese de Failly; e si decide che il 3 novembre, alle quattro di notte, truppe pontificie e parte di quelle

francesi muovano da Roma per attaccare Garibaldi a Monterotondo; circuirlo e catturarlo coi suoi se è possibile, e comunque rigettarlo energicamente oltre il confine di Passo Corese. Garibaldi iniziava dunque una pericolosa marcia di fianco durante la quale si poteva essere assaliti sia di fronte che di fianco.

Ma Garibaldi si decise a muoversi verso Tivoli dopo due giorni da quando aveva pensato a tale soluzione, allorché ebbe notizia, nel pomeriggio del due novembre, che le truppe di Kanzler sì disponevano a muovere da Roma contro di lui.

Il Generale però ignorava che oltre alle truppe di Kanzler c'erano anche quelle, di ben altra efficienza, di de Failly.

Il generale Stefano Canzio a causa della fretta con cui venne preparata la spedizione si trovò senza la divisa, e partecipò alla Campagna dell'Agro Romano in *redingote* e *stiffelius*.

Il generale Nicola Fabrizi, Capo di Stato Maggiore di Garibaldi nel 1867.

Alberto Mario, patriota, politico e giornalista,
Aiutante di campo di Garibaldi nel 1867.

Menotti (a sin.) e Ricciotti (a ds.) Garibaldi.

Il maggiore Achille Cantoni, caduto a Mentana.
Garibaldi gli dedicherà il suo romanzo *Cantoni il volontario.*

Il comandante pontificio, barone Hermann Kanzler.

Il ten. col. barone Athanase de Charette de la Contrie, comandante degli Zuavi a Mentana, con i fratelli Louis (seduto), Alain e Ferdinand, anch'essi nell'esercito pontificio.

Charles Ardant du Picq (1821-1870) celebre teorico militare, a Mentana comandò gli *Chasseurs à pied* che decimarono i fuggiaschi sulla strada di Monterotondo.

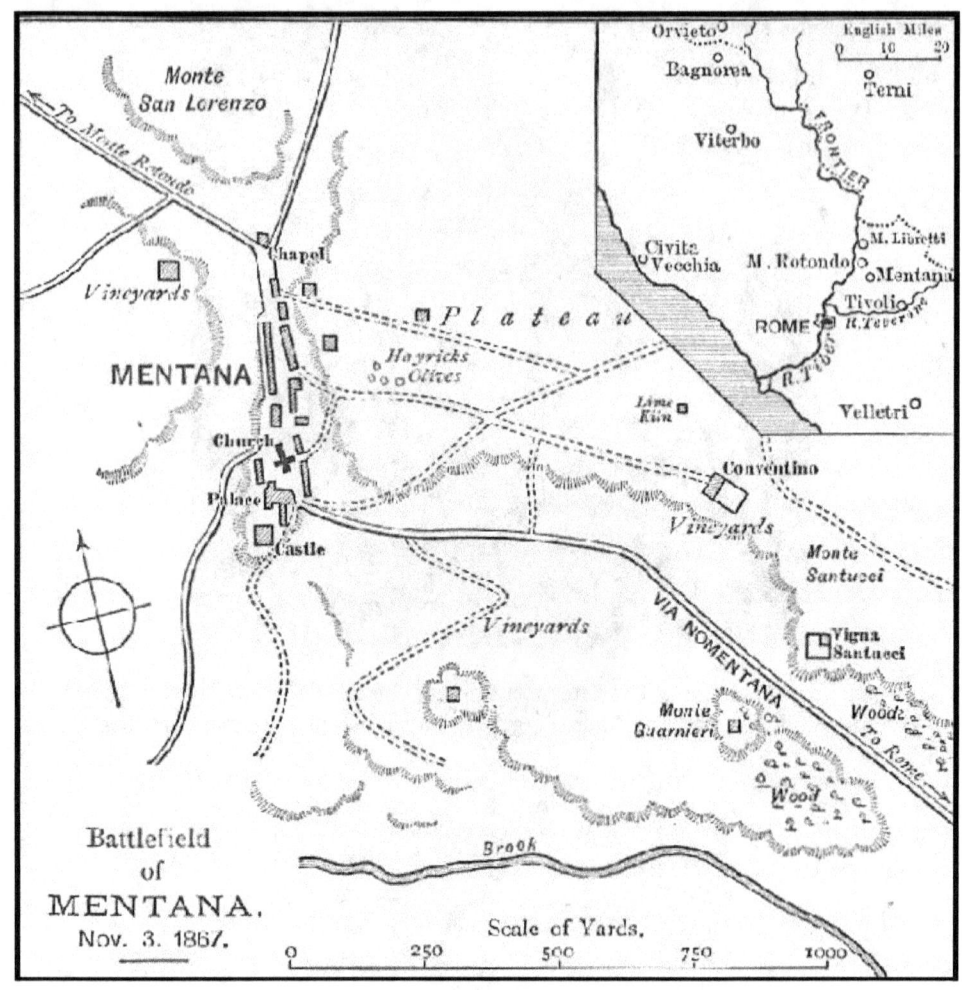

La battaglia di Mentana, 3 novembre 1867, in una cartina britannica del XIX secolo.

MENTANA,
3 NOVEMBRE 1867.

Nella stessa sera del due novembre Garibaldi scriveva di proprio pugno il seguente ordine del giorno in cui finalmente veniva dato l'ordine di marcia per Tivoli:

"Colonnello Menotti Garibaldi,

Le colonne da voi comandate marceranno per la sinistra sulla via di Tivoli.
Nella marcia esse si terranno compatte il più possibile ed in ordine. « Sulla destra delle colonne in marcia e sulle strade che conducono a Roma si dovranno spingere delle pattuglie a piedi e degli esploratori a cavallo bastantemente lontani, per essere avvisati a tempo a poter prendere posizioni, in caso dell'approssimarsi del nemico.
Sulle alture di destra della linea di marcia, si dovranno pure tenere delle vedette allo stesso Scopo.
Una avanguardia precederà le colonne ad una distanza per lo meno di mille cinquecento a due mila passi, ed essa sarà preceduta pure da esploratori e fiancheggiatori competenti.
Una retroguardia, pure molto importante, con rispettive guide indietro a considerevoli distanze, per avvisare di qualunque cosa utile.
Questa retroguardia non deve lasciare dietro di sé un solo individuo delle colonne, ed un solo carro o bagaglio.
L'artiglieria e munizioni marceranno nel centro.
I bagagli, i viveri ecc. potranno marciare in testa od in coda delle rispettive colonne.
Si raccomanda ai comandanti le colonne il buon ordine, che col valore dei nostri volontari, deve acquistarsi la stima delle popolazioni.

Monterotondo, 2 novembre 1867.

G. GARIBALDI.

Il capo di stato maggiore N. FABRIZI".

Perché questo ritardo? I motivi non sono chiari: sperava in un movimento dell'opinione pubblica italiana o nell'appoggio di una parte almeno dell'esercito mandato a sbaragliare i volontari e i patrioti? Per di più l'ordine di marcia fu sospeso fino alle undici e mezzo, vale a dire fu ritardato di ben sette ore, e ciò perché il Menotti attendeva l'arrivo di scarpe, di cui i volontari avevano estremo bisogno prima d'iniziare una marcia, e voleva anche riordinare tutta la colonna, dopo le diserzioni, i mormorii, le lamentele, l'indisciplina degli ultimissimi giorni.
Cosicché il piccolo esercito finì col muoversi soltanto a mezzogiorno.
Garibaldi si mosse senza dire verbo, pensieroso e triste; a cavallo passò rapido e silenzioso davanti ai battaglioni schierati. Il servizio di esplorazione e di fiancheggiamento che tanto era stato prezioso, come sappiamo, nel '49, era ora affidato a un manipolo di guide mal montate e a uno smilzo battaglione di bersaglieri genovesi. Per di più questa avanguardia non precede abbastanza il grosso, restando distaccata

da esso, e venne così meno in parte al suo importante ufficio. In conclusione, gli ordini chiari, accurati e precisi dati da Garibaldi non furono che imperfettamente eseguiti e mal sorvegliati. Nel piccolo esercito, accanto a elementi vecchi, buoni od ottimi, c'erano molti elementi scadenti che non avevano avuto il tempo di formarsi e migliorarsi, o d'essere selezionati.

La forza totale del corpo del centro comandato dal colonnello Menotti Garibaldi ammontava, alla sera del 2 novembre, a 6529 uomini distribuiti nel modo che segue:
2 pezzi di artiglieria a canna liscia, con soli 70 colpi.
Una compagnia del genio, comandata dal capitano Aurelio Amici, 40 uomini.
Un corpo di Guide, di 50 cavalieri[8] sotto gli ordini di Ricciotti Garibaldi.
Tre battaglioni di bersaglieri (Stallo, Burlando e Missori) per una forza complessiva di 700 uomini; al battaglione Missori era aggregata una compagnia di carabinieri livornesi, comandata dal capitano Santini.
I volontari erano suddivisi in sei Colonne corrispondenti, all'incirca, a sei brigate (più simili a grossi battaglioni, così come i *battaglioni* erano piuttosto delle compagnie leggermente sovraorganico):

colonnello Salomone (4 battaglioni), 1000 uomini;
tenente colonnello Frigyesi (4 battaglioni), 800 uomini;
maggiore Valzania (3 battaglioni) 800 uomini;
maggiore Cantoni[9] (3 battaglioni), 650 uomini;
maggiore Paggi (3 battaglioni);
colonnello Elia (3 battaglioni);
le due colonne Paggi ed Elia inquadravano complessivamente 1650 uomini .

A queste forze bisogna infine aggiungere tre battaglioni non inquadrati nelle Colonne e due compagnie volanti, comandati rispettivamente dai maggiori Nisi, Ravizza, De Filippi e Andreazzi, in complesso 850 uomini.
A giudicare dalle munizioni fornite ai garibaldini, almeno i due terzi della forza erano dotati di fucili a percussione, a pari numero con i moschetti a percussione. Queste truppe erano solo in piccola parte veterani delle precedenti campagne garibaldine o volontari dell'esercito italiano, che si sarebbero dimostrati generalmente soldati solidi e disciplinati. Il rimanente era composto da volontari meno competenti, privi di addestramento, male amalgamati ed attirati dalla prospettiva di vittoria e bottino o dalla popolarità della causa rivoluzionaria.
La forza totale, spesso indicata in 10.000 uomini dalle fonti papaline è in realtà assai inferiore, sia per le numerose diserzioni dei giorni precedenti da parte dei mazziniani soprattutto, che per le guarnigioni a Monterotondo, Sant'Angelo, Monticelli e Palombara (i tre battaglioni della colonna Paggi) ed un battaglione a Tivoli.
Come scrisse poi nella propria relazione Menotti Garibaldi,

"La forza totale numerica del corpo del centro da me comandato, rilevata dalle

---

[8] Ma Alberto Mario, Aiutante di Campo di Garibaldi nella Campagna del 1867, parla di 12 guide solamente (A. Mario, *Garibaldi*, Genova 1879, p. 178).
[9] Il volume *Mentana. Cenni storici sulla Campagna del 1867 per l'indipendenza d'Italia e libertà di Roma*, Milano 1868 a p.115 indica il grado di tenente colonnello.

situazioni serali del 2 novembre, ammontava a 6429 uomini, dei quali non presero parte attiva nel fatto d'arme i battaglioni seguenti:
- I tre battaglioni della colonna Paggi, di 900 uomini, che trovavansi dislocati da parecchi giorni; il 15o comandato dal maggiore signor Vannutelli a Monticelli; il 16o dal maggiore signor Buzzi a Sant'Angelo in Capoccia, ed il 17o comandato dal capitano signor Rambosio sulle alture di Monte Porci e Monte Lupari, destinato a sorvegliare gli stradali di Nomentana e Tiburtina. (...)
Più il 14o battaglione facente parte della prima colonna e comandato dal maggiore signor Marini, della forza di 500 individui, che trovavasi in Tivoli.
Nonché il 20o battaglione della colonna Elia comandato dal maggiore signor Bernieri della forza di 577 individui, che trovavasi a Monterotondo al servizio della piazza; e le due compagnie volanti forti di 200 uomini comandati dal maggiore signor Andreuzzi che trovavansi sulla destra del Tevere a Castelnuovo.
Per cui, dedotta la forza di 1777 uomini, complessivo dei battaglioni suddetti, rimane il totale dei combattenti a 4652 uomini che trovavasi in Monterotondo in attitudine di marcia".

Di fronte, i reparti franco-pontifici erano numerosi ed assai agguerriti. Le truppe di Kanzler erano uscite da Porta Pia alle quattro del mattino, sotto una pioggia battente, avviandosi la via Nomentana. Il rapporto ufficiale del generale de Courten riporta l'organico dei soldati di Pio IX e di Napoleone III a Mentana:

Due battaglioni di Zuavi pontifici, colonnello Allet, 1500 uomini;
Un battaglione Carabinieri esteri, tenente colonnello Jeannerat, 520 uomini;
Un battaglione della Legione Romana (Antibes), colonnello conte d'Argy, 540 uomini;
Una batteria d'artiglieria pontificia, 6 pezzi a canna rigata, capitano Polani, 117 uomini;
uno squadrone di Dragoni pontifici su 4 plotoni, capitano Cremona, 106 uomini;
una compagnia di Zappatori del Genio, capitano Fabri, 80 uomini;
Gendarmi pontifici, 50 uomini.

Totale: 2913 uomini con sei cannoni.

La colonna francese che seguiva de Courten come riserva, comandata dal Generale di Brigata barone de Polhés, era composta del

2eme *Bataillon de Chasseurs à pied* (Comte);
1er *Bataillon*, 1er *Regiment d'Infanterie de Ligne* (Fremont);
1er *Bataillon*, 29eme *Regiment de Ligne* (Saussier);
Due battaglioni del 59eme *Regiment de Ligne* (Berger);
Un plotone del 7eme *Chasseurs à cheval* (Wederspach-Tor);
Un plotone di Dragoni pontifici (sottotenente Belli);
Una mezza batteria d'artiglieria, 3 pezzi a canna rigata.

Totale: circa 2500 uomini con tre cannoni.

Probabilmente le cifre delle truppe di Pio IX fornite da Kanzler sono inferiori a quelle effettivamente presenti.

Giova ricordare ciò che osserva Menotti Garibaldi nel proprio rapporto da noi pubblicato integralmente nella sezione dedicata ai documenti ed alle testimonianze circa la reale entità delle forze franco- pontificie:

> "Testimonianze autorevoli e la pubblica notorietà accertano che la città di Roma fu completamente sgombra dalle truppe papali state inviate al campo il giorno 3. E quando noi vediamo che il rapporto pontificio riduce a 1500 il corpo degli zuavi dal rapporto francese dichiarati 2000; che riduce la legione d'Antibo a 540 uomini, mentre è notoriamente della forza di 1500; e che tace del tutto le forze indigene, dobbiamo per lo meno ritenere di essere al disotto del vero quando coi carabinieri esteri, artiglieri, dragoni, zappatori, ecc., si calcolino i pontifici per lo meno a 5000.
> In quanto poi alle truppe francesi, per giudicare della fedeltà della situazione presentataci dal rapporto del generale Le Failly, basti il notare come indicando le sue truppe di fanteria col nu mero dei corpi cui appartengono, ci dia un battaglione del 1° di linea, uno del 28°, due battaglioni del 59°, un battaglione di cacciatori, mentre poi, immediatamente nello stesso rapporto, parlando del primo attacco, dispone di un 1° battaglione del 1° di linea sulla diritta coi zuavi e di tutto il reggimento 1° di linea, cioé degli altri due battaglioni, di fronte a Mentana con due pezzi d'artiglieria, ecc.
> Ma volendo pure considerare come integro solo il primo reggimento di linea, ed accettando le altre frazioni come ci vengono date, noi abbiamo, per ogni battaglione di linea, sei compagnie, talché vi hanno 18 compagnie del 1° reggimento, 6 del 29°, 12 del 59° e 8 del battaglione cacciatori, che sono in tutto 44 compagnie, le quali nel loro completo di 120 uomini ciascuna, darebbero una forza totale di 5280 uomini; talmente che detraendo i presumibilmente assenti, ed aggiungendo le forze d'artiglieria, del genio e di cavalleria, che sono accennate nel rapporto; può, senza tema di esagerare, ritenersi la cifra di 5000 uomini al meno.
> Il totale quindi della forza franco-pontificia a Mentana deve ritenersi non minore di 10,000 uomini, con 10 pezzi di artiglieria, accettando ad occhi chiusi i soli dati forniti dai due rapporti".

In effetti il rapporto di Kanzler parla di 1500 Zuavi, ma non tiene conto dei trecento (tre compagnie) del maggiore Le Caron de Troussures, che giunsero sul campo di battaglia intorno alle 14.30, il che porta la cifra degli Zuavi pontifici ad almeno 1800, vicina ai 2000 della relazione del de Failly a Napoleone III.
L'avanguardia era formata dagli Zuavi, seguiti dai legionari e dai Cacciatori esteri; i dragoni fungevano da esploratori. I francesi marciavano distaccati di quattrocento metri.
Arrivati al Ponte Nomentano le tre compagnie del de Troussures vennero distaccate dal grosso e si diressero verso la Salaria seguendo il corso del Tevere, come allora veniva chiamato l'Aniene.
Verso le undici la pioggia cessò, e vi fu una sosta per una messa a Sant'Alessandro.

Le schiere dei volontari, alle 11 del mattino, si posero, ordinate e compatte, in cammino per la sinistra sulla strada di Tivoli. Sulle alture di destra della linea di marcia furono poste alcune vedette incaricate di segnalare l'approssimarsi del nemico.
Nello stesso tempo l'avanguardia garibaldina, che marciava mantenendo la distanza da 1500 a 2000 passi dal corpo principale, spingeva continuamente sulla destra e sulle

strade che conducono a Roma numerose pattuglie e molti fiancheggiatori col medesimo scopo. L'artiglieria – i due cannoni già menzionati, tolti ai pontifici nella presa di Monterotondo – e le munizioni furono poste al centro delle colonne. Una forte retroguardia con le rispettive guide a considerevole distanza, che non dovevano lasciare dietro un solo individuo od un solo carro, chiudeva la marcia, mentre i bagagli, i viveri, ecc., avevano facoltà di andare in testa o in coda delle loro colonne.

La via che i volontari dovevano percorrere per arrivare a Tivoli, lunga dodici miglia romane, era dapprima la Nomentana fino ad oltrepassare Mentana di un chilometro e mezzo; poi si sarebbe voltato a sinistra per proseguire in linea quasi retta verso Tivoli passando sotto Monticelli.

L'avanguardia dei volontari aveva di poco oltrepassato Mentana, quando le vedette che muovevano sulle alture di destra, e gli esploratori che si erano spinti innanzi, segnalarono la comparsa del nemico in marcia ed a breve distanza. Bisogna notare che i volontari operavano una marcia di fianco col nemico a destra. La loro posizione era quindi assai critica, ma si potevano compensare gli svantaggi che presentava la pericolosa manovra con un accurato servizio di pattuglie avanzate e con una scrupolosa esattezza nell'eseguire gli ordini e le istruzioni trasmessi dal Capo di Stato Maggiore Fabrizi ai singoli comandanti di corpo. Fatalità volle invece che per la rigidità della stagione e lo scarsissimo equipaggiamento dei volontari, che non riuscivano resistere al freddo intenso, le strategiche posizioni di Monte Porci e di Monte Lupari fossero state, nonostante gli ordini, abbandonate nella sera del due novembre dalle truppe che le avevano fino allora occupate con l'incarico di difenderle sino all'ultimo. Fu quello un gravissimo errore che influì in modo decisivo sull'esito della battaglia, perché diede la possibilità al nemico di concentrare le proprie forze in quei punti importanti senza farsi scorgere dai volontari, e senza che questi potessero arrestarne il movimento aggressivo, impadronendosi delle alture che dominano la via Nomentana verso est scendendo verso Roma, le quali erano la chiave della posizione per difendere Mentana.

L'inizio della marcia fu tranquillo, come ricorda Barrili:

> "L'ordine del giorno porta che noi del secondo battaglione genovese marceremo in avanguardia, e il primo battaglione in fiancheggiatori. Con noi è un battaglione di Milanesi, comandato dal colonnello Missori.
> Così disposti ci mettiamo in cammino, e dopo forse mezz'ora giungiamo alle prime case di Mentana, accolti dall'inno: "*Si schiudon le tombe*"[10] suonato dalla fanfara della colonna Frigésy. Quella musica piace poco; ad un illustre amico mio, che passa in quel punto a cavallo, non piace niente affatto. Per lui, essa è di mal augurio, non avendo avuto il battesimo del fuoco. Infatti, conosciuta dai volontari quando già era finita la campagna del '59, non fu suonata in Sicilia, né sul Volturno, né in Tirolo; non si è udita mai, se non nelle città, nei teatri, sulle piazze. Garibaldi, poi, ama meglio la *Marsigliese*, a cui vengon subito appresso, nelle sue simpatie, il " *Fratelli d'Italia*" e più un inno del Rossetti: "*Minaccioso l'arcangel di guerra*" che i suoi legionari cantavano nel '49, a Roma e a Velletri. Ma basti di ciò; anche l'inno: " Si schiudon le tombe" ha Tivoli mi prometteva una marcia tranquilla: né il mio ragionamento interiore poteva esser turbato dal fatto dei fiancheggiatori, essendo costume d'ogni esercito in marcia, su territorio conteso, di aver fiancheggiatori e avanguardia.

---

[10]Ossia l'*Inno di Garibaldi* di Luigi Mercantini,

> Noi, dopo tutto, facevamo una marcia di fianco, pericolosa sempre la parte sua, richiedente diligenza somma e celerità singolare. La diligenza si usava: la celerità veniva di costa. Ma le parole dell'amico, che mi era passato accanto, seguendo il Generale, mi avevano reso pensieroso. Esposi i miei dubbi al maggiore; e il maggiore si contentò di rispondermi:
> — Ma che? credevi proprio che andassimo a nozze?
> Eppure, guardate, l'aspetto della cosa era quello. Mentana era in festa, sul nostro passaggio, e tutto ci sorrideva dintorno. Già, per sé stessa, Mentana è una borgata simpatica, con case basse e pulite, fiancheggianti una via romanamente lastricata, che va serpeggiando per una insenatura di monte. Sulla nostra sinistra, passata una chiesina campestre, il monte fa una conca dietro la fila delle case, abbastanza vasta per accogliere senza danno della prospettiva due o tre grossi pagliai, e per istendersi in una lunga prateria che va fuori del paese verso una piccola eminenza, su cui è murata una casa padronale, la casa della Vigna Santucci. Sulla destra, e dietro all'altra fila di case, il monte si rompe in greppi, vallette e burroni, che portano al Tevere l'acqua di otto o dieci rigagnoli. In capo al paese e sulla sinistra, la fila delle case s'innesta in un vecchio castello con negri torrioni, tra i quali, dalla parte di Tivoli, si stende la cortina sormontata da un largo terrazzo, donde una frotta di donne sventola le pezzuole, i fazzoletti, gridando il buon viaggio a noi che passiamo spediti".

Garibaldi con il suo Stato Maggiore aveva appena percorso circa tre chilometri di strada, quando in Mentana si udirono lontani tre colpi di moschetto (il segnale per i pontifici che il nemico era stato avvistato) e le guide annunziarono la comparsa dei pontifici: ben presto sI sentì il rumore della fucileria. Erano gli zuavi del tenente colonnello Athanase de Charette de la Contrie, discendente del comandante vandeano Auguste.
Vale la pena di leggere ciò che scrisse di questi volontari, coraggiosi fino al fanatismo, Ferdinand Gregorovius:

> "...Il corpo scelto della milizia di S. Pietro, la vera guardia dei cavalieri della Croce, erano gli zuavi. Lamoricière aveva istituito questo corpo in memoria delle sue campagne africane, quando nel 1866 il Pontefice lo aveva chiamato a Roma, salvatore del Potere temporale. Molti figli di antiche case legittimiste di Francia e del Belgio servivano in questo esercito come ufficiali, o anche come semplici soldati a piedi. Loro colonnello era De Charette, discendente del famoso capitano della realista Vandea. Il corpo era in prevalenza formato da francesi e da belgi, e parlava francese. Il loro costume mezzo turco, di colore turchino, un po' teatrale e appariscente, era volentieri indossato da molti signori. La maggior parte di questi ufficiali degli zuavi, ed anche dei soldati semplici, era piena di sentimenti cattolici e di ideali mediovali; essi ardevano dal desiderio di venire alle mani coi ribelli italiani, coi democratici dalla camicia rossa, gli eretici, e di vendicare tutti gli insulti patiti dal Pontefice negli ultimi anni".

A differenza di Monterotondo, Mentana si trovava in un avvallamento dominato dai poggi circostanti: bisognava dunque occupare le posizioni avanti al villaggio o portarsi dietro; e questa parve sulle prime l'opinione dominante; ma Menotti assicurò di poter tenere la posizione avanzata.
Garibaldi subito dispose perché i volontari sì spiegassero alla destra, e qui infatti l'avversario attaccò sulle prime; ma poi l'azione si andò estendendo al centro e alla

sinistra, e da questa parte s'andò intensificando lo sforzo del nemico.
I primi ad entrare in contatto con i garibaldini del I° battaglione bersaglieri[11] del capitano Stallo furono i volontari svizzeri dei Carabinieri esteri e gli Zuavi del de Charette, che ebbe il cavallo ucciso sotto di sé mentre ordinava l'assalto con le parole *"Seguitemi ragazzi, o morirò senza di voi!"*.
Tra i primi a cadere vi fu il capitano degli Zuavi Alexandre de Veaux, che era già stato prigioniero ad Alessandria dei piemontesi, dopo esser stato catturato a Castel Fidardo; cadde colpito mentre incitava i propri zuavi al grido di *"Sarà dura, ma ho fiducia in voi. Vinceremo. Avanti uomini! Viva Pio IX!"*; la sua morte galvanizzò gli Zuavi, che gridarono *"Vendichiamo il nostro capitano!"*, gettandosi all'assalto con le sciabole-baionette dette *yatagan*, lunghe 57 centimetri, contro i volontari.
La sinistra garibaldina finì col cedere sotto l'impeto degli Zuavi e Mentana parve per un momento perduta: *l'onda dei nemici, - scrisse il Guerzoni, - invadeva e sospingeva innanzi a sé l'onda non meno rapida dei fuggenti*; come riporta il generale Kanzler nella relazione ufficiale pontificia,

> "I nostri Zuavi, senza punto esitare, si gettarono su quella prima linea del nemico, contro il quale a poco a poco tutto il Reggimento dei Zuavi veniva impegnato. In questo primo scontro non molti furono i colpi tirati, perché il nemico, rapidamente investito alla baionetta, venne ricacciato da quelle sulle altre non lontane alture. In tale primo attacco rimaneva subito vittima il Capitano De Veaux, il quale alla testa della sua Compagnia fu colpito da una palla che gli attraversò il cuore.
> Questo più che impetuoso attacco venne sostenuto dal Battaglione Carabinieri esteri, del quale una Compagnia prese la sinistra della strada, mentre le altre venivano lanciate sulla dritta. In pari tempo due colonne della Legione, con un fuoco assai ben diretto, scacciavano i Garibaldini, che da un vicino bosco molestavano con una nutritissima moschetteria la colonna del nostro fianco sinistro.
> Sloggiato il nemico in disordine dalle sue prime posizioni, veniva formandosi al coperto ed in forti masse entro il recinto murato della vigna Santucci; ma ivi pure i Zuavi, con irresistibile slancio, presero d'assalto il recinto ed in poco tempo se ne impadronirono.
> Il Tenente Colonnello De Charette in tale occasione trovassi alla testa dei Zuavi all'attacco, e il di lui cavallo riportava tre colpi di fuoco, mentre il Colonnello Allet in tutta l'azione si sforzava a mantenere la compattezza nei suoi troppo ardenti soldati."

I volontari, male armati, indeboliti dalla fame e dal freddo—alcuni eran ragazzi di 15 o 17 anni—si batterono con eroico valore, colla picca, la spada, la baionetta; ma furono sloggiati dalle loro posizioni dal reggimento di Zuavi. Si gettarono sotto le mura della Vigna Santucci di fronte a Mentana, ed anche di lì dovettero ritrarsi.
I cannoni pontifici e francesi, portati lassù baterono allora furiosamente le mura del Castello; la sezione di artiglieria pontificia del capitano Daudier si spinse a trecento metri dalle mura, ma venne investita dal fuoco dei volontari, che uccise il maresciallo

---

[11] In questo caso *Bersaglieri* indica solo un reparto di fanteria leggera, e non ha niente a che vedere con il corpo fondato da La Marmora nel 1836. Analogamente, il termine *Carabinieri Genovesi* o *Livornesi* indica volontari scelti armati di carabina, e non ha nulla a che fare con i Regi Carabinieri.

conte Carlo Bernardini, unico suddito del papa morto nella battaglia, e ferirono numerosi serventi e cavalli, costringendo i pontifici a ritirarsi fuori tiro.
A questo punto Garibaldi, che aveva assistito all'attacco dei pontifici dalle finestre di villa Cicognetti, dove aveva posto il proprio Quartier Generale, accorse di persona per far spostare i due cannoni conquistati a Monterotondo dal colle dietro Mentana dove erano stati postati all'inizio dei combattimenti sino all'oliveto di proprietà di un certo Pasqui, da dove era possibile battere le file avversarie, e qui li volle puntare personalmente contro il nemico; ordinò di inviare in linea anche il II (Burlando) e III (Missori) battaglione bersaglieri, che occuparono le colline a destra della Nomentana, mentre le Colonne Frigiesy ed Elia (2a e 6a) vennero posizionate all'inizio del paese, trincerandosi dietro una barricata.
Garibaldi ordinò anche che la Colonna Valzania (3a) si ponesse sulle colline a destra di Mentana mentre i tre battaglioni sciolti (XXI°, XXII° e XXIII°) a loro volta dovevano occupare i colli sulla sinistra; infine la Colonna Cantoni (4a) rimanesse di riserva tra Mentana e Monterotondo, mentre i due battaglioni della colonna Salomone (1a) si schierarono all'ingresso di Mentana.
I due pezzi di artiglieria aprirono il fuoco, che si dimostrò efficace e preciso: i papalini si arrestarono, i volontari riprendevano animo con l'arrivo dei battaglioni Burlando e Missori ; allora Garibaldi lanciò quanta gente aveva intorno in una magnifica carica alla baionetta; e il nemico venne respinto e inseguito di siepe in siepe e di dosso in dosso.
Zuavi e Carabinieri svizzeri dopo un'iniziale resistenza si ritirarono precipitosamente, incalzati baionetta alle reni dai volontari.
Erano le due pomeridiane: sarebbe bastato ancora uno sforzo e la Villa Santucci, dominante sull'ala sinistra garibaldina i poggi fuori Mentana, e già perduta, sarebbe stata ripresa.
I garibaldini galvanizzati dalla presenza del generale continuavano ad incalzare all'arma bianca gli zuavi ed i carabinieri esteri, infliggendo ai soldati svizzeri forti perdite, respingendo indietro i soldati di Pio IX seppur superiori per numero ed armamento.
Come ricorda Barrili,

> "La presenza del Generale rianima i suoi. Menotti, Canzio, Ricciotti, Bennici, Bezzi, Missori e tanti altri hanno raccolto quanta gente han potuto: con essa irrompono sulla prateria, al grido: "Garibaldi! Garibaldi!" è una meraviglia di carica vittoriosa, la più bella che io abbia veduto mai. Paga per tutti il reggimento degli zuavi, che si era fatto avanti il primo, e che è scompigliato, sbarattato, disfatto dalla ondata irruente. Più in là, verso il colmo di una collina, vediamo fuggire a spron battuto uno stuolo di cavalieri luccicanti al sole; forse il generale nemico, che era venuto innanzi col suo brillante stato maggiore, credendo vinta per lui la giornata."

Anche la relazione pontificia deve confermare le ferocia dell'assalto garibaldino, e scrive al riguardo:

> "Il nemico... sviluppò due forti colonne per attaccare entrambi i nostri fianchi, e vi riusciva, specialmente all'ala dritta; di modo che il Battaglione Carabinieri, il quale si era spinto avanti in un oliveto a pochissima distanza dall'abitato, ben presto si trovò fra due fuochi (...)

In questo attacco il Battaglione suddetto ebbe più d'ogni altro Corpo uomini fuori di combattimento, e fra questi il maggiore Castella, che essendo alla testa di alcune Compagnie di detto Corpo, ebbe il suo cavallo ucciso sotto di sé, ed egli pure vi rimase ferito".

Con legittimo orgoglio, il colonnello Menotti Garibaldi poté scrivere nella propria relazione che

Posso assicurare francamente con orgoglio che poche volte vecchi soldati, al comando d'attaccare alla baionetta, siansi slanciati con tanto valore ed entusiasmo".

Verso le 14.00 anche Villa Santucci sembrava sul punto di essere ripresa. I papalini davano segni evidenti di cedimento, e Fabrizi esclamò: *"La giornata è nostra!"*.
Neppure l'arrivo di rinforzi, costituiti da trecento zuavi agli ordini del maggiore Ferdinand Le Caron de Troussures, che avevano seguito la via Salaria lungo il Teverone[12], poté cambiare la situazione a favore dei papalini.
Ma all'improvviso un fuoco intenso iniziò a svilupparsi dalle file nemiche; a dispetto di ciò la linea garibaldina avanzava di corsa con la baionetta in canna e il fuoco nemico parve rallentare, ma purtroppo non era che una sostituzione di reparti.
Di fronte allo sforzo disperato dei volontari per prendere ai lati il nemico con due forti colonne, tentativo che come si è visto stava riuscendo, verso le due e mezzo del pomeriggio, le truppe pontificie si videro a mal partito, e comprendendo bene che sarebbero evidentemente cambiate le sorti della battaglia, il generale Kanzler sollecitò il soccorso le truppe di Napoleone III. Anche se il loro appoggio si fosse dimostrato inutile, si sarebbe voluto mostrare che i francesi c'erano ed aiutavano validamente i papalini.
Al posto dei papalini entravano quindi in linea, alla sinistra dei garibaldini, due freschi reparti francesi, di ben altra tempra e addestramento delle raccogliticce truppe del papa, il 2eme *bataillon de Chasseurs à pied* e il 59me *Regiment de Ligne*; ma la somiglianza delle divise e i comandi in francese, li facevano confondere cogli *Antiboini*, che i garibaldini disprezzavano profondamente.
Comunque i nuovi nemici trovarono sulle prime una forte resistenza. Ma il fuoco nemico era sempre più micidiale (facevano meraviglie, com'ebbe a scrivere il generale francese De Faìlly, i famosi fucili a retrocarica *chassepots*!). Poi finalmente i garibaldini udirono le grida di *Vive l'Empereur!* al posto di quelle *Viva il papa re!*
Come scrisse il colonnello A. Elia, comandante della Sesta Colonna dei volontari, *"Non erano più le truppe papaline che si battevano contro i pochi ed estenuati garibaldini, privi ormai di munizioni; stavano di fronte ad essi i primi soldati del mondo che facevano le prime prove dei loro Chassepot sui petti dei patrioti italiani"*.
A propria volta, scrisse Menotti nella propria relazione che

"Tanto fu compatto e vigoroso l'assalto, che il nemico si pose in dirotta fuga, lasciandoci padroni del campo. La vittoria dei volontari pareva assicurata, quando rapidamente vidi muovere due fortissime colonne nemiche, le quali, protette dal fuoco delle loro artiglierie, che battevano contro le nostre due ali, si stendevano una a destra e l'altra a sinistra, e minacciando i nostri fianchi si

---

[12] L'Aniene.

avanza vano in linea di Mentana. Tale era però la distanza che mantenevano nell'avanzarsi, che i nostri fucili non potevano offenderle, mentre la loro artiglieria continuava a fulminarci, e i loro fucili ci dirigevano una grandine di proiettili che spargeva la morte nelle nostre file. Il corpo di destra del nemico si avanzava in colonne per compagnie, tentando di girare il nostro lato sinistro. I nostri, rinforzati dal decimo battaglione comandato dal maggiore Nodari, fecero una osti nata resistenza; ma sopraffatti dal numero e mancanti di munizione, dovettero indietreggiare".

Garibaldi corse a far puntare i due cannoni catturati a Monterotondo, ma i 70 colpi di ciascuno erano già quasi esauriti; ad onta di ciò, la resistenza continuò e il retrocedere fu questa volta lento, ma la giornata, vinta alle due pomeridiane, alle quattro poteva dirsi perduta. Dopo due ore di lotta tenace, cominciava di nuovo lo sbandamento:

"Garibaldi pallido, rauco, cupo, invecchiato di vent'anni, seguito dall'indivisibile Canzio, urlava ai fuggenti: *"sedetevi che vincerete!"*".

Fu invano; eppure i francesi avanzavano con la massima cautela approfittando della più lunga gittata dei loro fucili *Chassepots*; ma non effettuarono una carica alla baionetta, non una mossa risoluta: la loro manovra avviluppante contro la sinistra garibaldina si arrestò presto; per dirla col Guerzoni *"era un combattimento fra gente che fuggiva e gente che non avanzava"*, malgrado i franco-papalini fossero ormai 9000 contro 4000.

I fuggiaschi che cercavano di raggiungere Monterotondo caddero sotto il tiro micidiale degli *Chasseurs à pied*, tutti tiratori scelti, appostati sui bordi rialzati della strada verso la cittadina; e chi aveva cercato di evitare la morte in battaglia la trovò in un'imboscata in circostanze assai meno gloriose.

Il colonnello del 2eme *Chasseurs à pied* Charles Jean Jacques Ardant du Picq, che fu un grande fra l'altro teorico militare i cui scritti, *in primis Études sur le combat*, ebbero un grande effetto sulla teoria e sulla dottrina militari francesi sino alla Grande Guerra, in una lettera del 23 agosto 1868, fornisce un'interessante versione degli avvenimenti visti dalle fila francesi, in cui si apprende come non tutti i soldati di Napoleone III fossero già equipaggiati con gli *Chassepots:*

"Il 3 novembre, alle due del mattino, prendemmo le armi per andare a Monte-Rotondo. Non sapevamo ancora che avremmo incontrato i garibaldini a Mentana

L'esercito papale aveva circa tremila uomini, noi circa duemilacinquecento. All'una le forze papali ingaggiarono i loro nemici.

Gli Zuavi attaccarono vigorosamente, ma i primi scontri furono senza grandi perdite da entrambe le parti.

Non ci fu nulla di notevole in questo primo episodio. Accadde la solita cosa, una forza avanza e non viene fermata dal fuoco dell'avversario che fugge mostrando i suoi tacchi. Gli Zuavi pontifici non hanno uno spirito ordinario. Confrontandoli con i soldati della Legione di Antibes, si è portati alla conclusione che l'uomo che combatte per un'idea combatte meglio di chi combatte per soldi. Ad ogni avanzata delle forze papali, avanzammo anche noi. Non eravamo molto preoccupati per la lotta, difficilmente pensavamo che avremmo dovuto partecipare, non pensando che avremmo potuto essere fermati dai volontari. Tuttavia, non fu così

Erano circa le tre. In quel momento tre compagnie del battaglione furono impiegate per proteggere l'artiglieria: tre o quattro pezzi collocati attorno al campo di battaglia. La testa della colonna francese fu quindi formata dalle ultime tre compagnie del battaglione, una del 1er *Regiment de Ligne*; gli altri reggimenti erano immediatamente dietro. Il colonnello Fremont del 1er *Regiment de Ligne*, dopo aver studiato il campo di battaglia, prese due compagnie di *tirailleurs,* seguito da un battaglione del suo reggimento e si portò sulla destra per aggirare il villaggio.

Nel frattempo il 1er *Regiment de Ligne* si spostò ulteriormente verso destra in direzione di Monte-Rotondo, contro il quale in due diverse occasioni aprì un fuoco a volontà che sembrava un vero uragano. A causa della distanza o del terreno il risultato materiale del fuoco sembrò essere trascurabile.

Il risultato morale fu considerevole, facendo precipitare un'ondata di fuggiaschi sulla strada da Mentana a Monte-Rotondo, [che era] dominata dai nostri tiratori scelti, che aprirono sui fuggitivi un fuoco più mortale di quello degli *chassepots*. Rimanemmo sulla stessa posizione fino a notte, quando ci ritirammo in una posizione vicino a Mentana, dove bivaccammo

La mia compagnia era una delle due compagnie di *chasseurs* che attaccarono sulla destra con il 1er *Regiment de Ligne*. La mia compagnia aveva novantotto fucili (non avevamo ancora ricevuto gli *chassepots*). Costrinse i volontari ad abbandonare posizioni solide dove abbandonarono un cannone e un numero considerevole di fucili. Inoltre, mise fuori combattimento quasi settanta uomini, a giudicare da coloro che rimasero sul campo.

[La mia compagnia] ha avuto un uomo leggermente ferito, un cinturone e una carabina spezzati da proiettili.

Rimasero con il generale, dopo il nostro movimento sulla destra, tre compagnie di *chasseurs*, un battaglione del 29eme e tre del 59eme.

Non faccio menzione di molti elementi dell'esercito pontificio che non furono impegnati. Alcuni miei compagni mi dissero di essere stati impegnati con una compagnia di *tirailleurs* del 59eme in una strada infossata, i cui lati non erano stati occupati; il generale era con questa colonna.

Arrivati vicino al villaggio, alcuni colpi o dalle case o dai tiratori scelti nemici, che avrebbero potuto facilmente salire sui fianchi indifesi, provocarono un terribile trambusto nella colonna. Nonostante gli ordini e gli sforzi degli ufficiali, tutti sparrono [contemporaneamente], con il rischio di uccidersi a vicenda, e questo probabilmente è quanto successe.

Fu solo quando alcuni uomini, guidati dagli ufficiali, furono in grado di arrampicarsi sui lati della strada che questa fucileria cessò.

La fucileria del 1er *Regiment de Ligne* contro Monte-Rotondo [sic per Mentana] non fu molto efficace, direi trascurabile. Non mi riferisco al risultato morale, che è stato grandioso.

I garibaldini erano numerosi su Monte-Rotondo. Ma il terreno come sempre attorno ai villaggi italiani era coperto di alberi, siepi, ecc.

Viste queste condizioni, credo che il fuoco dei tiratori scelti sarebbe stato più efficace delle salve, in cui gli uomini stimano male le distanze e non mirano".

Solo i vecchi garibaldini rimanevano fermi, a morire vicino al loro Generale.
Era caduto anche il comandante della Quarta Colonna, il maggiore Achille Cantoni, veterano delle campagne garibaldine: nato a Forlì nel 1835, aveva partecipato giovanissimo alla difesa della Repubblica Romana, salvando la vita, non ancora quattordicenne, a Garibaldi a Velletri, quando il generale stava per essere ucciso da un soldato borbonico, abbattuto a sciabolate del giovanissimo romagnolo.

Garibaldi ne fece il protagonista del suo romanzo *Cantoni il volontario*, rammentando l'episodio:

> "Cantoni pel primo [...] gittossi tra me ed un nemico che mi travagliava da vicino, e contro cui io difficilmente mi difendevo essendo rotto dalle contusioni, e mentre il borbonico mi feriva, forse con un colpo sulla testa, la sciabola liberatrice lo colpiva e bestemmiando si ritirava col braccio penzolone"

Accanto al Cantoni cadde anche l'amico il maggiore brianzolo Francesco Vigo Pellizzari, trentunenne, decorato con la Croce di Ufficiale dell'Ordine Militare di Savoia con la motivazione:

> "Mantenne strenuamente le alture sulla nostra sinistra, acciocché rese possibile di caricare il nemico e riprendere il paese.
> Bezzecca, 21 luglio 1866."

La battaglia era perduta, ma il generale non si rassegnava al doloroso rovescio; a cavallo, alla testa di 200 valorosi, affrontava nuovamente il nemico, gridando disperatamente *Venite a morire con me! Avete paura di venire a morire con me?*
Ancora una volta vale la pena di ricorrere alla penna di Barrili, che era presente e che descrive, senza infingimenti eroismi e viltà- troppe!- dei volontari:

> "Invano il Generale, accorrendo, tenta di rianimare quel branco di fuggiaschi; invano li rimprovera con aspre parole.
> — Prima di scappare, voltatevi almeno a vedere chi v'insegue, vigliacchi! - grida egli furente.
> Ma invano, ho detto e ripetuto: costoro fuggono, fuggono, fuggono, lasciando tutto scoperto il terreno e con esso il lato sinistro del paese, con forse cinquecento uomini tagliati fuori nel suo abitato.
> Tra la chiesuola dell'ambulanza e la collina di sinistra, donde i nostri pezzi senza munizioni son costretti a tacere, la strada verso Monterotondo si fa alquanto più stretta. Una carretta d'artiglieria, rimasta là a caso, fa un po' d'impedimento al passaggio. Garibaldi si è fermato là, col cavallo; non ci sarebbe dunque, modo di passare. E nondimeno la fiumana dei fuggenti riesce a dilagare intorno a lui, scavalcando e magari rompendo le siepi. Ogni buon volere è impossibile, superato e travolto ogni ostacolo; grande fortuna se quella paura potrà rallentarsi più indietro, essere ravviata, trasformata ancora in eroismo. Garibaldi tenta ancora questo miracolo, mentre lo seguono i suoi ufficiali, in parte appiedati. Vedo Menotti, a cui è stato ucciso il cavallo, ferito egli stesso alla coscia, venire in giù, torbido nel viso, colla sua rivoltina nel pugno...
> Anch'egli dopo qualche istante si ferma, volendo opporre qualche manipolo di volenterosi all'avanzar del nemico. Si esce dalle siepi, si formano quadriglie, si riprende la fucilata. Dalla parte nostra son due brandelli di compagnie: le altre due, o i brandelli delle altre due, rimasero al maggiore Burlando entro Mentana, su noi il nemico vien lento, ma senza esitanza; facendo
> le quadriglie, fermandosi una a sparare, poi l'altra venendo innanzi a coprirla, e così via: regolarità di movimenti che ammazza!
> E ancora bisogna indietreggiare. Oramai si fa il colpo di fuoco per l'onore, non più per la speranza di vincere. Ad un certo punto c'è da saltare una ripa; si casca gli uni sugli altri; io sotto a parecchi, e temo, al dolore acuto che provo, di essermi spezzata una gamba. Non è niente; sono un po' indolenzito, ed anche

ferito, poiché sono caduto sul filo della sciabola, che tenevo impugnata colla sinistra, sotto la guardia.
La mia *Sitibonda* si è abbeverata finalmente di sangue, e del mio. I commilitoni mi rialzano da terra; (...) Seguitiamo a ritirarci, con le quadriglie francesi a cinquanta passi da noi, al fragore dei loro chassepots che fanno veramente prodigi. Guai se quella gente dilaga, giungendo prima di noi a Monterotondo, che è in vista oramai! Ma no; ecco Garibaldi ancora, Garibaldi con un centinaio di uomini, alla riscossa. È gente nuova, o avanzo della vecchia, ch'egli è riuscito a rianimare pur ora? Mi par di sentire, giungendo ad afferrar la spianata, ch'egli ha trovate e prese con sé le due compagnie lasciate di guardia alle carceri. Chiunque siano, ben vengano. Si avanzano con le baionette spianate; un po' balenanti, mi pare, e Garibaldi non vuole trepidazioni in quel momento supremo. Lo vede ancora, fiammeggiante cavaliere, nella luce sanguigna del tramonto; ritto in sella, battendo a colpi ripetuti il fianco del suo cavallo alto e bianco, con una striscia di cuoio, all'americana; risoluto arrestare ad ogni costo un nemico che la fortuna aveva fatto insolente. E
percuotendo il cavallo, scendeva dalla spianata, gridando con voce vibrata:
— *Venite a morire con me! Venite a morire con me! Avete paura di venire a morire con me?*
(...)
L'uomo era solenne, e solenne il momento. E tutti allora i reduci sfiniti, i cadenti spettatori della scena terribile, si strinsero ai fianchi di quel cavallo, confondendosi con quelle due compagnie, travolgendole, precipitandosi con lui nella strada.
La carica della disperazione ottiene l'intento; il nemico si arresta, si ritira, facendo fuoco di dietro alle siepi. Garibaldi vorrebbe proseguire; ma a qual pro? A che gli servirebbero, fin dove, quei dugento uomini che porta in mezzo alle schiere nemiche?
L'occhio vigile di Stefano Canzio ha precorso il pericolo. L'animoso ufficiale coglie il momento opportuno del nemico arrestato, si gitta alla testa del cavallo e ne afferra le redini, gridando con voce di amoroso rimprovero, ma donde trapelano tutte le collere addensate da un'ora:
— *Per chi vuol farsi ammazzare, Generale? per chi?*"

Per di più le munizioni erano quasi finite; e Garibaldi dovette dar l'ordine della ritirata. Erano le cinque pomeridiane; i resti dei tre battaglioni Burlando, Missori e Frigyesi, un insieme di 1500 uomini, rimasero asserragliati in Mentana per coprire la ritirata, e vi si mantennero tenacemente fino al mattino successivo, allorché dovettero capitolare.

"Le colline di Mentana furono coperte di misti cadaveri de' prodi figli d'Italia, e di mercenari stranieri - come lo furono le pianure di Capua, sette anni prima - scrisse lo stesso Garibaldi.
E la causa per cui pugnavano i militi che avevo l'onore di comandare - era sacra nell'Italia meridionale - quanto quella che ci aveva spinti sotto le mura della vecchia metropoli del mondo!"

Con amara ironia, il Generale vide che anche i pontifici si erano accodati ai francesi vittoriosi:

"Ognuno è valoroso, quando il nemico si ritira - e naturalmente così successe

> ai nostri avversari - quei papalini ch'erano scappati davanti a noi - ora sostenuti dalle colonne Francesi, vengono avanti baldanzosi - Essi ci incalzano nella nostra ritirata, e colle loro armi superiori - ci cagionano molte perdite, tra morti e feriti - I Francesi, da principio, creduti da noi papalini - vengono avanti coi loro tremendi chassepots, grandinando projetti - ma fortunatamente cagionando più timore, che eccidio - Ah! se i nostri giovani, docili alla mia voce avessero tenuto - e si poteva con poco pericolo - le posizioni riconquistate di Mentana - e limitarsi a difenderle - forse il 3 Novembre andrebbe annoverato tra le giornate gloriose della democrazia Italiana - anche con tante mancanze - e tanta inferiorità di numero come ci trovammo a Mentana".

Alle 17.00, sotto un cielo plumbeo, Garibaldi abbandonò il campo di battaglia; così descrive la scena Alberto Mario:

> "Garibaldi cavalcava in testa della lugubre processione, taciturno e solo. Nessuno parlava; non udivasi che la cadenza di passi lenti, e cielo color di piombo formava l'aria appropriata di questo quadro meritevole del pennello d'Induno".

Intanto il grosso s'era ritirato a Monterotondo, e alle otto di sera la colonna riordinatasi proseguiva per Passo Corese, al confine col Regno d'Italia, mentre pochi volontari, rimasti a difendere Mentana, protessero la ritirata del corpo principale su Monterotondo, non capitolando che il giorno dopo e quando ebbero sparata l'ultima cartuccia. Il Kanzler scrive:

> "La fanteria che da varie ore con rarissimo slancio aveva sostenuto e respinto ogni attacco, mano a mano erasi ristretta all'intorno di Mentana, che ormai teneva come in un cerchio di ferro, ad onta del vivissimo fuoco dei difensori ap piattati dietro le sue mura [in realtà Mentana era priva di mura, ndA].
> Giudicai adunque venuto il momento di tentare un assalto decisivo, onde terminare l'azione prima del giungere della notte. Diedi quindi gli opportuni ordini, e feci prevenire il generale de Polhés il quale col colonnello Berger mosse alla testa del 59.° e del 2.° battaglione cacciatori a piedi ed avanzando per una via incassata sulla destra della strada mae stra a pochissima distanza dalle mura di Mentana riusciva a scacciare il nemico dalle circostanti vigne, ma nonostante i più eroici sforzi, non poté penetrare nel paese munito di barricate e fiancheggiato da case isolate tutte fortemente occupate dai nemici. Avendo osservato che lo scopo principale della battaglia di quel giorno eras: ottenuto, perché il nemico ricacciato da tutte le sue posizioni, dopo aver sofferte ingentissime perdite, ritiratosi in Mentana doveva colà tenersi scorato e atterrito; così convenni che stante il subentrare della notte fosse rimesso un nuovo attacco alla mattina susseguente.
> Le nostre truppe pertanto, in allora sparse sullo diverse conquistate posizioni e mischiate alle francesi furono chiamate a raccolta, e, prese le volute militari disposizioni, si abbivaccò durante la notte sul luogo stesso che prima occupava il nemico... "

Il generale de Failly a sua volta scrive :

> "Tutte le truppe passarono la notte sul campo di battaglia, lasciando i loro posti avanzati a mezzo tiro da Mentana, e pronte a ricominciare l'attacco all'alba".

Il Guerzoni in un articolo del 1869 su *Nuova Antologia* rintuzzò questa affermazione vera del comandante in capo francese con queste parole:

> "No, egregio Generale, il campo di battaglia era Mentana stessa, e voi per quelli notte dormiste fuori".

La capitolazione di Mentana venne fatta la mattina del quattro novembre, ma i garibaldini non si arresero ai papalini, da cui non erano stati vinti, ma agli ufficiali francesi.

La notte i franco-pontifici avevano circondato il castello di Mentana, dove si combatté sino alle dieci di sera; poi i franco-pontifici cessarono il fuoco, per rinnovare l'attacco il mattino seguente, ma alle 5 fu inalberata la bandiera bianca: un capitano garibaldino chiese, parlamentando col colonnello Saussier del 59eme de Ligne, libera uscita con armi e bagagli; fu accordata libera uscita, ma senza armi e bagagli. Una compagnia francese doveva condurre la guarnigione di Mentana, prigioniera di guerra, a Corese, e consegnarla alle truppe italiane.

Così la lotta non fu in alcun modo disonorevole.

I vincitori stessi dovettero riconoscere il valore mostrato dai vinti, scrive Gregorovius.

Dalla relazione del generale Fabrizi, Capo di Stato Maggiore dei volontari, rileviamo come venisse effettuata la ritirata da Mentana sino a Monterotondo e da qui al cobfine, ed in quali condizioni:

> "Il nemico perseguitò fino nelle vicinanze di Monterotondo la nostra breve ritirata, proseguita con ordine fino alle posizioni dei Cappuccini, dalle quali il nemico fu fermato; dopo di che esso si concentrava indietro.
>
> Durante la breve marcia, e dopo, era riuscito vano ogni tentativo di comunicazione colla retroguardia. Confusa bensì colla vivissima fucilata, che si sosteneva dal corpo marciante, si sentiva quella che sostenevasi al di là della linea nemica. Però alle 5, quasi contemporaneamente, cessava il rumore del combattimento da entrambe le parti, cosicché dovette ritenersi che la retroguardia fosse rimasta prigioniera od avesse capitolato.
>
> Gli avvenimenti invece erano proceduti in questa guisa. Lo sgombro del paese per parte della retroguardia era riuscito lento, talmente che non avendo potuto svilupparsi fuori del paese, di cui il nemico batteva e stringeva lo sbocco, dovette essa riconcentrarsi alla difesa, che sostenne fino alle 5 onoratamente, capitolando nella mattina seguente. Di tal modo, con questo fatto diversivo, la retroguardia era riuscita ad adempiere al suo còmpito a favore della ritirata che non fu più molestata neanco nel suo proseguire dopo poche ore per Corese.
>
> Giunto a Monterotondo, il generale Garibaldi, esami nate dal torrione del castello le posizioni del nemico, impartiva ordini tali da poter far credere il proposito in lui di aspettarlo di pié fermo pel giorno dopo o fors'anche di assalirlo.
>
> Allora non esitarono alcuni tra gli ufficiali, più particolarmente onorati della sua confidenza, di sottoporgli per bocca del Capo dello stato maggiore [lo stesso Fabrizi, ndA] la condizione vera della situazione.
>
> La ritirata da Mentana era stata forzata principalmente dalla mancanza delle munizioni, giunta quasi all'esaurimento dell'ultima cartuccia e da quelle conseguenze morali che da tale causa inevitabilmente derivano.
>
> Quando pure, nonostante le impedite comunicazioni coi nostri depositi, avessimo potuto procurarci soccorsi di munizioni da fuoco e da bocca, ogni nuovo esperimento delle armi, essendo inesorabilmente venuto meno il grande

obbiettivo di Roma, non avrebbe valso se non che a ca gionare un'ecatombe infruttuosa ed a compromettere forse anche l'onore.
Il generale accolse queste considerazioni.
Allora furono impartiti e spediti ordini ai comandanti di colonne e di corpi staccati di ritirarsi sul territorio del regno e sciogliere le loro truppe; e alle ore 8 cominciò la ritirata, che proseguì, non inquietata, sino a Corese, terra pontificia al confine del regno, ove il generale in capo pose il suo quartier generale.
Le truppe accamparono armate tutta la notte sino allo scioglimento loro alle 9 del mattino del giorno 4, ora in cui, ritirati gli avamposti, dopo essere stati visitati dal generale col suo stato maggiore, i volontari, passato il confine, deposero le armi".

Arrivato a Passo Corese Garibaldi trovò il colonnello Caravà, già suo soldato, e gli disse:

"Colonnello, siamo stati battuti, ma potete assicurare i nostri fratelli dell'esercito che l'onore delle armi italiane fu salvo".

Nella sera del 5 novembre il generale che, a quanto pare, non si era accorto della presenza dei reggimenti francesi durante l'azione, annunziò nei seguenti termini all'Italia il disastro di Mentana:

"Corese, 5 novembre 1867.
Agli Italiani.
L'intervento imperiale e regio sul territorio Romano tolse alla nostra missione la sua meta speciale – la liberazione di Roma.
In conseguenza noi ci disponevamo oggi ad allontanarci dal teatro della guerra, appoggiandoci agli Appennini; ma l'esercito pontificio, interamente libero dalla guardia di Roma, e con tutte le sue forze riunite, ci attraversò il passo.
Noi fummo obbligati di combatterlo, e considerando le condizioni nostre, non si troverà strano il non potere annunziare all'Italia un nuovo trionfo.
I pontificii si ritirarono dal campo di battaglia con gravissime perdite, e noi ne ebbimo delle considerevoli.
Ora ci manterremo spettatori della soluzione che l'esercito nostro ed il francese daranno al problema romano, e in caso che questa soluzione non avvenga conforme al voto della nazione, il paese troverà in sé stesso nuove forze per riprendere l'iniziativa, e sciogliere esso la vitale questione

G. GARIBALDI."

I volontari avevano avuto a Monterotondo circa 200 fra morti e feriti, e a Mentana 150 morti e 240 feriti. oltre a 1600 prigionieri; i pontifici avevano 49 morti e 103 feriti, e i francesi, parrebbe, quattro morti in tutto: essi avevano combattuto a distanza con armi superiori senza poter essere controbattuti.
È ben noto come il giorno appresso, salito Garibaldi in ferrovia col proposito di tornarsene a Caprera, giunto a Figline, fra Arezzo e Firenze, il convoglio fosse fatto fermare; e Garibaldi venne fatto ripartire in stato d'arresto col solo Stefano Canzio, suo genero; molti vagoni di bersaglieri precedevano e seguivano il treno.
Condotto al Varignano, presso La Spezia, vi rimaneva per tre settimane, e la sera del 26 novembre fu imbarcato per Caprera.

La notizia della disfatta e della ritirata di Garibaldi giunse a Roma la sera stessa del 3, e si sparse il mattino seguente. Essa provocò un'eccitazione di diverse nature. I nazionali fremevano al pensiero che i Francesi, alleati dell'Italia, avevano preso parte alla lotta come gendarmi del Papa, avevano tirato agl'Italiani come su bestie feroci, ed avevano esperimentato le qualità dei loro chassepots sui volontari quasi inermi. Li commoveva il pensiero che l'esercito regolare del Re, a poche miglia da Mentana, doveva essere stato testimone della battaglia, le armi al piede. Essi non sapevano per quale delle due nazioni dovesse ritenersi più vergognoso questo fatto d'armi, per l'Italia o per la Francia.

Al contrario di quella toccata a Garibaldi ben altra accoglienza ebbero, se si deve prestar fede a quanto scritto da lady Mary Elizabeth Herbert, nobile cattolica devota alla causa papalina, nel suo *Mentana and What happened before it*, uscito a Londra nel 1868, il 6 novembre le truppe franco-pontificie che rientravano vittoriose a Roma: il ritorno dei pontifici sarebbe avvenuto nel tripudio della popolazione romana, accorsa sino a Sant'Agnese sulla Nomentana per accogliere i vincitori e scortarli entro la città, dove venne tenuta una rivista in piazza di Termini, al grido di *"Viva Pio IX! Viva gli Zuavi! Viva i nostri liberatori! Viva i salvatori di Roma!"*

In realtà le cose non sembrano siano andate esattamente come sostenuto dalla cattolicissima testimone britannica. Ci affidiamo con maggior fiducia a quanto scritto da un testimone di ben diverso spessore, lo storico prussiano Ferdinand Gregorovius, che si trovava anch'egli a Roma, in una pagina colma di commozione, in cui sottolinea come parecchi prigionieri avessero un'aria orgogliosa e spavalda malgrado la cattura:

> "Verso mezzodì arrivò il primo gruppo di prigionieri, circa 400, scortato da papalini e da francesi. Essi camminavano disinvolti, con ostentata tranquillità.
> Uno dei loro ufficiali, un bel giovane dalla camicia rossa, camminava altero innanzi a loro. Il popolo se lo additava dicendo che era Menotti Garibaldi; ma sembra che non fosse vero. Quegli uomini erano giunti finalmente alla tanto sospirata Roma, ma in altre condizioni da quelle che avevano sognato; essi passarono attraverso la folla silenziosa fino alla prigione sul Quirinale.
> Erano quasi tutti laceri o mal vestiti; pochissimi indossavano la camicia rossa; fra di essi ve ne erano molti straordinariamente giovani.
> Il loro aspetto diceva una odissea di privazioni e di dolori; su alcuni pallidi volti si leggeva ancora: Roma o Morte!
> Facevano un effetto di profonda commozione, che non avrebbero fatto se fossero stati bene armati e ben vestiti.
> Io vidi il secondo gruppo di prigionieri, di 600 uomini, passare il Ponte Nomentano sull'Aniene. Essi sembravano in migliori condizioni dei primi. La maggior parte portavano la camicia rossa e il berretto rosso; alcuni avevan su questo delle penne; tutta la strada era illuminata da questi colori.
> Vi eran fra loro anche degli uomini maturi, dai capelli grigi, nell'uniforme della Guardia Nazionale Italiana.
> I capitani portavano ancora la spada, prova questa che avevano capitolato onorevolmente.
> Essi tacevano tutti; molti guardavano timidamente la folla che era venuta loro incontro da Roma. Un segnale dato dal corno avvisò che era giunto il momento del riposo; i soldati di scorta si stesero entro i fossati; dei prigionieri, la maggior parte rimase in piedi sulla via; alcuni si gettarono sulla nuda terra di Roma; altri si accomodarono a fianco dei papalini, i quali li lasciarono fare in silenzio; tutta la scena rappresentava un singolare quadro storico sul pittoresco paesaggio

> dell'Aniene, presso il vetusto e turrito ponte memore di Belisario. Su di esso stanno incise le armi di quel notevolissimo pontefice che fu Nicolò V, contro il governo del quale congiurò Stefano Porcari, per morire poi in Castel S. Angelo, per mano del carnefice.
> L'oro diffuso e luminoso del sole irradiava la solenne campagna, nel cui sfondo già biancheggiavan di neve le maestose vette dell'Abruzzo. La marcia verso Roma di questi figli d'Italia destinati al carcere di Castel S. Angelo mi riportava il pensiero alle memorie della prima fanciullezza, quando io vidi a migliaia i vinti difensori della Polonia, dell'esercito di Gielgrid, passare prigionieri il confine, accompagnati dalle truppe prussiane.
> Dinanzi al mio sguardo si presentavano di nuovo tutte le tragiche lotte dai popoli combattute su questo grande territorio di Roma, i secoli barbari del Medio Evo passati su questa città, la cui storia io già scrivevo da anni e ancora scrivo; e mi prese un'infinita tristezza quando tornai a considerare tutti quei prigionieri di guerra incamminati per Roma".

Che in molti casi il morale dei volontari restasse alto lo testimonia il dottor Charles Ozanam, il medico francese che aveva organizzato il servizio di sanità pontificio: ricorda un ufficiale garibaldino gravemente ferito, *giovane ed esaltato, con un berretto di fine fattura, la sua camicia rossa, i tratti del volto profondamente alterati, il petto trapassato da parte a parte da una palla,* che rifiutò i sacramenti dicendo *Lasciatemi morire in pace; anch'io ho le mie idee, anche noi siamo dei martiri!*[13]
Si trattava probabilmente del capitano ravennate Giovanni Cavalcoli Ferri, 34 anni, che sarebbe poi spirato all'Ospedale di Santo Spirito.
Ancora più significativo un altro episodio. Ozanam ebbe occasione di vedere il medico garibaldino e deputato al parlamento- Agostino Bertani amputare la gamba di un garibaldino all'altezza della coscia, e chiedere poi un fazzoletto per ripulirsi le mani. L'infermiere, *un colosso in camicia rossa,* glielo porse esclamando: *"Il sangue dei garibaldini non sporca!"*[14]
Per il pio Ozanam tanta forza d'animo in questi *martyrs sans mérite et sans gloire, martyrs du mal, héros du néant,* non poteva che derivare dal diavolo. in persona[15]!
Alcuni prigionieri garibaldini furono condotti a Roma, altri scortati al confine dai gendarmi francesi e presi in consegna dall'esercito italiano. Gli arrestati furono smistati fra Terni, Spoleto e Foligno e i feriti presi in consegna e ricoverati negli ospedali di S. Spirito, di S. Onofrio, di S. Agata e di villa Ricci al Gianicolo.
Il medico pontificio Achille Bianchi che assisté i feriti garibaldini al S.Spirito - dove si trovavano già ricoverati i feriti di Villa Glori- ricorda:

> ".(...) Poco dopo il mezzogiorno [del 4 novembre, ndA] era incominciato l'arrivo del feriti. I primi erano soldati pontifici e francesi, i quali con ogni agiatezza possibile, e coi più comodi mezzi di trasporto venivano condotti

---

[13] C. Ozanam, Une ambulance à la bataille de Mentana, Paris 1868, p. 17.
[14] *Le chirurgien de Garibaldi s'y trouvait occupé à faire une amputation de cuisse; le membre séparé du tronc fumait encore à terre près de lui.* « Donnez-moi un linge pour essuyer mes mains tachées de sang, » *dit l'opérateur à un colosse en chemise rouge ! Celui-ci lui tendit une serviette en disant* : « Le sang des garibaldiens ne tache pas. » (Ozanam, p.28).
[15] *...Le démon, ce triste imitateur du Christ, veut aussi avoir sa milice, ses dévots et ses témoins, qui versent leur sang pour faire croire à la vérité de ses mensonges* (Ibid., p.17)..

nell'Ospedale militare, ove ricevevano subito le cure più affettuose.

Da molte ore durava tale trasporto quando sopraggiunse la notte, ed i feriti pontifici erano tutti ricoverati.

D'improvviso e ad ora tarda giungono nuovi carri pieni di feriti garibaldini, e soltanto allora ci fu dato avviso che questi dovevano essere da noi ricevuti e collocati nella sala antecedentemente destinata. Però il numero di essi superava di molto i letti già preparati, e la mancanza di previsione, o meglio la fredda non curanza di chi ordinava e dirigeva quel trasporto, ci fece trovare in quell'istante nel più crudele imbarazzo.

Da un lato molti e gravi feriti che esposti al freddo attendevano sulla pubblica strada un pronto soccorso; dall'altro la difficoltà immensa di provvedere a notte tanto avanzata tutto quanto occorreva a così forte bisogno; imperciocché dopo di aver sistemati i primi venti feriti, non avevamo più a nostra disposizione che le nude pareti della sala. La difficoltà era resa anche più grave da ciò, che non essendo possibile ai cavalli di ascendere per l'erto pendio della strada che conduceva alla sala suddetta, i carri erano costretti ad arrestarsi a pié della via, ed i feriti gravi doveano essere presi e condotti a spalla per un bel tratto di strada. Di mezzo a tutto questo non si esitò un istante, e quasi tutti i giovani medici e chirurghi che avevano stanza nell'Ospedale, non che gl'inservienti che si poterono là per là radunare, si diedero prontamente all'opera, e chi toglieva a spalla i malati, chi trasportava i materassi e le opportune masserizie, sobbarcandosi ognuno alle più gravi fatiche. (...) Insomma in breve tempo, quel nudo locale fu convertito in una sufficiente ambulanza, capace di contenere oltre a 100 feriti.

Frattanto tutti i chirurghi del nostro Ospedale, accorsi spontaneamente sul luogo, andavano prodigando indefessamente le loro cure ai feriti, mano mano che venivano condotti, e ordinato così alla meglio un discreto servizio di assistenza, si vegliò da tutti per l'intera notte, durante la quale proseguì sempre il trasporto del malati, di guisa che il mattino del 4 la sala non era più capace di riceverne alcuno. In simile frangente fu di mestieri ricorrere ancora ad un altro salone situato superiormente, che essendo una specie di granaio, nondimeno si dové adattare all'urgente bisogno indicato, ed in breve ora vi furono ricoverati da oltre a 50 feriti. Il restante di essi vi fu poi condotto nei giorni successivi, parte dal militare pontificio ove erano stati ricevuti provvisoriamente, e parte dall'ambulanza di Monterotondo, che a mezzo d'un piroscafo li tra sferì pel tevere al nostro Ospedale, Non mi farò a narrare come que sventurati soffrissero nel triste e doloroso loro viaggio. Basti di sapere che la maggior parte presentava ferite gravissime, e fu esposta a patire il freddo che in quella notte fu intenso.

Non circondati da mani amiche, prostrati dai disagi e dalle patite sciagure, a nulla giovò loro quella fredda compassione ufficiale, della quale nemmeno sempre furono circondati. Che anzi ebbero a soffrire perfino le ingiurie del bassi agenti della polizia, i quali giunsero in un caso, ad eccitare i nostri inservienti a non aver cura d'un disgraziato, che colpito al petto emetteva lamentevoli grida[16]!"

Lo scampato pericolo, la vittoria francese di Mentana suscitarono un grande entusiasmo a Roma tra i fedeli del papa-re, Il cardinale romagnolo Randi, con le armi e le bandiere tricolori abbandonate dai garibaldini a Mentana e Monterotondo, fece

---

[16] D.Bianchi, *I garibaldini feriti a Mentana nel 1867 e curati a Roma presso l'Ospedale di Santo Spirito. Riassunto istorico clinico*, Roma 1871, pp. V-VII.

realizzare un trofeo con la scritte: "*A portae inferi*" e "*non praevalebunt*"., sottolineando il carattere *infernale* di Garibaldi e dei suoi seguaci.

Intanto, mentre i volontari avevano ripassato il confine, le popolazioni di Viterbo, di Velletri e di Frosinone, avevano con un plebiscito votata la loro unione al Regno d'Italia e si erano affrettate da rendere noto del risultato il governo del re, che ovviamente rifiutò di accettare.

Naturalmente il disastro di Mentana, l'intervento francese e l'atteggiamento negativo del governo italiano ebbero per risultato di costringere tutti i comandanti dei corpi volontari ad abbandonare in pochi giorni il campo, deponendo ai confini le armi, e così rientrarono via via Acerbi, Nicotera, Pianciani, Orsini e tutti gli altri comandanti le bande di insorti.

Vogliamo adesso ricorrere a Gregorovius, che da grande storico quale era, oltre che testimone diretto, lasciò delle righe di riflessione che, ad oltre un secolo e mezzo dai fatti, ritengono tutta la loro importanza di lucida analisi storica, e che ben spiegano l'importanza di quanto avvenuto quella domenica del tre novembre 1867, anche al di là del limitato numero di uomini e di armi che si incontrarono, e che fa sì che sebbene Mentana non sia Sebastopoli, Solferino, Shiloh o Gettysburg, le sue conseguenze non furono meno importanti e le sue circostanze meno degne di essere studiate ed analizzate:

> "Due grandi principi del mondo presente lottarono quel giorno, nemici mortali; da un lato il capo della rivoluzione nazionale e della democrazia, alla testa delle sue schiere volontarie composte anche di patrioti di antiche stirpi; dall'altro lato il difensore del potere temporale dei Papi, con soldati volontari delle più cattoliche regioni d'Europa, molti dei quali animati da zelo ardente di crociati, pieni di odio contro l'Italia e la rivoluzione; figli questi in gran parte di antiche case legittimiste di Francia, del Belgio e della Polonia.
> Le proporzioni del fatto d'armi di Mentana avrebbero potuto in altri tempi valergli il nome di battaglia; ma ora esso ci sembra di non grande entità numerica, se pensiamo ai colossali movimenti di truppa di altre battaglie contemporanee. Nondimeno questo combattimento avrà per due ragioni significato importante nella storia. Primo, perché in esso ci trovarono di fronte due tendenze, due principî, due forze nettamente opposte dell'epoca nostra; secondo perché chiuse tutto un periodo della Storia d'Italia e del papato temporale".

La guerra nell'Agro Romano era terminata, ma la questione romana non era niente affatto risolta.

Perdite delle due parti nella battaglia di Mentana.

	Garibaldini	Pontifici	Francesi
Caduti	150	49[17]	4[18]
Feriti	240	103	34
Dispersi e prigionieri	1.600 ca	-	-
Totale	1.990 ca	152	38

Secondo G. Bruce i franco- pontifici ebbero 182 tra morti e feriti (144 pontifici, 38 francesi)[19].

L'elenco dei caduti papalini per nominativo, nazionalità, grado e corpo d'appartenenza, secondo della Torre, è il seguente[20]:

Carlo Bernardini, italiano, maresciallo degli artiglieri; Alessandro De Veaux, francese, capitano dei zuavi; Carlo D'Alcuntara, belga, tenente dei zuavi [sic per d'Alcantara, sottotenente e non tenente; a Mentana era sergente, ndA]; Alessandro de Retz, francese, sergente dei zuavi; Luigi Loirant, francese, sergente dei zuavi, Pietro Guérin, francese, sergente dei zuavi; Enrico Pascal, francese, sergente dei zuavi; Giuseppe Rialan, francese, sergente dei zuavi; Eduardo Van Bambost, olandese, zuavo; Gerardo Erstemeyer, olandese, zuavo; Giulio Iicnquenet, francese, zuavo; Maturino Guillermic, francese, zuavo; Giuliano Watts Russel, inglese, zuavo; Enrico Van den Dungen, olandese, zuavo; Edmondo Lalande, francese, zuavo; Agostino Guilmin, belga, zuavo; Enrico Roemer, olandese, zuavo; Enrico Van Hooren, olandese, zuavo; Giovanni Maes, belga, zuavo; Everardo Heyman, olandese, zuavo; Ernesto Haburg, tedesco, zuavo; Giovanni Sauér, tedesco, zuavo; Giovanni Zandvlict, olandese, zuavo; Ivone Jaffrenon, francese, zuavo; Giacomo Melkert, olandese, zuavo; Elia Chevalier, francese, zuavo; Valeriane d'Erp, belga, zuavo; Cornelio Pronck, olandese, zuavo; Placido Meyemberg, tedesco, carabiniere estero; Giovanni Leton, francese, zuavo; Giovanni Vetzel, tedesco, carabiniere estero; Pietro Tabardel, francese, zuavo; Enrico Matthys, francese, zuavo; Giovanni Moeller, belga, zuavo; Leone Bracke, belga, zuavo; Giovanni Vlemminx, olandese, zuavo; Simone Franken, olandese, zuavo; Giovanni Meire, belga, zuavo; Paolo de Doynel, francese, zuavo; Rodolfo Deworschek, boemo, sottotenente dei carabinieri esteri; Emilio Ladernier, svizzero, caporale dei carabinieri esteri; Francesco Grabitzer, tedesco, carabiniere estero; Guglielmo Frankle, carabiniere estero; Antonio Albrick, tirolese, carabiniere estero; Giuseppe Schmidt, svizzero, carabiniere estero; Corrado Scheup, svizzero, carabiniere estero; Giacomo Kramer, svizzero, carabiniere estero; Davide Bonnavaux, svizzero, carabiniere estero; Pio Rehm, tedesco, carabiniere estero; Luigi Rhein, tedesco, carabiniere estero; Giorgio Uehlein, tedesco, carabiniere estero

---

[17] Compreso il s. ten. degli Zuavi Carlos d'Alcantara, matr. 2201, sergente a Mentana dove venne ferito mortalmente; morto a Roma per le ferite il 29 novembre, sei giorni dopo la promozione.

[18] Pierre Fourgères, 2eme btl *Chasseurs à pied;* Jean Binchet, 2eme *Chasseurs,* Lodovique Menetre, *corporal,* 2eme *Chasseurs,* Oswald Steibli, 1er (?) *Rgt. Inf. de ligne.*

[19] G. Bruce, *Harbottle's Dictionary of Battles* (2nd. revised edition), London 1979, p.303.

[20] Da P. della Torre, *L'anno di Mentana*, Milano 1968, p.485.

Zuavi a Mentana. Un sergente sorregge un caporale ferito durante gli scontri a villa Santucci, decorato con le medaglie *Pro Petri Sede* e *Benemerenti*. Il sergente è armato con un fucile ad avancarica francese mod.59 costruito su licenza dalla ditta Mazzocchi; un trombettiere di spalle apre il fuoco.
Per gentile concessione dell'A., colonnello S. Manni dell'Isola di Torre Maina.

Zuavi a Mentana (part.) Un trombettiere di spalle apre il fuoco. I *Remington* vennero acquistati solo a partire dall'ottobre del 1868.
Per gentile concessione dell'A., colonnello S. Manni dell'Isola di Torre Maina.

Gli zuavi guidati da de Charette assaltano villa Santucci.

Garibaldi punta personalmente i due pezzi presi a Monterotondo contro i pontifici.
(disegno di Quinto Cenni)

Scontro alla baionetta tra Zuavi e volontari garibaldini. Sullo sfondo il castello di Mentana.

La battaglia di Mentana in una stampa francese d'Epinal. Sulla sinistra si vedono i fanti francesi muovere all'assalto del paese di Mentana.

I garibaldini in ritirata investiti dal fuoco degli *Chasseurs* francesi.

La resa dei garibaldini ai fanti francesi, incisione del 1867.

Caduti insepolti dopo la battaglia di Mentana, foto scattata il 4 ottobre 1867.

Monterotondo vista dal campo di battaglia di Mentana, 4 ottobre 1867.

Il campo di battaglia di Mentana visto da Villa Santucci, 4 ottobre 1867.

Un caduto sulla strada da Mentana a Monterotondo.

EPILOGO

La cosiddetta campagna dell'Agro Romano era durata dodici giorni in tutto, ed era terminata col duplice doloroso insuccesso dell'insurrezione di Roma e della sconfitta di Garibaldi di fronte alle armi collegate pontificie e francesi. Essa in verità era stata preceduta e accompagnata dall'azione di 200 emigrati romani alla fine del settembre, che colla loro impazienza avevano mandato a male il piano già preparato dai vari capi. Tuttavia questi a Bagnorea avevano fugato i papalini facendo dei prigionieri ad Acquapendente e a Bagnorea, e assaliti da 1200 papalini si erano battuti con disperato valore, provocando nel nemico gravi perdite; ma avevano dovuto poi retrocedere. E anche l'Acerbi era stato costretto ad abbandonare Viterbo.

Menotti, obbligato anch'egli come l'Acerbi a intervenire prima del previsto, giunto a Montelibretti con 600 uomini era stato attaccato vivamente dai pontifici e li aveva respinti in sanguinoso combattimento; aveva però dovuto retrocedere.

Il Nicotera, spintosi in seguito con 700 uomini verso Frosinone, aveva preso Monte San Giovanni, poi l'aveva abbandonato, e infine aveva il 25 ottobre mandato il battaglione Raffaele De Benedetto a riprenderlo.

L'attacco era fallito di fronte ai papalini spalleggiati da elementi reazionari della popolazione; tuttavia si era avuto un episodio eroico: 37 garibaldini, col capitano Bernardi e il maggiore De Benedetto, rimasti tagliati fuori e contrattaccati si erano riparati in una casa difendendosi eroicamente.

Dato fuoco all'edificio i difensori si gettavano alla fine sopra una tettoia sottostante, e sprofondata questa si aprivano il passo combattendo disperatamente. Di 37 uomini, 17 caddero morti e feriti e gli altri poterono ricongiungersi al grosso.

E fulgido soprattutto fu l'episodio dei 75 garibaldini guidati da Enrico Cairoli, veterano del '59 e del '60, ove era stato ferito a Calatafimi, d'Aspromonte e del '66, e da Giovanni, capitano del genio nell'esercito regolare. Enrico Cairoli dispose la difesa dello sprone dei monti Parioli al confluente dell'Aniene nel Tevere con consumata abilità e la diresse poi con grande eroismo e tutti i suoi sì batterono egregiamente. Ma furono sopraffatti dal numero soverchiante di un nemico armato di ottime carabine. Le colonne che agirono, pur con azione non coordinata, mostrarono tuttavia valore e slancio.

Le schiere che combatterono agli ordini diretti di Garibaldi nelle azioni contro Monterotondo si erano bravamente battute, scrive Pieri, ma la ritirata da Roma insieme colla notizia dello sbarco dei francesi a Civitavecchia e col proclama del re, in uno con la persuasione che, fallita ormai l'insurrezione romana, non rimanesse più speranza che il tentativo potesse rinnovarsi, tutto ciò portava a impressionanti diserzioni.

In seguito Garibaldi non ebbe dubbio che gran parte della responsabilità fosse dovuta a mazziniani e socialisti, che avevano scientemente danneggiato il morale dei suoi uomini per poi darsela a gambe nel momento del pericolo: così il generale scrisse nelle proprie memorie:

> "Qui con dolore, devo ricordare un'altra delle cause della sventura di Mentana - Già dissi: i Mazziniani aver cominciato la loro propaganda dissolvente - dacché cominciò la nostra ritirata dal casino dei Pazzi - e il motivo della loro propaganda

era falso - senza ragione alcuna - Per chi ha senno, è ben facile concepire: non esser tenibile la posizione nostra sotto le mura di Roma - all'arrivo dei Francesi - e per la composizione delle forze che comandavo - In uno stato d'ogni bisogno - senza artiglieria, ne cavalleria - Infine incapaci di poter far fronte a una seria sortita - anche dei soli papalini - e senza mezzi - se pure non ci avessero attaccati - di sussistervi due giorni - Padroni invece di Monterotondo - che trovasi anche alla vista di Roma - eravamo nel centro dei piccoli nostri mezzi - con posizioni dominanti - e ad una distanza da potere pressentire il nemico - quando ci fosse venuto sopra – Tutto ciò, però dalla parte dei Mazziniani erano pretesti - e non bastava: l'opposizione sleale ed accanita del governo - la potenza 510 del pretismo, ed il sostegno del Bonaparte -
No! anche loro, come sempre, dovevano giungere a dare il calcio dell'asino - a chi non aveva altra aspirazione: che la liberazione degli schiavi nostri fratelli.
 «Noi faremo meglio» mi dicevano gli uomini della setta, che oggi, sono uomini della Monarchia - a Lugano nel 1848 - E vedete che data da molto tempo la guerra a me fatta, a punta di spillo dai Mazziniani -
«Andiamo a casa a proclamar la Repubblica - e far le barricate» dicevano ai miei militi nell'agro Romano nel 1867 - E veramente, era molto più comodo, per quei poveri ragazzi che mi accompagnavano - di tornarsene a casa, che di rimaner meco in novembre, senza il necessario per coprirsi - mancanti di molte cose necessarie - con, contro di noi l'esercito nostro - ed i papalini e Francesi che bisognava combattere. Il risultato di queste mene Mazziniane, fu: la diserzione di circa tre milla giovani, dalla nostra ritirata dal Casino de' Pazzi sino a Mentana - e lascio pensare: quando in una milizia di circa sei mila uomini - vi ha la diserzione motivata, come la palesavano apertamente - di una metà della gente - lascio pensare dico: a che punto di moralità, e di fiducia nel compimento dell'impresa, potevano trovarsi i rimanenti volontari - Immensi sono i danni a me cagionati da cotesta gente Mazziniana - e potrei dimenticarli, se a me personalmente fossero stati inflitti - Ma è alla causa nazionale che lo furono! E come posso dimenticarli - come non devo accennarli a quella parte eletta della gioventù nostra da loro traviata! - Mazzini era certo migliore dei suoi seguaci - ed in una sua lettera a me diretta, in data dell'11 Febbraio 1870 - relativamente al fatto di Mentana, egli mi scriveva:
«Voi sapete ch'io non credevo nel successo - ed ero convinto, esser meglio concentrare tutti i mezzi, sopra un forte movimento in Roma, che non irrompere nella provincia - ma una volta la impresa iniziata giovai quanto potei»
Io non dubito dell'asserzione di Mazzini - ma il danno era fatto:
O egli non fu a tempo di avvisare i suoi fautori - o questi vollero continuare nel danno" .

D'altra parte non solo Roma, ma quasi tutto il Lazio aveva mostrato scarsa volontà d'insorgere contro Pio IX ed i plebisciti fatti fare in ultimo e a furia in alcune terre occupate dai garibaldini, non indicavano da sé soli che la popolazione fosse disposta davvero a battersi. Si comprende quindi la crisi di sfiducia nei volontari e l'inizio dello sbandamento. Oltre a ciò, conoscendo l'animo di Garibaldi ci si spiega come egli, che nel '48 da Castelletto Ticino era tornato in Lombardia a riprendere la lotta, non si rassegnasse ora a cedere senza aver tentato un supremo sforzo. Ma certo solo nel '60 in Sicilia egli aveva veramente potuto coordinare la sua azione con quella dell'insorgenza delle campagne e della conseguente guerra di bande. Parve ai detrattori di Garibaldi di vedere ora un declino dell'uomo ormai sessantenne, e un declino della sua popolarità e del grande suo fascino di trascinatore di uomini.
Ma in realtà la cosa è molto discutibile; c'è sempre un limite al genio strategico, limite

dato dalla sproporzione delle forze e dal contegno ostile, o semplicemente passivo o nettamente sfavorevole, della popolazione della zona in cui si opera. Certo egli iniziò le operazioni il 23 quando il tentativo d'insurrezione romana, elemento indispensabile dell'impresa, era fallito la sera prima; e perse due giorni attorno a Monterotondo, ove non erano che 400 uomini che avrebbero potuto facilmente esser bloccati; ma egli desiderava probabilmente affermarsi con un successo, e in fondo, pur con tanta inferiorità d'armi, lo ottenne. Ma poi indugiava ancora a muovere su Roma. È evidente qui che Garibaldi non poteva con 7 o 8000 uomini prendere una città murata e con lavori di rafforzamento in vari punti esterni, e presidiata da oltre 10.000 soldati regolari, senza un'insurrezione della città e senza un vigoroso appoggio delle campagne, rimaste passive, o senza un movimento d'opinione in Italia che trascinasse parte dell'esercito.

Ma nulla di questo avveniva e il governo e il re prendevano anzi un atteggiamento nettamente ostile all'impresa ormai fallita.

Già la mattina del 31 ottobre vari amici venuti da Firenze per parlare con Garibaldi avevano insistito perché egli desistesse dalla lotta, ormai senza speranza. E la decisione di continuare non era tuttavia frutto solo di caparbia e cieca ostinazione, ma rientrava nella vecchia dottrina mazziniana delle minoranze virtuose, del sacrificio che non è mai sterile. Una città, Tivoli, era in mano dei garibaldini e sembrava animata da ardente patriottismo, e l'idea di marciare su di essa e farne una nuova base d'operazione al posto di quella di Monterotondo, aveva una sua logica.

Monterotondo, località relativamente vicina al Passo Corese, ossia al confine, non si prestava più per ricevere aiuti, bensì quale incentivo alle diserzioni, così come era stato il confine svizzero nel '48.

Non solo, ma la posizione di Monterotondo per quanto forte si prestava ad essere aggirata e circondata da un nemico superiore di numero. Tivoli, al contrario, in posizione ancora più forte con un fiume davanti, con catena di contrafforti ai fianchi e diverse strade di ritirata in caso di rovescio, ampia, popolosa, fornita di vettovaglie, assai meglio si prestava quale nuova linea d'operazione. Se non che, presa la decisione, Garibaldi anche ora tardava due giorni a mandarla ad effetto, e si decise soltanto nel pomeriggio del 2 a dare gli ordini per la marcia del giorno successivo, quando seppe che truppe nemiche si disponevano a muovere da Roma contro di lui. Anche ora il fattore politico influiva molto sulle sue decisioni; e la sua decisione lo portava a fare una marcia di fianco assai pericolosa, durante la quale avrebbe potuto essere assalito sia di fronte che di fianco.

Bisogna però tener presente che fin dal 1° novembre Garibaldi aveva disposto per l'occupazione dei monti Cornicolani che da Tivoli si stendono verso Monterotondo, da parte di un migliaio d'uomini del colonnello Pianciani, e che egli aveva disposto la marcia per la mattina alle quattro e mezzo, prima dell'alba, cosicché il generale Kanzler e il generale de Failly, che ignoravano l'intenzione di Garibaldi di portarsi a Tivoli, avevano disposto di puntare, sia pure con una duplice colonna, dalla via Salaria e dalla via Nomentana su Monterotondo, e di far partire alla stessa ora, quattro e mezzo del mattino, le loro truppe; in tal modo senza il ritardo di ben sette ore, provocato dal Menotti che voleva attendere l'arrivo delle scarpe, di cui i volontari avevano è vero molto bisogno ma non stretta impellente necessità, i franco-papalini avrebbero fatto una puntata nel vuoto.

Certo Garibaldi consentì a questo ritardo, e, come capo dell'impresa, la responsabilità di esso ricade soprattutto su di lui; pare certo però che egli non ritenesse d'aver contro anche i francesi e che non giungesse a capacitarsi che i soldati di Solferino, i liberatori del 1859, muovessero ora contro gli italiani che volevano la loro capitale. Eppure gli stessi soldati italiani lo avevano fermato e ferito ad Aspromonte, mentre egli mirava a Roma e si affannava a gridare ai suoi di non fare fuoco per evitare la lotta fratricida! Comunque le disposizioni da lui date per l'avanguardia e il fiancheggiamento erano ottime, ma furono attuate solo in parte e tardivamente; e Garibaldi, l'uomo avvezzo a sorprendere il nemico e a ingannarlo circa le proprie intenzioni, si trovò questa volta a subire la sorpresa. Al solito la responsabilità della cattiva esecuzione dei propri ordini finisce sempre col ricadere sul capo. Ma se l'abilità e la tempra d'un grande condottiero si rivelano soprattutto nella capacità di far fronte e di rimediare a situazioni nuove, impreviste o mal previste e di conseguenza difficili, bisogna pur riconoscere che Garibaldi seppe fronteggiare bravamente la situazione, pur con forze inferiori. L'azione pontificia contro la sinistra garibaldina era logica perché mirava a tagliare a Garibaldi la ritirata su Monterotondo e Passo Corese, anche se tatticamente più difficile, e fu condotta non senza abilità dai papalini, che avevano chiesto, sembra, di marciare in prima linea tenendo i francesi come riserva. Che la perdita di Villa Santucci, il caposaldo della sinistra garibaldina, debba imputarsi a diminuito spirito dei garibaldini, può darsi; comunque Garibaldi seppe fronteggiare la situazione, fermare il nemico avanzante coll'artiglieria e contrattaccarlo poi alla baionetta: la decisione ultima veniva lasciata al *freddo acciaio*, secondo l'espressione cara a Garibaldi. E la battaglia stava per volgersi favorevolmente a Garibaldi, quando, chiamata d'urgenza, interveniva una brigata francese e qui la superiorità dei nuovo fucile a retrocarica con assai maggiore celerità di tiro e conseguente potenza di fuoco delle schiere e la maggiore gittata dell'arma, davano una superiorità incontrastabile ài francesi.

Si riaffacciava in tutta la sua crudezza l'antico problema della reale efficienza dell'azione tattica risolutiva all'arma bianca di fronte a quella dell'azione tattica distruttiva dell'arma da getto o da fuoco; principio e contrasto antico quanto la guerra e riapparso nel secolo XVIII nel contrasto tra i fuochi di fila e la carica alla baionetta. Garibaldi era stato un vivace e tenace assertore del principio della superiorità dell'azione tattica risolutiva all'arma bianca, e l'applicazione del principio aveva permesso tante volte di rimediare all'inferiorità delle armi da fuoco di cui i garibaldini disponevano. Ma già nella campagna del Trentino egli aveva dovuto sperimentare come di fronte alle carabine dei cacciatori tirolesi, sostenute per di più dal vantaggio del terreno, l'azione tattica risolutiva non desse sempre i risultati desiderati. E ora più che mai la cosa si faceva manifesta. Le cariche alla baionetta si arrestavano, e falliva anche l'ultima disperata carica da lui tentata; d'altra parte i francesi, paghi di poter colpire senza essere colpiti dalle pallottole dei «catenacci» garibaldini ne raggiunti dai loro disperati attacchi alla baionetta, si contentavano di seguire facendo fuoco a distanza, e Garibaldi, anche per il sacrificio della sua retroguardia, poteva proseguire indisturbato la ritirata. Garibaldi era uomo del resto da rimediare come tutti i grandi capitani ai propri errori; ma di fronte a un accumularsi di situazioni politiche avverse e d'una condizione di numero e d'armi troppo inferiore doveva cedere all'avverso destino. Nell'errore dei grandi uomini e delle grandi coscienze però vi e' sempre un elemento di verità e un'aura di futuri successi.

La tragedia di Mentana sanciva nel modo più decisivo la volontà italiana di fare di Roma la capitale del nuovo regno.

Vale la pena di tornare sulla fin troppo celebre frase del de Failly, "*les Chassepots ont fait des meraveilles*", divenuta proverbiale.

Sin dall'indomani della battaglia il merito della vittoria venne attribuito ai regolari francesi e ai loro fucili *Chassepots*: quando il 6 novembre i vincitori rientrarono in Roma per la sfilata trionfale, la folla li acclamava come i veri vincitori della giornata e gridava «*Viva la Francia, viva l'Imperatore!*», a dispetto delle pretese di lady Herbert.

Secondo lo storico cattolico Innocenti, il peso dato alle nuove armi fu più una mossa di propaganda che una situazione reale, per attenuare il peso avuto dai soldati di Pio IX nella vittoria[21]: in parte si deve essere d'accordo, ma indubbiamente i francesi furono risolutivi; senza di loro i pontifici avrebbero avuto probabilmente la peggio, essendo decisamente inferiori ai veterani garibaldini, con l'ovvia eccezione degli Zuavi pontifici, indubbiamente i migliori combattenti delle due parti.

Tra i sostenitori della teoria secondo la quale la sconfitta garibaldina non fu dovuta solo agli *Chassepots* si può annoverare il garibaldino Mombello, combattente nello scontro e che nel suo libro di memorie sulla battaglia *Mentana. Ricordi di un veterano*, ricorda di non aver sentito gli spari di quel fucile e anzi ne contestò il vantaggio tecnologico. A suo parere infatti, il fucile francese era meno preciso di quelli garibaldini e il campo di battaglia pieno di ripari e avvallamenti favoriva più la precisione che la frequenza di tiro, in ciò concordando appieno con Ardant du Picq

Gli esiti dello scontro vennero ampiamente discussi anche a livello medico sulla rivista *Lancet*, dove furono pubblicate le osservazioni del dottor Gason che operò a Roma sui combattenti provenienti da Mentana e riportò la comparazione tra le ferite causate dai proiettili sparati dagli *Chassepots* e quelle causate dai proiettili a palla tonda Minié che venivano impiegati in due calibri. Il medico notava come da Mentana giungessero soldati che presentavano ferite causate da proiettili che non generavano grandi perdite di sangue, ma erano in grado di fratturare le ossa lunghe. Questi proiettili quindi erano più letali nell'immediato, ma chi veniva colpito in modo non fatale aveva migliori probabilità di sopravvivere. Gason sottolineò però che ciò era in contrasto con quanto invece riportato nei resoconti precedenti per le ferite da *Chassepots*. Se del resto si confronta quanto avvenuto a Solferino o nel corso della Guerra Civile americana, conclusasi due anni prima di Mentana, o nella guerra del 1866, i fucili ad avancarica causarono effetti molto più gravi, con lacerazioni causate dai proiettili in uscita molto vaste

Mombello scrisse in proposito:

> "...*Il Diritto* riportava pure senza commenti il dispaccio di De Failly a Parigi nel quale parlando di Mentana diceva: "*Les Chassepots ont fait merveilles*" - "*Ah bugiardo!*" - esclammamo ad una voce Bonanni ed io. "*In tutto il tempo della battaglia non si udì un colpo di Chassepots!*".

Il Mombello spiega anche per quale motivo, gli *Chassepots* non furono l'unico motivo della vittoria dei franco- pontifici:

> "Nel mio racconto ho dimostrato che il fucile francese a Mentana non ha fatto

---

[21] Lorenzo Innocenti, *Per il Papa Re*, pp. 82-84

meraviglia alcuna. Il pregio maggiore del *Chassepot* era la lunga portata, quasi doppia del fucile ad ago dei prussiani; ma in terreno frastagliato di piccoli poggi e di avvallamenti la lunga portata vale molto meno della giustezza del tiro.
Ora, volendo fare molti colpi al minuto, come facevano i francesi, la giustezza del tiro non può ottenersi con nessuna arma."

Più attendibile tuttavia ci sembra quanto scritto sul sito dell'Ufficio storico dell'*Armée de Terre*, sottolineando anche l'aspetto psicologico della continuità e del rumore assordante delle salve di *Chassepots*:

"L'intervention des Français a été déterminante dans la victoire, au moment où la situation commence à se figer. Les chassepots font l'unanimité dans la troupe et chez les officiers, tant pour sa puissance de feu, que pour l'effet psychologique provoqué sur les combattants adverses. En effet, la cadence de tir induit un bruit assourdissant et une impression de puissance[22]".

Nell'uscire dal suo carcere al Varignano Garibaldi aveva scritto: *"Addio Roma, addio Campidoglio. Chissà chi e quando a te penserà!"*.
Mancavano meno di tre anni alla liberazione della Capitale: e Mentana ne fu tra le cause.
Il combattimento di Mentana, militarmente di modesta importanza, ebbe grande ripercussione politica. L'intervento francese, e il cinico accenno del generale de Failly sulle "meraviglie" che il nuovo fucile *chassepot* aveva fatte in quella circostanza, offesero il sentimento nazionale italiano, e la Francia perdette a Mentana la riconoscenza guadagnatasi nel 1859.
Tre anni dopo, il ricordo di Mentana fu il principale ostacolo alla stipulazione di un'alleanza franco-italiana (cui doveva associarsi l'Austria) e Napoleone III restò isolato di fronte alla Prussia.
Fu dopo la caduta ingloriosa di *Napoleon le petit* che Garibaldi riprese per l'ultima volta le armi, per correre in aiuto della stessa Francia che aveva massacrato con i suoi *chassepots* i volontari del '67, regalandole a Digione l'unica vittoria della guerra, e la sola bandiera prussiana catturata.

---

[22]Cdt. Krause, "La bataille de Mentana, ou la première utilisation opérationnelle du fusil français modèle 1866: le chassepot" https://www.defense.gouv.fr/terre/histoire-et-patrimoine/histoire/batailles/bataille-de-mentana.

IL CAMPO DI BATTAGLIA OGGI

Malgrado lo sviluppo urbanistico della zona di Mentana avvenuto a partire dagli anni cinquanta- sessanta rimane però ancor oggi possibile farsi un'idea del campo di battaglia.

Il fulcro di una visita al campo di Mentana è ovviamente l'Ara Ossario dei Caduti del 1867 ed il Museo Nazionale della Campagna dell'Agro Romano per la liberazione di Roma, stato realizzato dallo Stato a Mentana nel 1905 allo scopo di raccogliere tutti i cimeli e le donazioni offerti dai familiari dei garibaldini molti dei quali sono sepolti nell'Ara Ossario attigua.
All'atto dell'inaugurazione il senatore Rivet in rappresentanza della Repubblica francese pronunciò le seguenti parole, oggi ricordate in una lapide:

"A nome della Francia repubblicana io vengo a fare onorevole ammenda del delitto di Mentana".

Il fabbricato in peperino di Viterbo, richiama l'architettura di un tempietto ellenico accogliendo la similitudine che fece Garibaldi tra il sacrificio dei Cairoli d del loro compagni a Villa Glori con l'eroica resistenza di Leonida nella Grecia classica. Il progetto fu dell'architetto Prof. Giulio De Angelis. La facciata anteriore è adorna di corone d'alloro alternate da trofei con daghe e baionette. Sul fregio, eseguita dallo scultore Scardovi, c'è la scritta "Roma o Morte!"[23].
Le decorazioni sulle facciate anteriore e posteriore sono dello scultore Scardovi. Il museo ha, come fine primario, la raccolta e la conservazione dei documenti, armi, divise, foto e cimeli legati alla Campagna del 1867. È opera dell'Architetto Giulio De Angelis.
Oltre a quelle relative alla campagna del 1867 sono altresì numerose le testimonianze di altri periodi della storia garibaldina, dalla presenza di Garibaldi in America, alla Repubblica Romana del 1848-1849, alla Campagna dei Mille in Sicilia, al 1866 con la Terza Guerra d'Indipendenza, a Digione nel 1870-71 ed infine, alla Campagna di Grecia guidata da Ricciotti Garibaldi.
I cimeli, spesso unici, vedi la vetrina della Carboneria, la cravatta di Giuseppe Mazzini, autografi di Garibaldi e dei figli oltre a quello del genero Stefano Canzio, foto autentiche di Giuseppe, Menotti e Ricciotti Garibaldi ed altri personaggi del Risorgimento. Per quanto riguarda le armi, sono presenti nel museo fucili Remington-roll/block, Chassepots e i più semplici ad avancarica costituendo un buon esempio degli armamenti dell'epoca, sia per quanto riguarda i garibaldini, sia per le truppe pontificie e quelle francesi. Numerose le pistole e le armi bianche. Il materiale è ordinato in sezioni con ampie spiegazioni grafiche fornite da esperti per l'approfondimento della storia da parte degli studenti e dei visitatori.
Ultimamente è stata istituita una sezione dedicata alle testimonianze sulle forze contrapposte ai Volontari Garibaldini nella Campagna dell'Agro Romano, pontifici e francesi.

---

[23] www.museomentana.it

Attigue al museo una biblioteca ed un archivio storico con rare pubblicazioni sul risorgimento in generale e sulla storia garibaldina in particolare. Sono in dotazione audio e videocassette con musiche originali dell'epoca.

Tra i cimeli del 1867 il Museo annovera, tra i pezzi di notevole valore, la divisa completa con ghette, fascia e decorazioni del garibaldino Cesare Becherucci.

Sono presenti 30 corone di alloro in metallo smaltato, realizzazioni artigiane di fine 800,ed una spada con lama ondulata per l'iniziazione alla Massoneria.

È poi esposta una curiosa immagine di Garibaldi nelle sembianze di Gesù Redentore, metodo adottato dai volontari garibaldini per eludere i rigori della polizia pontificia. Sono esposte anche cartucce originali ad avancarica conservate nelle loro giberne ed un quadro ad olio su tela rappresentante Vittorio Emanuele II.

L'Ara- Ossario contiene i resti di circa trecento volontari caduti a Mentana e Monterotondo.

Nel 1877, in occasione del decennale della battaglia, si decise di costruire nella zona denominata Rocca di Mentana un grande Sacrario in onore dei caduti.

Inaugurata nel novembre 1877 a seguito di sottoscrizione nazionale coordinata da un comitato presieduto dal Gen. Avezzana.

All'interno sono conservati i resti dei volontari caduti al seguito di Giuseppe Garibaldi negli scontri della Campagna dell'Agro Romano per la liberazione di Roma (1867); i nomi dei caduti incisi sui lati del Monumento sono trecento, come gli spartandi di Leonida caduti alle Termopili.

Il complesso dal 1997 è gestito dal Comune di Mentana.

L'Ara-Ossario di Mentana finì di essere costruita nel 1877 e fu realizzata dall'architetto Augusto Fallani. L'inaugurazione del monumento, la commemorazione della battaglia e la consegna al Municipio avvennero il 25 novembre 1877. Il discorso inaugurale fu pronunciato da Benedetto Cairoli, fratello di Enrico e Giovanni, caduti a Villa Glori, e Presidente del Consiglio nel 1878.

L'atto fu rogato dal Notaio Giacinto Frosi di Monterotondo e registrato in Roma il 29 dello stesso mese, Registro 39 N. 5089 (atti pubblici) rimanendone, però, alla Società dei Reduci delle Patrie Battaglie l'alto patronato.

Sui lati del monumento furono apposte delle iscrizioni che è doveroso riportare.

>LA BOCCA DI QUESTO SEPOLCRO
>MANDA AI VIVENTI
>UNA VOCE CHE DICE:
>SIATE MEN VILI
>E FATE OH! FATE
>CHE NOI
>PER LA PATRIA E PER LA LIBERTA'
>NON SIAMO MORTI
>INVANO[24]

>A
>IMPERITURA GLORIA

---

[24] F. Guerrazzi.

DELLE INNUMEREVOLI VITTIME
DEL CESAREO SACERDOTALE DISPOTISMO
E
AD ETERNA INFAMIA DELLO STRANIERO CONCULCATORE
DEL DIRITTO ITALIANO
IL COMITATO DEL PATTO DI ROMA
L'OBOLO LARGAMENTE RACCOLTO
DALLA PIETA' CITTADINA
QUASI A PLEBISCITO SOLENNE
DELLA VOLONTA' POPOLARE
ALLA EDIFICAZIONE DI QUESTO TUMULO
CONSACRAVA[25]

A MEMORIA
DEI CITTADINI ITALIANI
CHE
NELL'ANNO MDCCCLXVII
DELLA PATRIA E DELLA UMANA RAGIONE
NEL COSPETTO DI ROMA
DUCE GIUSEPPE GARIBALDI
QUI
COMBATTERONO E CADDERO
IL POPOLO ITALIANO
POSE
AFFERMANDO PER SÉ ED I POSTERI
CHE REGNO DI CHIERICI E PREPOTENZA STRANIERA
NON CONTAMINERANNO MAI QUESTA TERRA[26].

Il culmine degli scontri del 3 novembre 1867 si ebbe con la lotta all'arma bianca tra Zuavi e volontari, sino all'intervento dei francesi, di mostratosi risolutivo, presso Villa (o Vigna, che in romanesco ne era sinonimo) Santucci (in località Casali, via di Vigna Santucci 13), un casale oggi ristrutturato ed adibito a sede per eventi, e quindi visitabile.

Detto casale fu poi quartier generale delle truppe franco-pontificie durante la battaglia del 1867, ma una targa posta all'imbocco della via di Vigna Santucci (che porta al casale) negli anni trenta trae in inganno il visitatore, in quanto fa dedurre che il casale fu quartier generale dei garibaldini. Nel Novecento il casale fu adibito ad uso abitativo civile, fu lasciato per anni in stato di abbandono e degrado, mentre da alcuni anni è stato riportato al suo antico splendore. Nel casale di Vigna Santucci, o meglio nel giardino del casale sono stati ritrovati dei reperti archeologici riconducibili a *Nomentum*, ora nel museo archeologico della biblioteca di Mentana. Infatti nelle zone di Casali, site abbastanza vicino al casale della Vigna Santucci, Montedoro-Romitorio e

---

[25] F. Campanella.
[26] G. Carducci.

Immaginella sono stati trovati reperti, tra cui lapidi funerarie e, a Romitorio, una cisterna con acquedotto.

Il casale della Vigna Santucci si trova a Casali, nel comune di Mentana, in provincia di Roma, presso il chilometro 22 del lato sinistro della Via Nomentana, da dove si dirama la via omonima che porta al casale, e che è quella seguita dagli Zuavi.

Per ricordare i soldati pontifici che persero la vita per difendere il territorio dello Stato della Chiesa e il potere temporale, Pio IX fece erigere un monumento al centro del Pincetto Vecchio nel cimitero del Verano. L'opera, progettata da Virginio Vespignani (1808-1882), è formata da un alto basamento ottagonale, impostato su due gradini, coronato da timpani, in alternanza triangolari e curvilinei, compresi tra acroteri. Su ogni prospetto dell'ottagono una lapide incorniciata reca i nomi dei Caduti, non solo quelli morti a Mentana ma anche gli altri deceduti nei vari scontri del 1867 nel Lazio settentrionale. Sul basamento si erge un piedistallo, decorato con le figure allegoriche della Fede e della Fortezza, su cui poggia il gruppo scultoreo in marmo, realizzato da Vincenzo Lucardi (1808-1876), raffigurante San Pietro nell'atto di consegnare la spada a un crociato in un'improbabile armatura pseudomedievale. Il monumento è protetto da una recinzione artistica in ferro battuto, su cui compaiono riproduzioni della medaglia *Fidei e Virtute* (nota come *croce di Mentana*), e la data 1867, ritmate da pilastrini con protomi leonine sulla sommità.

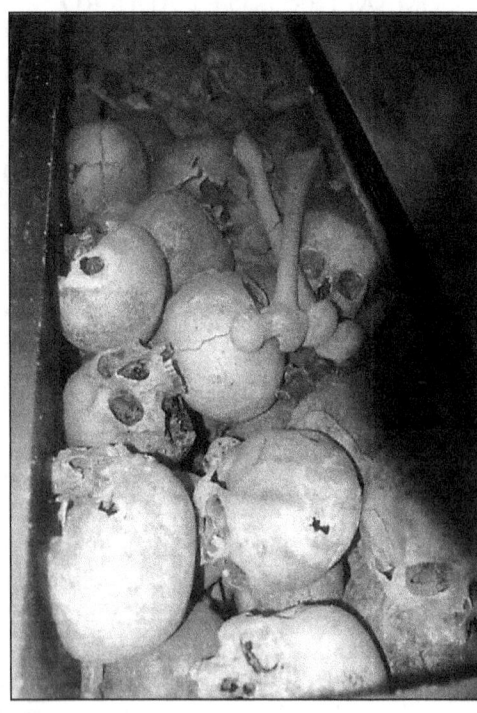

Ara-Ossario di Mentana. Parecchi teschi di garibaldini presentano colpi di *revolver* sparati a bruciapelo, indizio che fa pensare all'uccisione dei feriti da parte delle truppe pontificie, cui fanno cenno numerose testimonianze di reduci

DOCUMENTI E TESTIMONIANZE.

LA CAMPAGNA DELL'AGRO ROMANO (dalle *Memorie* di Giuseppe Garibaldi, Torino 1902).

LA FALLITA INSURREZIONE DI ROMA, dalla *Relazione Uffiziale del Centro di insurrezione romana sugli avvenimenti di Roma dal 22 al 30 ottobre 1867.*

MONTEROTONDO E MENTANA, dal *Rapporto alla Santità di Nostro Signore Papa Pio IX. felicemente regnante del Generale Ermanno Kanzler proministro delle armi sulla invasione dello Stato Pontificio nell'autunno 1867*

RAPPORTO DEL COLONNELLO MENOTTI GARIBALDI, AL GEN. GIUSEPPE GARIBALDI SULLA BATTAGLIA DI MENTANA.

MAGG.. EUGENIO VALZANIA: LA TERZA COLONNA DI VOLONTARI NELLA CAMPAGNA DELL'AGRO ROMANO.

RAPPORTO DEL COMANDANTE LA 6A COLONNA, COL. AUGUSTO ELIA, AL CAPO DI STATO MAGGIORE DEL COMANDO GENERALE GENERALE NICOLA FABRIZI.

FERDINAND GREGOROVIUS, MENTANA E MONTEROTONDO DOPO LA BATTAGLIA (Da *WANDWERJAHRE IN ITALIEN*, IV, *VON MANTUA BIS MENTANA*, 1873).

A. Trenzi, *Garibaldi a Mentana*, 1889. Sulla sinistra si riconoscono Menotti Garibaldi e Nicola Fabrizi, capo di S.M. garibaldino.

O. Carlandi, *Ritorno da Mentana* (*I prigionieri di Mentana*), 1872.

LA CAMPAGNA DELL'AGRO ROMANO.
(dalle *Memorie* di Giuseppe Garibaldi, Torino 1902)

l 17 Ottobre 1867, alle 2 p. m. circa, io abbracciavo affettuosamente [sic], i cari Canzio e Vigiani, a bordo della paranza S. Francesco - Essi aveano compiuto una difficilissima missione - affrontando disagi e perigli per liberarmi -
Alle 3 p. m. dello stesso giorno, si salpava, e con vento da Scirocco, mediocre - dopo una bordata, la paranza navigava fuori di Tavolara, con prora a Tramontana quarta a Greco -
Il 18 verso i meriggio, avvistammo Monte Cristo, e nella notte stessa entrammo nello stretto di Piombino -
Il 19 albeggiò minaccioso, con vento forte da Ostro e Libeccio con pioggia - Tale circostanze favorirono il nostro approdo a Vado [Vada, ndA] - tra il canale di Piombino e Livorno -
Il resto del giorno 19, si passò in Vado, aspettando la notte per sbarcare - Verso le 7 p. m. sbarcammo sulla spiaggia algosa ad Ostro di Vado - in cinque: Canzio, Vigiani, Basso, Maurizio ed io - Vagammo per un pezzo a trovar la strada - essendo quella spiaggia assai paludosa - ma ajutato nei passi più difficili dai miei compagni - potei giungere con loro, nel villagio di Vado - ove per fortuna Canzio e Vigiani trovarono subito due biroccini, e via per Livorno -

A Livorno si giunse in casa Sgarellino - ove trovammo le sole donne, che ci accolsero con molta benevolenza - Ivi, venne Lemmi, che da vari giorni ci aspettava con una carozza, per condurci a Firenze - Montammo, e si giunse nella capitale verso la mattina - accolti con gentile ospitalità in casa della famiglia Lemmi - I
l 20 - in Firenze, fui accolto dagli amici, e dalla popolazione, a cui non si poté nascondere il mio arrivo - Accolto con dimostrazioni di gioia - eppure trattavasi di acquistar Roma capitale d'Italia - e togliere il primato alla metropoli madre di Galileo, e di Michelangelo -

Ed il generoso popolo di Firenze, giubilava - Grande e vera manifestazione di patriottismo - di cui l'Italia - come a Torino, in pari circostanza - deve tener conto - Ragiungere [sic] i miei fratelli d'armi - ed i miei figli, che si trovavano al campo in presenza dei nemici - era il mio gran desiderio e quindi fu breve la mia permanenza nella capitale

- Passai a Firenze il resto del giorno 20 e tutto il 21 Ottobre - Il 22 con un convoglio speciale, mi avviai verso la frontiera Romana sino a Terni, e di là in carozza per il campo di Menotti - che raggiunsi il 23, al passo di Corese -

Essendo la posizione di Corese, poco idonea ad una difesa, per truppe in pessima condizione - com'erano i nostri poveri volontari - marciammo per monte Maggiore - e da questa posizione, nella notte dal 23 al 24 - ci dirigemmo in diverse collonne su Monterotondo - ove si sapeva trovarsi circa 400 nemici con due pezzi d'artiglieria - La collonna comandata dai maggiori Caldesi, e Valzania, doveva principiare il suo movimento alle 8 p.m. del 23 - giungere a Monterotondo verso mezzanotte - e procurare d'introdursi nella città con un assalto dalla parte di ponente, che si credeva, ed era veramente la parte più debole - ove le mura di cinta rovinate, erano state supplite da case, con porte esterne, e quindi di non difficile accesso -

Questa collonna di destra, composta per la maggiore parte di coraggiosi Romagnoli - per gli inconvenienti inseparabili ad un corpo, non organizzato - mancante di tutto - stanco - e senza poter trovare guide pratiche del paese - arrivò di giorno sotto la cinta di Monterotondo - e fu per conseguenza fallitto l'attacco di notte - È incredibile lo stato di cretinismo, e di timore in cui il prete, ha ridotto cotesti discendenti delle antiche legioni di Mario e di Scipione! Io già lo avevo provato nella mia ritirata da Roma nel 49 - ove con oro alla mano - non mi era possibile di trovare una guida - E così successe nel 67 -

Quando si pensa: in una città Italiana come Monterotondo - colle porte di casa - a ponente - che mettevan fuori della cinta - non trovarsi un solo individuo - capace di darci relazione, su ciò che esisteva dentro - Mentre noi erimo Italiani per Dio! pugnando per la liberazione patria - mentre dentro - v'era la più vile ciurmaglia di mercenari stranieri, al servizio dell'impostura - «Libera chiesa in libero Stato» ha detto un grande ma volpone statista: Sì! ebben lasciatela libera cotesta nera gramigna - ed avrete i risultati ch'ebbero la Francia e la Spagna - oggi, per i preti cadute all'ultimo gradino delle nazioni -

La collonna di sinistra comandata da Frigezy [sic per Frigesy, ndA], giunse fuori di Monterotondo a Levante, occupò il convento dei Capuccini verso le 10 a.m. colle posizioni adjacenti - e spinse alla sua sinistra alcune compagnie, per darsi la mano coi corpi nostri di destra - ciocché fu impossibile per tutto il giorno 24 - essendo tremendo il fuoco nemico da quella parte - La collonna del centro - guidata da Menotti - con cui mi trovavo - avendo marciato da Monte Maggiore, direttamente all'obbiettivo, fu pure arrestato da' passi disagevoli della strada Moletta - e nonostante giunse la prima all'albeggiare, sotto le posizioni che contornano Monterotondo da Tramontana -
Io ordinai a questa collonna, comandata da Menotti - e composta per la maggior parte dai prodi bersaglieri Genovesi di Mosto e Burlando - di occupare le forti posizioni settentrionali, già accennate - ma di non assaltare - pensando poter combinare l'attacco colle altre collonne che dovevano giungere a poca distanza di tempo - Ma lo slancio dei volontari non poté trattenersi - ed invece di limitarsi ad occupare le posizioni suddette - essi si lanciarono all'assalto di porta S. Rocco - affrontando un fuoco micidialissimo - che da tutte le finestre del paese - in quella parte - li fulminava -

Essendomi allontanato dalla collonna del centro sulla sinistra, per potere scoprire la collonna di Frigezy, che doveva giungere da quella parte - io mi accorsi con pena e stupore dell'impegno in cui s'eran avventati i bersaglieri Genovesi per troppo coraggio - Quell'attacco prematuro ci costò una quantità di morti e feriti - valse però a stabilire nelle case adjacenti a porta S. Rocco, alcune centinaia di volontari - che più tardi, sostenuti e coadjuvati da compagnie fresche d'altri corpi - poterono incendiare la porta suddetta - ciocché ci valse l'entrata e presa del paese -

delle strade, che le dirotte pioggie dei giorni antecedenti aveano colme di fango - e rese quasi impraticabili - Pure spossati dalla stanchezza anche nel fango si sdrajavano quei bravi giovani! Io confesso: ero quasi disperato di poter far rialzare quei soffrenti per l'ora dell'assalto - e volli dividere la loro miserabile situazione sino verso le 3 a.m. seduto tra loro -

A quell'ora, gli amici che mi attorniavano, mi chiesero: ch'io entrassi un momento nel convento di S. Maria, distante pochi passi, per sedermi all'asciuto - e mi condussero, unico sedile, in un confessionale - ove stetti pochi minuti. Non appena seduto, ed apogiate le spalle addolorate dal star molto tempo in piedi - quando un rumore come di tempesta - un grido solenne d'una moltitudine dei nostri, che si precipitavano nell'uscio della porta ardente mi fece risaltare, e correre con quanta celerità potevo verso la scena d'azione - gridando anch'io: «Avanti!» -

Incendiata intieramente la porta, colpita da da due piccoli nostri cannoncini, che sembravan due canocchiali - e non presentando più, che un mucchio di rovine ardenti - di cui si aspettava l'estinzione - i nemici ritentavano di barricadarla nuovamente - e perciò cominciavano ad avvicinarvi, carri, tavole, ed altri oggetti d'ostruzione - Ciò però non garbava ai nostri, cui tanta fatica e pericolo avea costato lo incendiarlo - Il primo oggetto che si presentò alla porta spintovi dai zuavi, fu un carro - ma non ebbero tempo di metterlo a posto - Una scintilla elettrica, eroica, si sparse come il fulmine nelle fila dei patriotti - e furibondi, si precipitarono nell'uscio ardente come energumeni -

Altro che stanchi, spossati, e affamati! - Non avevo forse già visto operar dei miracoli a cotesta gioventù Italiana! Diffidarne era un delitto - roba da vecchio decrepito!
Non valsero ad arrestarli, il carro attraversato - i rottami ardenti, ammonticchiati sulla soglia - una grandine di fucilate, che pioveva da tutte le direzioni - Essi mi facevano l'effetto d'un torrente, che rotti gli argini ed i ripari - si precipita nella campagna - In pochi minuti la città fu inondata dai nostri, e tutta la guarnigione rinchiusa nel castello

Alle 6 p.m. si cominciò l'attacco del castello, essendo i nostri, già padroni di tutti gli sbocchi di strade, che conducevano a quello - ed avendoli barricati tutti si mise il fuoco alle scuderie, con fascine, paglie, carri, e quanti oggetti combustibili vi si trovavano - Alle 10 a.m. si respinsero con poche fucilate circa due milla uomini - che da Roma, avanzavano al soccorso degli assediati - Alle 11, la guarnigione affumicata, e temente di saltare in aria, col fuoco alle polveri, che tenevan di sotto - alzò bandiera bianca, e si arrese a discrezione -

Il prode maggiore Testori, poco prima della resa dei nemici, aveva preso la determinazione di mettersi allo scoperto, alzando una bandiera bianca, per intimar loro di arrendersi - ma quei mercenari, violando ogni diritto di guerra, lo fucilarono con vari colpi, e lo lasciaron cadavere - Ebbi un'immensa fatica, dopo tanti e siffatti atti di barbarie di cotesti sgherri dell'inquisizione - per salvar loro la vita - essendo i nostri irritatissimi contro di loro.
Io stesso fui obligato di condurli fuori di Monterotondo, e farli scortare al passo di Correse - da quaranta uomini, agli ordini del maggiore Marrani -

Successe in Monterotondo, ciocché succede in una città presa d'assalto - e che poca simpatia s'era meritata, per il mutismo e l'indifferenza, quasi avversione - manifestata verso di noi - E devo confessare: che disordini non ne mancarono - E tali disordini impedirono pure, di poter organizzare dovutamente la milizia nostra - quindi, poco si poté fare in quel senso, nei pochi giorni che vi soggiornammo -

Colla speranza, di meglio poter organizzare la gente fuori, tenendola in moto - toglierla ai disordini della città - ed avvicinarci a Roma - uscimmo da Monterotondo il 28 ottobre, ed occupammo le colline di S. Colomba - Frigezy, facendo la vanguardia occupò Marcigliana - e spinse i suoi avamposti sino a Castel Giubileo, e Villa Spada -

Nella sera del 29, trovandomi a Castel Giubileo, mi giunse un messo da Roma, che avea parenti nella colonna e quindi conosciuto - egli mi assicurò esser i Romani decisi a fare un tentativo, d'insurrezione nella notte stessa - Ciò m'imbarazzò alquanto - non avendo tutta la gente a mano - Nonostante mi decisi io stesso, di spingermi coi due battaglioni dei bersaglieri Genovesi - sino al casino dei Pazzi, a due tiri di fucile dal ponte Nomentana - nell'alba del 30 -

Una guida nostra, con un'ufficiale, che giunsero primi nel casino stesso, v'incontrarono un picchetto nemico, e vennero con quello a colpi di revolver - La guida fu ferita leggiermente nel petto - e siccome era maggiore il numero di nemici - i nostri si ritirarono, avvisandomi con altri tiri della presenza dei papalini - Ma fecero tutto ciò con sangue freddo e da valorosi -

Retrocedemmo da quel punto, all'incontro dei due battaglioni in marcia - e subito ch'essi arrivarono, si occupò il casino dei Pazzi, le case della Cecchina - ch'è uno stabilimento pastorizio, ad un lungo tiro di carabina a tramontana dal primo - e la strada, fiancheggiata da un muro a secco, che va dal casino alle case - Rimanemmo tutto il giorno 30, in cotesta posizione aspettando di udire qualche movimento in Roma - o qualche avviso dagli amici di dentro - ma inutilmente Verso le 10 a.m. uscirono due colonne nemiche in ricognizione - una dal ponte Nomentano - l'altra alquanto dopo, dal ponte Mammolo - I soldati del papa, sulla destra nostra, avanzando in tiratori, a portata di carabina - ci fecero fuoco tutto il giorno - ma i nostri, ubbedendo agli ordini, non rispondevano - giacché sarebbe stato inutile, coi nostri fucili pessimi sprovvisti com'erano i Genovesi delle loro buone carabine - Solamente, quando baldanzosi, o irritati dal nostro silenzio, i zuavi si avanzarono più vicini - i nostri imboscati al casino dei Pazzi - ne uccisero quattro - e ne ferirono alquanti -

La nostra posizione, a pochi passi da Roma - ove s'era concentrato tutto l'esercito papale - era arrischiata - e quando io vidi uscirne le due colonne, di cui non si poteva precisare il numero chiesi a Menotti, che si trovava indietro: che ci facesse sostenere da alcuni battaglioni, ch'egli stesso portò immediatamente -

Persuaso che nulla si faceva in Roma - e meno si sarebbe [400] fatto, coll'arrivo dei Francesi già anunciato, e realizzato in quei giorni - io disposi la ritirata su Monterotondo - lasciando molti fuochi accesi, in tutte le posizioni da noi occupate - per ingannare il nemico -

Qui, la Mazzineria profitò della circostanza per fare il broncio - e seminare il malcontento tra i volontari - «*Se non si va a Roma,* dicevano essi: *meglio tornare a casa -* ».

E veramente: a casa, si mangia bene, si beve meglio, si dorme caldi - e poi, anche... la pelle è più sicura.

Le posizioni da noi occupate: Castel de' Pazzi - Cecchina, Castel Giubileo, ecc. - eran troppo vicini a Roma, e non difendibili contro forze superiori - convenivano quindi, altre posizioni più forti, e più lontane - Monterotondo ci offriva tali condizioni, e più facilità per vivere -

Battaglia di Mentana- 3 novembre 1867

Il 31 ottobre era tutta la forza dei volontari rientrata in Monterotondo - e vi rimase sino al 3 novembre - Tutto quel tempo fu impiegato a vestire alcuni militi, i più bisognosi, calzarli, armarli organizzarli come si poteva - Si fecero occupare da tre battaglioni, le forti posizioni di S. Angelo, Monticelli, e Palombara - comandati dal colonnello Paggi -
Tivoli fu occupato dal colonnello Pianciani, con un battaglione -
Il generale Acerbi, occupava Viterbo con un migliaio d'uomini - il generale Nicotera occupava Velletri con un altro migliaio -

Ed il maggiore Andreuzzi operava sulla sponda destra del Tevere con dugento uomini - Prima del 31 Ottobre, molti volontari accorrevano ad ingrossare le colonne comandate da Menotti dimodocché esse ascendevano già al numero di circa 6000 uomini - La situazione dei corpi volontari, quindi, se non era brillante, non era deplorabile - se avessimo coll'ajuto del paese, potuto completare l'armamento, il vestiario, e quanto abbisognavano i nostri poveri militi -

L'esercito papalino era demoralizzato, ne avevimo battutto una parte a Monterotondo, ed il resto s'era concentrato in Roma - ove sfidato da noi non aveva osato di uscirne - Il popolo Romano, oppresso, massacrato ne' suoi tentativi insurrezionali - gridava vendetta - e si preparava con nuovo animo - capitanato da Cucchi ed altri prodi - a cooperare co' suoi liberatori di fuori, a farla finita con preti e mercenari - Tutto prometteva infine, la caduta del prete nemico del genere umano -

Ma il genio del male vegliava ancora sulla conservazione del principale suo sostegno: il pontefice della menzogna! Dalle sponde della Senna - ov'egli impera, per la disgrazia della Francia e del Mondo - esso minacciava sull'Arno, accusava di codardia i conigli - e suscitava il coraggio della paura, e della malafede - Alla voce del padrone gli uomini che sì indegnamente governano l'Italia - coprendosi il volto, colla solita maschera del patriotismo - ingannavano la nazione, invadendo il territorio Romano - e dicevano: «Eccocci! noi abbiamo tenuto parola - Alle prime fucilate di Roma, noi corriamo all'ajuto dei fratelli!» -

Menzogna! Menzogna! Voi correste: ma per l'eccidio dei fratelli, in caso essi fossero stati fregiati dalla vittoria finale - E correste, quando eravate sicuri: che i patrioti di Roma, erano schiacciati! Morti! -

Menzogna! Menzogna! Voi, ed il magnanimo alleato, occupaste Roma ed il suo territorio, per lasciare l'esercito dei mercenari del Papa, libero, intiero, risollevato dalle sue sconfitte - pesare con tutte le sue forze - la superiorità delle sue armi, e dei suoi mezzi - sopra un pugno di volontari, malissimamente armati - e privi d'ogni cosa più necessaria - coll'oggetto di vederli soccombere -

E se l'esercito papalino - non era suffiente - come non lo fu - lì, stavano loro tutti: i soldati del Bonaparte - e, mi fa orrore il pensarlo - anche quelli che hanno la disgrazia di ubbidirvi! -

Nel 60, non si marciava su di noi per combatterci? E perché non si doveva fare lo stesso nel 67? (Dispaccio di Farini a Bonaparte) - Le colline di Mentana furono coperte di misti cadaveri de' prodi figli d'Italia, e di mercenari stranieri - come lo furono le pianure di Capua, sette anni prima -

E la causa per cui pugnavano i militi che avevo l'onore di comandare - era sacra nell'Italia meridionale - quanto quella che ci aveva spinti sotto le mura della vecchia metropoli del mondo! -

Qui con dolore, devo ricordare un'altra delle cause della sventura di Mentana - Già dissi: i Mazziniani aver cominciato la loro propaganda dissolvente - dacché cominciò la nostra ritirata dal casino dei Pazzi - e il motivo della loro propaganda era falso - senza ragione alcuna - Per chi ha senno, è ben facile concepire: non esser tennibile la posizione nostra sotto le mura di Roma - all'arrivo dei Francesi - e per la composizione delle forze che comandavo - In uno stato d'ogni bisogno - senza artiglieria, ne cavalleria - Infine incapaci di poter far fronte a una seria sortita - anche dei soli papalini - e senza mezzi - se pure non ci avessero attaccati - di sussistervi due giorni - Padroni invece di Monterotondo - che trovasi anche alla vista di Roma - eravamo nel centro dei piccoli nostri mezzi - con posizioni dominanti - e ad una distanza da potere pressentire il nemico - quando ci fosse venuto sopra -

Tuttociò, però dalla parte dei Mazziniani erano pretesti - e non bastava: l'opposizione sleale ed accanita del governo - la potenza del pretismo, ed il sostegno del Bonaparte - No! anche loro, come sempre, dovevano giungere a dare il calcio dell'asino - a chi non aveva altra aspirazione: che la liberazione degli schiavi nostri fratelli. «Noi faremo meglio» mi dicevano gli uomini della setta, che oggi, sono uomini della Monarchia - a Lugano nel 1848 - E vedete che data da molto tempo la guerra a me fatta, a punta di spillo dai Mazziniani -

«Andiamo a casa a proclamar la Repubblica - e far le barricate» dicevano ai miei militi nell'agro Romano nel 1867 - E veramente, era molto più comodo, per quei poveri ragazzi che mi accompagnavano - di tornarsene a casa, che di rimaner meco in novembre, senza il necessario per coprirsi - mancanti di molte cose necessarie - con, contro di noi l'esercito nostro - ed i papalini e Francesi che bisognava combattere. Il risultato di queste mene Mazziniane, fu: la diserzione di circa tre milla giovani, dalla nostra ritirata dal Casino de' Pazzi sino a Mentana - e lascio pensare: quando in

una milizia di circa sei milla uomini - vi ha la diserzione motivata, come la palesavano apertamente - di una metà della gente - lascio pensare dico: a che punto di moralità, e di fiducia nel compimento dell'impresa, potevano trovarsi i rimanenti volontari - Immensi sono i danni a me cagionati da cotesta gente Mazziniana - e potrei dimenticarli, se a me personalmente fossero stati inflitti -
Ma è alla causa nazionale che lo furono! E come posso dimenticarli - come non devo accennarli a quella parte eletta della gioventù nostra da loro traviata! - Mazzini era certo migliore dei suoi seguaci - ed in una sua lettera a me diretta, in data dell'11 Febbraio 1870 - relativamente al fatto di Mentana, egli mi scriveva:

«Voi sapete ch'io non credevo nel successo - ed ero convinto, esser meglio concentrare tutti i mezzi, sopra un forte movimento in Roma, che non irrompere nella provincia - ma una volta la impresa iniziata giovai quanto potei» -

Io non dubito dell'asserzione di Mazzini - ma il danno era fatto:

O egli non fu a tempo di avvisare i suoi fautori - o questi vollero continuare nel danno - Ricciotti non trovò in Inghilterra, i mezzi che si potevano sperare - perché tra cotesti nostri amici, s'era fatta pure circolare la voce seguente: «perché» si diceva: «rovesciare il papato per sostituirvi un governo peggiore».
E nell'Agro Romano - i suoi - come già dissi: disseminavano lo sconforto tra i miei militi, e cagionarono l'enorme diserzione già narrata - e senza dubbio, motivo principale del rovescio di Mentana -
Dall'alto della torre del palazzo Piombino, a Monterotondo - ove passavo la maggiore parte della giornata - osservando Roma, gli esercizi dei giovani nostri militi nel piano - ed ogni movimento nella campagna - io la vedevo la processione di gente nostra, che s'incamminava verso passo di Correse - cioé: che se ne andavano alle loro case - Ed ai compagni, che me ne avvertivano, io rispondevo:

«Oibò! cotesti non sono nostri che se ne vanno, saran campagnoli che vanno o vengono dal lavoro» - Ma nell'anima mia sentivo il rancore dell'atto perverso - e tentavo di nasconderlo - o di menomarlo ai circostanti - solito contegno, nelle circostanze urgenti - In conseguenza dello stato morale della gente - sopra descritto - e trovandosi per noi - ermeticamente chiusa la frontiera settentrionale dai corpi dell'esercito Italiano - e quindi nell'impossibilità di procacciare il necessario oltre quella frontiera -

Noi dovevamo cercare altro campo d'azione ed altra base - per poter vivere, mantenersi, ed aspettare gli eventi, che dovevano finalmente sciogliere la quistione Romana. Per tuttociò, fu deciso di marciar per il fianco sinistro verso Tivoli, onde metter l'Apennino alle spalle - ed avvicinare le provincie meridionali -
La marcia fu decisa per il 3 Novembre mattina ma per motivi d'aspettare e distribuire scarpa - non si poté esser pronti a movere senonché verso il meriggio - di quel giorno -
Noi uscimmo da Monterotondo sulla via di Tivoli. L'ordine di marcia era circa il seguente:

Le collonne agli ordini di Menotti marceranno in buon ordine con una vanguardia di bersaglieri in avanti - da circa mille passi a due milla - In avanti della vanguardia, marceranno esploratori a piedi, preceduti da guide a cavallo -

Su tutte le strade che vengono da Roma, sulla nostra destra - si spingeranno dei fiancheggiatori a piedi ed a cavallo - più verso Roma che possibile, sulla stessa destra; e sulle alture che dominano il paese, si collocheranno delle vedette - che ci possono avvisare a tempo, di qualunque movimento nemico -

Una retroguardia si occuperà di spingere avanti i restii, e lascierà nessuno indietro -

L'artiglieria marcerà al centro delle collonne - I bagagli seguiranno in coda delle collonne rispettive -

Con questo - più o meno - ordine di marcia, c'incamminammo da Monterotondo per Tivoli -
Sventuratamente però - pare: cadessero nelle mani dei nemici - i pochi nostri esploratori a cavallo - e ne avevimo pochissimi - dimodocché i papalini, giungendo per la via Nomentana - quasi sorpresero la vanguardia nostra e l'impegnarono -
Passato il villaggio di Mentana, le fucilate mi avvisarono della presenza del nemico. Retrocedere in tale contingenza, e già impegnati coi nemici - valeva una fuga - e non v'era altro espediente: che di accettare il combattimento - occupando le forti posizioni che ci stavano a mano -

Io mandai dunque a Menotti - che marciava alla vanguardia - l'ordine di occupare le forti posizioni suddette - e di far testa. Feci successivamente seguire avanti il resto delle collonne, spiegandole destra e sinistra in sostegno delle prime - ed alcune compagnie, rimasero in collonna sulla destra di riserva -

La strada che da Mentana va a Monterotondo - linea d'operazione nostra in quel giorno - è una strada buona, ma incassata e bassa - Fui obligato quindi di cercare sulla nostra destra, una posizione adeguata, per collocarvi i due pezzi nostri presi ai nemici nel giorno 25 Ottobre.

Ciò si eseguì con molta difficoltà, per mancanza di gente e cavalli pratici, e per essere il terreno frastagliato di sieppi, vigne - e molto ineguale - In tanto il combattimento ferveva micidiale su tutta la linea - Noi avevamo occupato posizioni che valevano quelle del nemico - anzi migliori - poiché egli non poté mostrare la sua artiglieria durante il giorno - e per un pezzo le posizioni nostre si sostennero, ad onta dell'immensa superiorità delle armi dei contrari - siccome del maggior numero di loro -

Devo però confessare: I volontari, demoralizzati com'erano, per il gran numero di disertori nostri già accennato - non si mostrarono in quel giorno degni della loro fama. Distinti ufficiali, ed un pugno di prodi che li seguivano, spargevano il lor sangue prezioso, senza cedere un palmo di terreno - ma la massa non era dei soliti nostri intemerati - Essa cedeva superbe posizioni - senza opporvi quella resistenza, ch'io mi potevo aspettare -

All'1 p.m. circa ebbe principio il combattimento - e verso le 3, di posizione in posizione, il nemico ci avea cacciati mille metri indietro sul villagio di Mentana - Alle 3 i nostri pezzi poterono esser collocati in posizione vantaggiosa sulla nostra destra - e cominciarono a sparare con effetto sul nemico -
Una carica alla baionetta da tutta la nostra linea - ed i tiri a bruciapelo dei nostri collocati nelle finestre delle case di Mentana, avevano seminato il terreno di cadaveri papalini - Noi erimo vittoriosi - il nemico fuggiva, si riocuperavano le posizioni perdute - e sino alle 4 p.m. la vittoria sorrideva ai figli della libertà Italiana - ed eravamo padroni del campo di battaglia -
Ma lo ripeto: un infausta demoralizzazione serpeggiava nelle nostre fila - Si era vittoriosi - e non si voleva complettar la vittoria, perseguendo un nemico che aveva abbandonato il campo -
Voci di collonne Francesi - marcianti su di noi - circolavano fra i volontari - e non v'era tempo di trovarne l'origine - naturalmente proveniente da nemici nostri - neri o diavoli - Si sapeva l'esercito Italiano contro di noi - arrestando i nostri alla frontiera - ed intercettando qualunque roba a noi destinata - siccome ogni comunicazione.
Infine, governo Italiano, preti, e Mazziniani erano pervenuti a getter lo sconforto nelle nostre fila -

E non è per la tempra d'ogni uomo - resistere allo sconforto - e marciare quantunque, risolutamente al compimento del suo dovere - Verso le 4 p.m. la voce che una collonna di due milla soldati del Bonaparte - ci attaccava in coda - diede l'ultimo crollo alla costanza dei volontari, ed era falsa -

Ciocché era vero però era: il corpo spedizionario de Failly - che giungeva sul campo di battaglia - in sostegno dei soldati del papa sconquassati - Le posizioni riacquistate con tanto valore - si lasciano nuovamente - ed una folla di fuggenti, si ammassa sullo stradale - Invano la mia voce e quella di molti prodi ufficiali, tenta riordinarli - Invano! Si perde la voce a gridare a rimproverare - Invano! Tutti si avviano verso Monterotondo - lasciando un pezzo abbandonato - che solo il giorno seguente rimase in potere del nemico - ed abbandonando un pugno di valorosi, che dalle case di Mentana, fanno strage dello stesso -

Ognuno è valoroso, quando il nemico si ritira - e naturalmente così successe ai nostri avversari - quei papalini ch'erano scapati davanti a noi - ora sostenuti dalle collonne Francesi, vengono avanti baldanzosi - Essi ci incalzano nella nostra ritirata, e colle loro armi superiori - ci cagionano molte perdite, tra morti e feriti - I Francesi, da principio, creduti da noi papalini - vengono avanti coi loro tremendi chassepots, grandinando projetti - ma fortunatamente cagionando più timore, che eccidio - Ah! se i nostri giovani, docili alla mia voce avessero tenuto - e si poteva con poco pericolo - le posizioni riconquistate di Mentana - e limitarsi a difenderle - forse il 3 Novembre andrebbe annoverato tra le giornate gloriose della democrazia Italiana - anche con tante mancanze - e tanta inferiorità di numero come ci trovammo a Mentana

In molte delle nostre antecedenti pugne - noi eravamo stati perdenti, sino verso la fine della giornata - ed un'aura favorevole ci avea rigettatti sulla via della vittoria - In Mentana padroni, alle 4 p.m. del 3 Novembre, del campo di battaglia - con un'ora più di costanza cadeva la notte - e fors'essa consigliava ai nostri nemici una ritirata su Roma - essendo poco tenibile la lor posizione al di fuori contro gente che non avrebbero loro lasciato riposo nella notte -

Verso le cinque p.m. - meno i pochi difensori di Mentana collocati nelle case - tutte le nostre colonne erano in ritirata su Monterotondo, ed in disordine - Appena si poté occupare la forte posizione dei Capuccini - con alcune centinaia di militi - Munizioni da cannoni non ce n'erano più - pochissime le munizioni da fucile -

E l'opinione di una ritirata sul passo di Correse era generale - Dall'alto della torre del castello, in Monterotondo, m'ero assicurato, ch'era falsa la notizia dei due milla Francesi sulla via Romana - che dovevano attaccarci in coda - Notizia che fu data a me stesso, da molti durante il combattimento -

Sembra impossibile, che tali cose possano succedere - eppure succedono: Vari, tra i miei stessi ufficiali, di cui la fede era indubitata mi asserivano averla udita - E nella peripezia della pugna - si diceva:
Ora in tali frangenti andatemi a cercare l'origine d'una notizia, che implica un nerissimo tradimento -
Fratanto tale voce circolava fra i militi, e li sconfortava, - e tra loro si propagava colla velocità del lampo -

Malvagia umana! io esclamerò - E quanti malvagi non vi sono da purgare in questa società Italiana, tanto corrotta dai preti, e dagli amici dei preti! - Una polizia di campo è indispensabile, in ogni corpo di milizia - E tra i volontari, tanta è la ripugnanza delle polizie - che sempre difficile riesce - od impossibile d'istituirla -

Nel principio della notte del 3 Novembre - ci ritirammo sul passo di Corese, e passammo il resto della stessa sul territorio Romano, dentro e nei dintorni dell'osteria - Alcuni comandanti mi fecero sapere: che parte dei militi, erano disposti di non abbandonar le armi, e ritentare la fortuna - ma nella mattina io mi persuasi, che tali disposti, o non avean mai esistito - o più non esistevano - Nella mattina del 4 Novembre, si deposero le armi sul ponte - ed i militi disarmati passarono sul territorio non papale -

Io devo una parola di lode al Generale Fabrizi, mio capo di Stato Maggiore e che lasciai incaricato per le ulteriori disposizioni del disarmo. Cotesto prode veterano dell'Indipendenza Italiana, comportossi colla solita bravura, sul campo di battaglia di Mentana - e spossato dalla fatica e dagli anni, fu trasportato in Monterotondo accompagnato da' militi - dopo d'aver animato colla parola e colla sua presenza, la gente nostra a far il dovere -

Il collonnello Caravà, che comandava a Correse un reggimento Italiano - e che era stato ufficiale ai miei ordini in anteriori campagna - ebbe con noi un contegno veramente lodevole, in tutte le circostanze - Egli mi accolse, molto amichevolmente, fece per me e per i volontari quanto poteva - e mise ai miei ordini un convoglio della strada ferratta per recarmi a Firenze -

Ma tali, non erano le disposizioni governative: Il deputato Crispi, ch'era con me nel convoglio, opinava: non esservi motivi ad arresto - Io ero di contraria opinione, conoscendo con chi avevo da fare -
Conformandovi però all'avviso dell'amico - e non essendovi altro da fare - continai col convoglio verso la capitale -
Nel viaggio le solite miserie governative: di carabinieri, bersaglieri, paure ecc. - viaggiando a tutta velocità - fui finalmente depositato all'antico mio domicilio del Varignano - da dove mi lasciarono poi tornare alla mia Caprera -

La difesa di Mentana (lit. di F. Matania).

LA FALLITA INSURREZIONE DI ROMA NELLA
RELAZIONE UFFICIALE DEL CENTRO DI INSURREZIONE ROMANA SUGLI AVVENIMENTI DI ROMA DAL 22 AL 30 OTTOBRE 1867.

(...) Noi d'altro lato in Roma meditavamo lo stesso concetto (quello del Cairoli).
Poiché l'introduzione clandestina delle armi non era più possibile, altro mezzo non restava che tentarne l'introduzione colla forza, collegando questo fatto con tutte le altre parti del movimento interno.
Si dovevano disseppellire le armi sepolte fuori S. Paolo, portarle in una vigna vicina, e nel giorno fissato radunare ivi la gente necessaria ad una scorta, armarla, caricare le restanti armi sui carri e tentare il passaggio della porta che un'altra mano dei nostri doveva dischiuderci a forza e assicurarvici.
L'operazione del disseppellimento e trasporto alla vigna era compromettente, e quantunque fatta con tutte le precauzioni immaginabili, fu quella che probabilmente diede alla polizia le prime tracce di tutta l'impresa. Ma la disperazione d'ogni altro mezzo l'aveva resa necessaria.
Noi ci eravamo impadroniti a forza della vigna di Matteini in un momento in cui i suoi padroni erano lontani, usando tutte le , possibili cautele onde restarvi sicuri.
I punti che dovevano es sere principalmente attaccati, introdotte le armi, erano in Campidoglio, piazza Colonna, il Quirinale, piazza del Popolo, la caserma del Macao e di Sora e il Vaticano. Alcune caserme erano state minate.
Il giorno destinato all'azione era il 22 ottobre alle sette di sera. I nostri capi sezione avevano già ricevuto fin da mezzogiorno le loro istruzioni, e si calcolava ad oltre 3000 uomini la somma delle forze pronte all'iniziativa.
La intera città era da qualche giorno in gran fermento e tutto faceva credere che, ove fosse scoppiato il moto, l'avrebbe secondato. Ma, come sospettavamo, la polizia aveva già scoperto il ricovero delle armi, e alle 5 e un quarto una colonna di pontificii, composta di una compagnia di zuavi e di mezzo squadrone di gendarmi a cavallo, moveva ad assalire la Vigna Matteini per impossessarsene.
In quel momento alla Vigna non si trovavano che sette od otto d'abbandonare la casa, furono scambiati da una parte e dall'altra alcuni colpi. Intanto che fuori di Roma le armi andavano per dute, quei di dentro, ignari del fatto, alle 6 e mezzo, ora stabi lita, assalivano audacemente il corpo di guardia alla porta S. Paolo, se ne impadronivano, l'abbrucciavano e l'aprivano. Ma atterrata la porta, invece di trovare gli amici trovarono i nemici.
Era la colonna reduce dall'impresa della Vigna, Matteini e contro essa sostennero l'urto costringendola a ripiegare.
Di più attaccarono il picchetto di guardia della polveriera vicina e lo fecero prigioniero. Non fu che alle 9 e mezza di sera che una forte colonna nemica ritornò all'attacco, e poté ricuperare porta S. Paolo, men tre i nostri ripararono alcuni nelle vigne vicine, altri sull'Aventino.
Una colonna di circa 800 giovani, fiore di Roma, occupando tutto il lungo tramite di vie che da porta S. Paolo va lungo la Marmorata fino alla Bocca della Verità ed a piazza Montanara, stava aspettando le armi per lanciarsi secondo i punti destinati per l'azione; ma inermi, circondati in breve ora da un fitto cordone di truppa, dopo aver

ricevuto di pié fermo il fuoco nemico, soprafatti dal numero dovettero darsi prigionieri. Ben duecento giovani romani andarono a stipare le già popolate prigioni della tirannide pontificia!

Fallito il tentativo della vigna Matteini e porta S. Paolo il difetto delle armi paralizzava ormai l'azione di tutta quell'altra parte del popolo che da piazza Montanara e dalle vie circostanti aveva per principale obbiettivo la presa del Campidoglio, che fin dalle ultime ore del giorno non pareva guardato che da un picchetto di pochi uomini, apparve improvvisamente occupato da una compagnia di Cacciatori esteri, che stava nascosta nel palazzo dei Conservatori; sicché quando i nostri aprirono il fuoco e tentarono salire la scalinata, furono respinti da una vivissima fucilata che ne rovesciò parecchi sul terreno.

Tuttavia ad onta del fallito tentativo di sorpresa e quindi della sfavorevole posizione nella quale si trovavano, i nostri, muniti di pochi fucili e di bombe all'Orsini, tennero fermo per qualche tempo e risposero arditamente al fuoco nemico arrecandogli sensibili perdite fra le quali un capitano di gendarmi ucciso.

Anche dal lato del Foro Romano buon numero di popolani tentò occupare il Campidoglio salendo dalla parte della Rupe Tarpea e dall'Arco di Settimio Severo.

Trovarono quegli sbocchi fortemente occupati, e sebbene minacciati alle spalle dai cacciatori esteri della vicina caserma, sostennero animosi gli attacchi del nemico che, al pari dei nostri, lasciò sul terreno buon numero di morti e feriti. In piazza Colonna la fazione di guardia venne uccisa, parecchie bombe furono esplose, ma fatalmente il deposito di *revolvers* destinato ad armare gli insorti che dovevano attaccare il Comando di piazza od il palazzo di polizia a Monte Citorio fu scoperto e sequestrato nel momento appunto che si doveva farne la distribuzione.

Non fu più possibile nemmeno ingaggiare il conflitto, e forti pattuglie di cavalleria e fanteria dispersero gli assembrati facendo numerosi arresti.

La caserma Serristori degli zuavi pontificii era stata con sommo ordinamento e grave pericolo minata; ma per uno di quegli incidenti tecnici che sarebbe fuor di luogo spiegare, uno solo dei tre barili di polvere prese fuoco e la caserma non poté saltare che in parte.

Ma anche nella parziale ruina seppellì non pochi zuavi.

Il colpo produsse nella città profonda impressione, e terrore nella milizia.

Per quella parte di responsabilità che può spettare a noi ed ai nostri concittadini, è il luogo di dare alcune spiegazioni circa l'eroico e fallito tentativo della banda Cairoli.

Il loro primo progetto era di venire per il fiume, circa un centinaio, armati di soli revolvers, sbarcare a poca distanza dalla porta del Popolo e alla spicciolata introdursi in città.

Noi non dovevamo che provvedere le case per tenerli nascosti 24 ore.

A questo avevamo provveduto e li aspettavamo.

A un tratto saputa la nostra estrema penuria d'armi, pensarono recarci quanti fucili potevano trasportare e ci parteciparono il nuovo piano.

Non fu però che alla vigilia del giorno da noi destinato per l'azione che potemmo ricevere da essi precisi messaggi della loro forza, della via e del modo con cui sarebbero venuti, e del giorno del loro arrivo.

Ci dicevano che sarebbero stati circa 70 con 300 fucili, che sarebbero arrivati il 22 a sera spingendosi silenziosi e nascosti in alcune barche fino alla passeggiata di Ripetta, ivi facessimo trovare gente per arrivare a qualcuno dei nostri per dirigerli; essi balzati

a terra si sarebbero tosto gettati nella mischia.
Tutto ciò venne eseguito.
A Ripetta oltre 300 individui attesero lungamente, fino a che forti pattuglie non dispersero gli assembramenti. Ma il convoglio tanto atteso non comparve.
Che cosa era accaduto? All'indomani 23, verso il mezzodì, ci giunse un messo a recare un biglietto di Enrico Cairoli.

Fossero ostacoli impreveduti, fosse più maturo consiglio, egli aveva cambiato divisamento.
Noi dovevamo far trovare la sera del 22 un nostro inca ricato che con segnali stabiliti indicasse come procedevano le sarebbero regolati.
Ma ognuno comprenderà, che noi non potevamo eseguire il 22 ciò che per uno di quei ritardi fatali ma inesplicabili, colla estrema difficoltà di entrare e di uscire da Roma, non ci era comunicato che alle 10 ant. del 23. Enrico Cairoli non avendo veduto i nostri segnali prese posizione sui monti Pairoli nella Vigna Gloria fuori di porta del Popolo circa a due miglia da Roma, ed ivi si tenne imboscato.
Questa notizia ci venne comunicata verso l'una pomeridiana da uno della stessa sua banda che poté penetrare in Roma fino a noi.
Ci si chiedevano notizie ed istru zioni nostre. Non restava, secondo noi, altro mezzo di salvezza che far sortire alla spicciolata quel numero di scelta gioventù proporzionata al numero d' armi che stavano nella Vigna Gloria ed attaccare poscia dal di dentro e dal di fuori quella porta della città che a noi meglio convenisse.
Ciò proponemmo al Cairoli.

Ma avendo appunto spedito alle porte alcuno dei nostri, ci riportarono che era assolutamente impossibile far ciò essendo interdetto il passaggio: piazza del Popolo poi era divenuta un vero campo trincerato, e nonché avvicinarsi alla porta era impossibile penetrare nella piazza.
Il messo che doveva riportare al Cairoli il nostro progetto ed avvertirlo che, ad onta delle immense dif ficoltà, nella notte e nel mattino seguente, avremmo fatti tutti gli sforzi onde farlo raggiungere da quanti più potevasi dei nostri, non poté uscire in alcun modo. Intanto compievasi la catastrofe. Erano circa le quattro pom. del 23, l'asilo di quei bravi era già stato scoperto, la Vigna Gloria attaccata.
(...)

Garibaldi a Caprera dopo la sconfitta di Mentana.

MONTEROTONDO E MENTANA,
dal *Rapporto alla Santità di Nostro Signore Papa Pio IX. felicemente regnante del Generale Ermanno Kanzler prominstro delle armi sulla invasione dello Stato Pontificio nell'autunno 1867*.

Gli avvenimenti straordinarii che di recente ebbero luogo nello Stato Pontificio, commossero l'intero Mondo civile.
Un Governo, che si dice legittimo, favoriva una proditoria invasione: un Generale di questo Governo osava, col grido di *Roma o Morte*, intimare la guerra al più Augusto dei Troni. Molte bande di armati irrompevano nei pacifici dominii di VOSTRA SANTITA'.
Si trattava di usurparne gli ultimi avanzi, apportandovi l'anarchia, o le dolcezze (oramai note) delle vicine province d'Italia.
La divina Provvidenza non lo permise.
Le popolazioni ancora soggette alla S. Sede protestarono solennemente col loro contegno contro gl'invasori, resistettero a qualunque eccitamento, patirono infiniti danni, anziché mancare alla dovuta fedeltà.
L'armata Pontificia, quantunque poco numerosa, riuscì a sbaragliare quelle bande che teneano già sicura la vittoria.
Da ogni parte i Cattolici accorsero a tutela della religione e della vera civiltà, quali offerendo la fortuna, e quali la vita; ed infine l'imperiale Governo di Francia, dopo avere invano adoperato consigli e minacce per fare rispettare una Convenzione, memore della nobile e secolare sua missione di difendere la Chiesa cattolica, veniva nella risoluzione di spedire le sue truppe per unirle a quelle della S. Sede.
Quali poi sieno state le vicende dell'iniqua invasione; quale l'ordinamento delle truppe della S. Sede per far fronte ad essa; quanti fatti d'arme abbian dovuto queste sostenere per oltre un mese; quante gloriose vittime si abbiano a deplorare; e quali i Corpi e gl'Individui ch'ebbero più occasione di segnalarsi; è ciò che forma il soggetto del presente circostanziato rapporto, che il Pro-Ministro delle Armi si crede in dovere di umiliare a VOSTRA SANTITA'.

[...]

Sebbene però una parte dei Garibaldini fosse stata battuta a Nerola, pure, come si è detto, le loro numerose bande proseguivano a percorrere tutti i paesi vicini, e nel giorno 24 invadevano la stazione di Monte Rotondo, facendone prigioniero il picchetto di guardia.
Reciso nello stesso momento il filo telegrafico, rimasero interrotte le comunicazioni anche tra la Capitale e Monte Rotondo, ove trovavasi una guarnigione comandata dal Capitano Costes, composta di due Compagnie della Legione di Antibo, ed una di Carabinieri, di una Sezione di Artiglieria e di un plotone di Dragoni, oltre alcuni Gendarmi: in tutto circa 370 uomini.
Alle ore 6 antimeridiane del successivo giorno, Monte Rotondo era furiosamente assalito dal Generale Garibaldi in persona, alla testa per lo meno di 5000 dei suoi. La posizione del paese ne faceva la difesa, sicché l'assalto, nonostante l'enorme differenza

delle forze, si prolungò per tutta la giornata, con gravissime perdite dei Garibaldini che non avevano Artiglierie, e con poche dalla parte dei nostri.

Esso proseguiva ancora nel giorno appresso.

Il Tenente de Quatrebarbes, Comandante la Sezione di Artiglieria, era ferito mortalmente; il suo Maresciallo d'alloggi (Massei) ucciso; gli avamposti si erano dovuti ritirare; la porta del paese era in fiamme; e le truppe della guarnigione eransi ridotte nel palazzo Ducale.

Allora essendosi dai Garibaldini appiccato il fuoco pure alle porte di questo e intrapresi i lavori per minarlo; il Capitano Costes, onde evitare un'ulteriore ed inutile effusione di sangue, domandò di capitolare.

Subito fu invaso il palazzo dai Garibaldini, che non volevano dar quartiere ad alcuno, e a gran fatica poterono i loro eccessi venir fre nati dai capi.

 seguito i prigionieri erano tradotti nel Duomo, e nel tragitto, quantunque già disarmati, veniva barbaramente ucciso un soldato della Legione di Antibo, ed eran feriti un altro di essa ed un artigliere.

Garibaldi a cavallo entrava nel Duomo, e ordinava avessero fine le stragi, confessando che ai suoi la vittoria di Monte Rotondo era costata assai cara. Si crede che non avessero meno di 400 fra morti e feriti.

Inoltre i prigionieri erano scortati a Corese, e consegnati dai Garibaldini alle truppe regolari italiane che li ricevevano; e in mezzo a continue ingiurie, perché non volevano darsi per disertori, erano accompagnati sino al Forte di Varignano presso la Spezia.

Nella notte tra il 25 e 26, nell'ansietà in cui già si stava in Roma di aver notizie della guarnigione di Monte Rotondo, era stata spedita a quella volta una Compagnia della Legione Romana, comandata dal Capitano Derostu; ma essendosi questa incontrata, dopo poche miglia sulla via Salaria, con forti distaccamenti Garibaldini, deviava prendendo con molta de strezza la via Nomentana; poscia traversando i boschi, sempre nella direzione di Monte Rotondo, perveniva sotto le mura del paese, nel momento stesso in cui la guarnigione avea dovuto capitolare.

Si attaccava il fuoco tra la Compagnia Derostu e gli avamposti, allorché sopravvenendo contro di essa (che contava non più di 85 uomini) un intero Battaglione, il Derostu riusciva con lievi perdite e in buon ordine ad eseguire un'abilissima ritirata.

Appresso ciò, nelle ore pomeridiane del giorno 26, ad onta della stanchezza delle nostre truppe, partiva ancora per Monte Rodondo una colonna comandata dal Colonnello Allet, composta di alcune Compagnie di Cacciatori, Linea, Zuavi e Carabinieri con 4 pezzi di Artiglieria e uno squadrone di Dragoni (in tutto circa 1140 uomini), e si avanzava, respingendo qualche distaccamento Garibaldino, fino alla stazione della ferrovia che è in vista del paese: nondimeno, trovata la posizione di già fortemente occupata da bande numerosissime, scambiati alcuni colpi, ripiegava essa pure, se condo le istruzioni avute di non impegnarsi in un combattimento con forze troppo disuguali, prontamente sulla Capitale.

Séguito degli avvenimenti in Roma – Arrivo del Corpo di spedizione Francese – Combattimento in Mentana.

Costà infatti l'ardore con cui si vedevano proseguire le opere di difesa, e la proclamazione dello stato di assedio preoccupavano gli animi dei buoni cittadini. Nella notte qua e là ancora si udivano esplosioni di bombe, e in via della Campana un di coloro che le lanciava ne rimaneva colpito e morto. Portava sulle spalle una bisaccia di tela, entro la quale un'altra bomba; era vestito da marinaro e da nessuno conosciuto. Poscia di pieno giorno veniva proditoriamente ucciso nel Trastevere un Zuavo; e volendo poco dopo penetrare la Gendarmeria in una prossima casa, abitata da tal Ajani, fabbricatore di drappi di lana, ove si sospettava trovarsi riunite molte persone a mal fine e un ammasso di armi, incontrava la più seria resistenza, dimodoché doveva chiamare in sostegno una Compagnia di Zuavi.

Quelli che erano in casa Ajani esplodevano colpi di fuoco e lanciavano bombe dalle finestre: taluno dei Zuavi si mostrava sì coraggioso, da prendere in aria con le mani le bombe mentre erano lanciate, e due ne restavano feriti.

Alla fine la casa era occupata; diversi di quella conventicola si salvavano con la fuga, altri, che ancora facevan prova di resistere colle armi, erano uccisi e parecchi arrestati. In detta casa si rinvenivano fucili, revolver, lance, picconi, pugnali, distintivi di gradi militari e una quantità di munizioni.

Sebbene peraltro simili fatti fossero gravi, tuttavia le maggiori apprensioni venivano dopo la caduta di Monte Rotondo, dal sempre più ingrossare delle bande Garibaldine da quel lato a poche miglia da Roma; e dagli indizii, che ad ogni momento si rendevano più manifesti, di una imminente invasione per parte delle truppe regolari del Re Vittorio Emmanuele. Umiliatasi pertanto a VOSTRA SANTITA', il giorno 27 di Ottobre, la proposta di concentrare tutte le truppe Pontificie in Roma e nella Piazzaforte di Civita Vecchia, per non esporle ad essere isolatamente sopraffatte, e a maggiore tutela del la Capitale, quantunque al Paterno Suo Cuore ripugnasse che fossero lasciate anche per poco le Province in balia degl'invasori, pure nella sua alta prudenza credeva di annuirvi.

Il movimento era subito eseguito: tutte le truppe Pontificie si concentravano nei luoghi indicati, e metteansi in o pera tanto all'esterno che nell'interno ulteriori misure di precauzione. Le vie ferrate dai lati di Orbetello e d' Isoletta in varii tratti, dietro il passaggio delle truppe, erano disfatte. Collocavansi vedette sulle maggiori sommità della Capita le, per sorvegliare le mosse dei Garibaldini, di cui qualche drappello da Monte Rotondo scorreva fino alla linea dell'Aniene.

Si rompeva il ponte Salario su quel fiume. Si stabilivano alcuni avamposti nei punti più importanti fuori della città, affidandosene il comando al Maggiore Castella dei Carabinieri.

Eran disposte continue perlustrazioni di forti distaccamenti notte e giorno nei dintorni. - Si provvedea con alcune subitanee modificazioni nelle uni forme, specialmente dei Gendarmi e dei Zuavi, a prevenire, in caso di altri tentativi di sommossa, nuovi inganni. Tutta la guarnigione si teneva sempre pronta dal Generale Zappi ad accorrere al primo segnale di allarme ove, secondo il piano di difesa, era stata destinata.

L'ordine nelle Province, appena accaduto il ritiro delle truppe Pontificie (con gran rammarico delle popolazioni) non venne in alcun modo turbato; ma nel giorno 28 Nicotera si avanzava colle sue bande a Frosinone, donde passava il 29 a Velletri. Gli altri capi di bande minori Orsini, Antinori e Pianciani, invadevano Palestrina, Genazzano, Subiaco, Arsoli e Tivoli. Acerbi entrava a Viterbo.

È superfluo di ripetere che da per tutto si rinnovavano le solite violenze. Alloggi, viveri e foraggi gratuiti, spoglio delle casse e imposizioni straordinarie.

Frattanto la sera del 28 la flotta Francese, col Corpo di spedizione, era in vista nelle acque di Civitavecchia; il 29 principiava lo sbarco, e la sera del 30 una parte delle truppe Francesi giungeva in Roma.

Quasi contemporaneamente veniva a sapersi che le truppe regolari italiane si erano avanzate e aveano occupato Acquapendente, Civita Castellana e Frosinone.

L' iniqua invasione di queste truppe, se era motivo d'indignazione nell'animo di ognuno, non diminuiva punto la fiducia sull' esito dei futuri avvenimenti, e la calma in generale cominciava a rinascere.

L'accoglienza che si faceva in ogni luogo alle truppe Francesi era per parte di tutti la più festiva: proveniva ciò da un sentimento universale di gratitudine e da quelle simpatie che con la loro eccellente condotta le stesse truppe già fra noi per lo passato si erano acquistate. -

Solo nella sera del 30 aveva in Roma a lamentarsi il vile operato di un assassino che, dalla finestra di un'osteria, poco lungi dalla caserma Serristori, esplodeva un colpo di fucile contro un distaccamento di Zuavi, che andava in perlustrazione, producendo una mortale ferita al Capitano Du Fournel che lo guidava.

Duole di rammentare con quale impeto in tal circostanza la truppa irrompesse in quell' osteria, e i danni e le offese che ne derivarono, forse anche a persone innocenti, ma la colpa di ciò non potrà ricadere che sopra colui che col suo delitto ne era stato la cagione.

Il Capitano Du Fournel ben presto cessava di vivere.

Prode ufficiale, che più volte aveva dato prove del suo coraggio a fronte dei Garibaldini, e che nella stessa mattina del 30, facendo celebrare nella Basilica Vaticana una messa in suffragio di suo fratello, caduto poc'anzi gloriosamente a Farnese, manifestava con tutti il suo più vivo desiderio esser a servizio del Santo Padre!

Dopo l'arrivo del Corpo di spedizione Francese, il primo pensiero che si aveva era di ordinare il ritorno delle truppe Pontificie nelle Province; e il Generale De Courten, con una colonna composta di Gendarmi, Cacciatori, Legionari, una Sezione di Artiglieria e un plotone di Dragoni, muove va il giorno 30 per Albano verso Velletri. Nicotera nel giorno 2 Novembre abbandonava questa cit tà, dirigendosi con i suoi a Valmontone, e pareva che anche le altre bande di Orsini e di Antinori tendessero a fare un movimento di concentrazione sopra Tivoli, per avvicinarsi alle forze principali, comandate dal Generale Garibaldi fra Monte Rotondo e Mentana.

Già si era conosciuta la urgente necessità di portare contro questo un colpo decisivo, per reprimerne l'audacia e porre in tal modo un freno alle vandaliche imprese.

Quindi il Generale Pro-Ministro prendea senza indugio la determinazione di mettersi egli alla testa di una colonna di truppe, onde combattere i Garibaldini nel luogo stesso, da dove si vantavano voler procedere alla conquista di Roma.

Si lasciava perciò sotto gli ordini del Tenente Colonnello Giorgi la colonna ch'erasi diretta a Velletri, e si richiamava il Generale De Courten per dargli il comando di una brigata, che nella mattina del 3 doveva partire da Roma per Mentana.

Quanto poi ai particolari del combattimento che ivi ebbe luogo, non si crede potersi dipartire dal rapporto, che già intorno ad esso fu umiliato il 12 Novembre decorso dal Pro Ministro delle Armi a VOSTRA SANTITA', e che qui ancora, a complemento di storia, si riporta.

" . . . . . . Fatto consapevole di questo mio progetto il Gene rale in capo delle truppe Francesi sig. Conte Failly, esso mostrò desiderio di appoggiarci con una colonna di truppe Francesi, la quale soprattutto ci avrebbe guarantiti contro una sorpresa di altre bande, che in buon numero già trovavansi a Tivoli e che, in tempo informate, avrebbero potuto, nel mentre si operava verso Monte Rotondo, attaccarci alle spalle.
La colonna Pontificia, messa sotto gli ordini del Generale De Courten, fu composta nel modo seguente:

Due Battaglioni di Zuavi, comandati dal Colonnello Allet, del complessivo di teste 1500
Un Battaglione Carabinieri esteri, sotto gli ordini del Tenente Colonnello Jeannerat. 520
Un Battaglione della Legione Romana, sotto gli ordini del Colonnello Conte d'Argy 540
Una Batteria, composta di 6 pezzi d'Artiglieria, comandata dal Capitano Polani 117
Uno Squadrone di Dragoni di 4 plotoni, sotto gli ordini del Capitano Cremona 106
Una Compagnia di Zappatori del Genio, comandata dal Capitano Fabri . . . . . 80 Più Gendarmi 50
Totale N. 2913 "

La colonna Francese che ci seguiva come riserva, comandata dal Generale di Brigata Barone de Polhés, era composta del
2° Battaglione del Cacciatori a piedi, Comandante Comte.
1° Battaglione del 1° Reggimento di Linea, sotto gli ordini del Colonnello Fremont.
1° Battaglione del 29° di Linea, comandato dal Tenente Colonnello Saussier.
Due Battaglioni del 59° di Linea, sotto il comando del Colonnello Berger.
Più un plotone del 7" Cacciatori a cavallo, Comandante Wederspach-Tor.
Un plotone di Dragoni pontificii, comandato dal Sotto Tenente Belli.
Una mezza batteria d'Artiglieria, che formavano il totale di circa 2000 uomini;
di modo che il complessivo delle due colonne giungeva alla cifra di quasi 5000 uomini.

Sortimmo alle 4 antimeridiane da Porta Pia, dirigendoci al di là del ponte Nomentano, sulla strada che conduce a Mentana.
Sorpassato questo ponte, diedi l'ordine al Maggiore dei Zuavi, de Troussures, di portarsi con tre Compagnie del suo Reggimento lungo il Teverone[27] sulla via Salara, e con pre cauzione avanzando per essa, operare per quella via una utilissima diversione al nemico, mentre io l'avrei fatto attaccare dal lato opposto.
L'avanguardia della principale colonna, preceduta da un plotone di Dragoni, sotto il comando del Tenente De la Rocchette, fu composta di tre Compagnie di Zuavi, sotto il comando del Maggiore De Lambilly, e di una Sezione di Artiglieria, comandata dal Tenente Cheynet.

---

[27]L'Aniene, ndA

Il nemico, che andavamo ad affrontare, era militarmente accampato, attendendo un attacco, ed anziché accennare a ritirata, predisponeva i suoi concentramenti verso Tivoli. Prevenuto, dai suoi esploratori, delle mosse delle nostre colon ne, si accinse a farci fronte. Le barricate infatti, rinvenute tanto a Mentana, che a Monte Rotondo ed i suoi avamposti, evidentemente confermarono di essersi egli trincerato in luogo assai ben munito per attenderci.

A tre quarti circa dopo il mezzo giorno, ed a 4 chilometri da Mentana, l'avanguardia incontrava i primi posti Garibaldini, situati in posizioni favorevolissime sulle alture che dominano la strada, per la quale marciavamo.

I nostri Zuavi, senza punto esitare, si gettarono su quella prima linea del nemico, contro il quale a poco a poco tutto il Reggimento dei Zuavi veniva impegnato. In questo primo scontro non molti furono i colpi tirati, perché il nemico, rapidamente investito alla baionetta, venne ricacciato da quelle sulle altre non lontane alture. In tale primo attacco rimaneva subito vittima il Capitano De Veaux, il quale alla testa della sua Compagnia fu colpito da una palla che gli attraversò il cuore.

Questo più che impetuoso attacco venne sostenuto dal Battaglione Carabinieri esteri, del quale una Compagnia prese la sinistra della strada, mentre le altre venivano lanciate sulla dritta. In pari tempo due colonne della Legione, con un fuoco assai ben diretto, scacciavano i Garibaldini, che da un vicino bosco molestavano con una nutritissima moschetteria la colonna del nostro fianco sinistro.

Sloggiato il nemico in disordine dalle sue prime posizioni, veniva formandosi al coperto ed in forti masse entro il recinto murato della vigna Santucci; ma ivi pure i Zuavi, con irresistibile slancio, presero d'assalto il recinto ed in poco tempo se ne impadronirono.

Il Tenente Colonnello De Charette in tale occasione trovossi alla testa dei Zuavi all'attacco, e il di lui cavallo riportava tre colpi di fuoco, mentre il Colonnello Allet in tutta l'azione si sforzava a mantenere la compattezza nei suoi troppo ardenti soldati.

Fin dal principio il combattimento era stato secondato dalle scariche di un pezzo di Artiglieria, il quale situato sopra un'altura a sinistra della strada, da questa dirigeva i suoi colpi sul più folto dei nemici che si riordinavano alla vigna Santucci, e non taceva che al momento in cui il rapido avanzarsi della nostra Fanteria pericoloso ne avrebbe reso il proseguimento del fuoco.

Giunta tutta la colonna all'altezza della vigna Santucci, sopra un colle alla sinistra della strada, a circa 800 metri da Mentana, vi fu collocato un obice, il quale ben presto venne raggiunto da due pezzi rigati di Artiglieria francese, scortati da due Compagnie di Cacciatori a piedi, e con quest'Artiglieria lanciando colpi sul castello di Mentana, in pari tempo controbatterono l'Artiglieria nemica.

Quasi contemporaneamente altro pezzo di Artiglieria pontificia veniva collocato sulla strada, a 500 metri di distanza da Mentana, e giudicando che anche la vigna Santucci pre sentava un vantaggioso terreno pel collocamento di una Sezione, diedi ordine di piazzare la 3° Sezione della Batteria Polani, la quale con ottimo successo congiunse i suoi fuochi coi pezzi, a poca distanza appostati sull'altura, alla sinistra.

Nel frattanto la brava nostra Fanteria, con sempre più crescente ardore, avanzava verso Mentana, mirando di guadagnare terreno tanto sulla dritta, che sulla sinistra di questo solidissimo castello. Il nemico però avvedutosene sviluppò due forti colonne per attaccare entrambi i nostri fianchi, e vi riusciva, specialmente all'ala dritta; di modo che il Battaglio ne Carabinieri, il quale si era spinto avanti in un oliveto a pochissima distanza dall'abitato, ben presto si trovò fra due fuochi; ma non per questo, e quantunque subisse gravi per dite, per nulla cedé del conquistato terreno.

Seguiva questo Corpo, come volontario, il bravo Colonnello De Courten, il quale, quantunque da più anni ritirato dal servizio, volle a piedi come semplice soldato dividere le fatiche di tutta la campagna.

In questo attacco il Battaglione suddetto ebbe più d'ogni altro Corpo uomini fuori di combattimento, e fra questi il maggiore Castella, che essendo alla testa di alcune Compagnie di detto Corpo, ebbe il suo cavallo ucciso sotto di sé, ed egli pure vi rimase ferito.

Anche un plotone de' Dragoni, comandato dal Tenente De la Rocchette, aveva seguito una colonna di tre Compagnie della Legione, comandata dal Maggiore Cirlot, la quale dal Generale De Courten veniva diretta sul fianco dritto di Mentana, per tagliare al nemico la comunicazione con Monte Rotondo; ma la Cavalleria non poté raggiungere il fine della sua missione, stante la difficoltà del terreno.

Erano già circa le 3 e mezza pomeridiane, e fu allora che non avendo quasi più riserva, giacché il Colonnello d'Argy della Legione Romana, che sosteneva tutto il peso di sorvegliare il nostro centro, era rimasto con piccolissime forze, invitai il Generale de Polhés ad appoggiare entrambe le nostre ali. I Francesi, che impazienti sino a quel punto avevano assistito ai nostri progressi, in un attimo, coll'abituale loro valore, si slanciarono sulle colonne nemiche, le quali accennato avevano di avvilupparci.

Il Colonnello Fremont, del 1° di Linea, infatti col suo Battaglione, ed appoggiato da 3 Compagnie dei Cacciatori a piedi, non solo arrestò la colonna nemica, ma arrivato sull'estrema sinistra dei Garibaldini, aprì contro loro un fuoco tanto vivo e micidiale, che li ridusse a sollecitamente ripiegare.

Questo Colonnello ebbe di più l'ardire di spingersi sin dietro Mentana stessa, a poca distanza da Monte Rotondo, ove forse sarebbe entrato con la sua colonna prima dei Garibaldini, se non si fosse trovato troppo isolato dal rimanente delle nostre compieva egli pure analogo movimento sulla nostra sinistra. Incontrantosi egli con una colonna nemica, che con una forza di circa 1500 uomini coronava le alture di Monte Rotondo, non ostante la inferiorità delle sue forze, prese una vantaggiosa posizione per contenerla e respingerla. « Giunse pure opportunamente sul luogo dalla via lungo il Tevere, il distaccamento del Maggiore de Troussures, il quale con abilissimi movimenti, che eseguì colle sole tre Compagnie dei Zuavi, contribuì per la più gran parte ad intimorire i Garibaldini, ed a paralizzare i loro movimenti di attacco sulla nostra ala dritta.

Più tardi lo stesso Maggiore de Troussures si portò sulla strada fra Monte Rotondo e Mentana, e penetrò perfino dentro quest'ultimo paese, ove fece alcuni prigionieri. Trovata però molta resistenza, e sapendo ancora che Monte Rotondo era occupato dalle bande, traversò con grande ardire ed ugual fortuna tutta la linea nemica, e si portò sulla nostra estrema dritta, accanto al Battaglione del 1° di Linea, ove poi nella notte bivaccò.

In questo mentre una Sezione di Artiglieria, comandata dal Capitano Daudier, spingevasi fino a 300 metri sotto le mura del castello di Mentana, contro il quale apriva un ben diretto fuoco; ma questi pezzi, troppo esposti alla moschetteria nemica, corsero grave rischio di essere sopraffatti. Bravamente coadiuvati però da una Compagnia di Zuavi, tennero per qualche tempo la posizione, non senza subirne perdite, giacché in quella vi rimase ucciso il Maresciallo Conte Bernardini, e feriti due conducenti e diversi cavalli.

Nonostante ciò, questa Sezione fu ritirata intieramente e collocata in luogo più vantaggioso

La Fanteria che, da varie ore, con rarissimo slancio avea sostenuto e respinto ogni attacco, a mano a mano erasi stretta all'intorno di Mentana, che ormai chiudeva come in un cerchio di ferro, ad onta del vivissimo fuoco dei difensori appiattati dietro le mura.

Giudicai adunque venuto il momento di tentare un assalto decisivo, onde terminare l'azione, prima del giungere della notte.

Diedi quindi gli opportuni ordini e feci prevenire il Generale de Polhés, il quale col Colonello Berger mosse valorosamente alla testa del 59° di Linea, e del 2° Battaglione de Cacciatori a piedi; ed avanzando per una via, incassata sulla destra della strada maestra, a pochissima distanza dalle mura di Mentana, riusciva a scacciare il nemico dalle circostanti vigne; ma, malgrado i più eroici sforzi, non poté penetrare nel paese, munito di barricate e fiancheggiato da case isolate, tutte fortemente occupate dai Garibaldini.

Avendo osservato che lo scopo principale della battaglia di quel giorno erasi ottenuto, perché il nemico ricacciato dalle sue posizioni, dopo aver sofferto ingentissime perdite, ritirato si a Mentana, doveva colà tenersi demoralizzato ed atterrito; così convenni che, stante il subentrare della notte, fosse rimesso un nuovo attacco alla mattina susseguente; tanto più che non avendo il nemico vie libere per uscire da Mentana, era evidente che avrebbe cercato di arrendersi, invece di attendere un assalto, il quale avrebbe infinitamente aumentato le sue perdite.

Le nostre truppe pertanto, che si trovavano sparse sulle diverse conquistate posizioni e mischiate alle Francesi, furono chiamate a raccolta, e prese le volute militari precauzioni, si bivaccò, durante la notte, sul luogo stesso, che prima occupava il nemico, assicurando però con forti avamposti, tutt'attorno Mentana, che il nemico non potesse da essa sortire. « Passava la notte senz'altri avvenimenti, ed i fatti del giorno seguente comprovarono pienamente la giustezza delle mie veniva condotto al quartiere generale un parlamentario, per proporre la resa di Mentana, a condizione che i nemici avessero potuto ritirarsi con armi e bagaglio; condizione che naturalmente venne rifiutata.

Il Maggiore Fauchon del 59° di Linea aveva intanto fatto un gran numero di prigioni nelle case del sobborgo di Mentana; e siccome questa moltitudine di Garibaldini, unita ai tanti altri, catturati negli antecedenti fatti d'armi, ci davano molto imbarazzo, si trovò meno incomodo di lasciare che i rimasti difensori del castello di Mentana potessero ritirarsi senz'armi al di là della frontiera. Si seppe pure che Monte Rotondo era stato evacuato dai Garibaldini durante la notte, ed il Colonnello Fremont, con un Battaglione del 1° di Linea, seguito dal 2° Cacciatori a piedi, entrò senza colpo ferire, nelle prime ore del mattino, in Monte Rotondo, salutato dagli evviva al Santo Padre ed all'Imperatore dei Francesi.

Dolorosissimo fu lo spettacolo, che offriva allo sguardo delle nostre truppe la città di Monte Rotondo: le chiese spogliate, profanate: i cittadini atterriti dalle estorsioni e sevizie sofferte. Le truppe alleate vi vennero salutate dai cittadini con evviva festosi, e siccome a loro liberatrici.

Garibaldi, il quale coi suoi figli fu presente all'azione di Mentana, non si mostrò mai in prima linea, e allorquando vi de ripiegare i suoi su tutti i punti, incalzati dalle valorose nostre truppe, ci veniva riferito che in tutta fretta si ridusse in salvo a Monte

Rotondo, da dove nelle prime ore della notte ripassò la frontiera, cambiando in tal modo l'empio grido: «*O Roma o morte*» coll'altro: «*Si salvi chi può.*»

D'altronde bisogna convenire che i movimenti del nemico furon ben diretti, e che fidando sulla sua superiorità numerica e nelle favorevoli sue posizioni, valorosamente si difese su diversi punti ed in particolare dietro le mura e le barricate. « Le nostre perdite sommarono:

COLONNA DE COURTEN

Reggimento Zuavi, morti 24, feriti 57, fra i quali morto il Capitano de Veaux, e feriti il Tenente Jacquemont, ed il Sotto Tenente Du Jardin.
Legione Romana, 6 feriti (truppa).
Battaglione Carabinieri esteri, 5 morti, e 37 feriti, fra i quali feriti il Maggiore Castella ed il Sotto Tenente Deworschek.
Artiglieria, 1 morto e 2 feriti.
Dragoni, 1 ferito.
Totale, 30 morti e 103 feriti.

COLONNA POLHES

2° Battaglione Cacciatori a piedi, 6 feriti.
1° Reggimento Linea, 2 feriti.
29mo   "   "   5 feriti.
59mo   "   "   2 morti, uno scomparso e 22 feriti, fra i quali feriti il Capitano Marambat, ed il Tenente Blanc.
Reggimento Cacciatori a cavallo, 1 ferito.
Totale, 2 morti, 1 scomparso e 36 feriti.

Secondo le notizie avute dagli abitanti di Mentana e dai prigionieri, ed arguendo anche dalle migliaia d'armi, rinvenute tanto in Mentana che in Monte Rotondo, i Garibaldini ascendevano a circa novemila, dei quali più di un migliaio furono messi fuori di combattimento fra morti e feriti, e 1398 furono fatti prigioni, diverse centinaia furono scorte al di là della frontiera, ed il rimanente fuggì, spezzando e gettando in gran numero le proprie armi, e lasciando in nostro potere un cannone. Il risultato della vittoria era quindi il più compiuto che si potesse sperare.
Pari al valore delle truppe alleate fu la loro umanità.
I soldati d'ogni arma, quantunque estenuati dalla fatica di una marcia e di un successivo combattimento di più che 4 ore, si misero la sera stessa alla ricerca dei feriti, e ricominciarono la mattina, portando con ogni cura, tanto i proprii compagni, quanto i Garibaldini alle ambulanze, ove tutti vennero ugualmente assistiti, non solo dagli Uffiziali Sanitarii militari, ed infermieri addetti all'ambulanza, ma ben anco dall'eroica e caritatevole signora Caterina Stone, da tre Suore di Carità, e dai signori Dottore Ozanam, Visconte di St. Priest, Vrignault, e sig. Benoit d'Azy, che appositamente eransi colà portati per tale pietosa opera, e ai quali pure si unirono il Duca di Lorges e il sig. Keller.
È un dovere di gratitudine il segnalare il cordiale concorso, il valore e l'abilità del Generale De Polhés; e mi sia lecito di aggiungere il nome del Colonnello Fremont,

che si distinse per ardire e felice colpo d'occhio militare.

Debbo pure menzionare della colonna francese il Colonnello Berger, comandante il 59" di Linea, ed il Tenente Colonnello Saussier del 29°, i quali fecero parte, il primo dell'attacco a dritta, ed il secondo di quello a sinistra.

Nelle nostre truppe il Generale De Courten coi suoi Aiutanti di Campo Eugenio De Maistre, Capitano Pietro Mellara, e Sotto Tenente De Terves, i capi dei Corpi, gli Uffiziali, i Soldati fecero tutti gloriosamente il loro dovere, e sarebbe troppo lungo segnalare ogni atto isolato di eroismo.

Non posso però tacere i nomi di quelli, che animati dal nobile desiderio di combattere per la sacrosanta causa di VOSTRA SANTITA', si unirono volontariamente al Corpo di operazione.

In primo luogo debbo citare S. A. R. il Conte di Caserta, il quale fin dal principio dell'iniqua invasione si era messo a mia disposizione, con preghiera di essere impiegato ove il pericolo fosse maggiore.

S. A. R. nella spedizione di Mentana si fece ammirare dalla nostra truppa pel suo coraggio, e diede prova di di scernimento e di cognizioni militari. I Colonnelli Afan de Rivera e Ussani si mostrarono degni di seguire il lodato Principe. Il Colonnello Sonnenberg, comandante la Guardia Svizzere di VOSTRA SANTITA', fece parte dello Stato Maggiore, e rese utili servigi, prestandosi come Uffiziale dello Stato Maggiore.

I Tenenti Colonnelli Caimi e Lepri si unirono essi pure alla colonna, quantunque le piccole frazioni dei loro Corpi non comportassero la loro presenza, ed essi certamente non ismentiron in quest'occasione la bella riputazione da loro acquistata nella Campagna del 1860.

Intervennero ancora util mente, come volontarii, il Capitano De Saintenac e i Tenenti Du Tilleul e D'Ayguesvives dei Dragoni.

Il Tenente Colonnello Carpegna, egualmente impiegato al Ministero delle Armi, seguì esso pure volontariamente la colonna, prestandosi alle missioni di Uffiziale di Stato Maggiore.

Debbo infine segnalare il coraggio, lo zelo e gli utili servigi dei miei Uffiziali di Stato Maggiore: Maggiore Ungarelli Aiutante di Campo, Capitano De Maistre Francesco, Capitano Bourbon De Chalus, e Capitano De Maumigny, come l'instancabile attività del Sotto Intendente Monari, il quale colle sue giudiziose previsioni procurò alla colonna preziose risorse..

Il combattimento di Mentana, considerato come fatto d'armi, non ebbe le proporzioni di una battaglia, nondimeno produsse decisivi risultati. La disfatta di Garibaldi poneva il termine alla invasione dell'attuale Territorio Pontificio, contro la quale si lottava da cinque settimane.

Nicotera avea abbandonato i suoi a Valmontone: Pianciani sgombrava ben presto da Tivoli: Acerbi liberava della sua presenza la Provincia di Viterbo: Orsini e Antinori lasciavano gli altri paesi della Comarca.

Poco dopo anche le truppe regolari del Re Vittorio Emmanuele si ritiravano dai luoghi che avevano occupati.

Dappertutto le popolazioni immediatamente ripristinavano da per loro il Governo della S. Sede: da ogni parte affluivano a Roma gl' inviti pel sollecito ritorno delle sue truppe, le quali in tutt'i paesi erano accolte con tanta festa, con quanta desolazione nei giorni precedenti si erano vedute allontanare.

Conclusione.

Nel deporre ai piedi di VOSTRA SANTITA' il presente rapporto, il Pro-Ministro delle Armi non può a meno di esternare i sensi di ammirazione, da cui è compreso verso quei valorosi, che nei vari fatti d'armi ebbero a restare vittime, o gravemente feriti, per la difesa della più santa e della più giusta delle cause; e all'elenco dei primi già di sopra segnalati deve aggiungere (fra gli altri) i nomi del Tenente De Quatrebarbes di Artiglieria e del Sotto Tenente Deworschek dei Carabinieri, del Sergente Pascal e dei Zuavi D'Alcantara, De Hanquenet, Hugens e Moeller, che, ad onta delle più assidue cure, soggiacquero alla gravezza delle riportate lesioni.

Il Moeller aveva gettato a Mentana il suo bonetto nel più folto dei Garibaldini, gridando ai suoi compagni con un eroico coraggio: «*Andiamolo a prendere*», e nel darne pel primo l'esempio cadeva semivivo oppresso dai colpi.

Tra i feriti poi ha da ricordare il Conte Odoardo Raczynski, il quale volle segnare la capitolazione di semplice Zuavo nella sera avanti la partenza per Mentana, onde essere ammesso a prendere parte a quel combattimento, in cui lasciava poco men che la vita, e il Caporale Bugnard dei Carabinieri, che ferito cedeva generosamente la poca bevanda, che gli restava nel fiaschetto e di cui sentia gran bisogno, ad un Garibaldino che giacendo presso di lui più gravemente ferito chiedeva dell'acqua.

Nel riferire sì gran numero di fatti molti individui, forse meritevolissimi pure di una speciale menzione, saranno stati dimenticati.

Basterà però qui ad onore di ognuno solennemente dichiarare, che tutte le truppe di ogni arma adempirono nel modo più lodevole il loro dovere, e che tutti servizii inerenti furono sempre con prontezza e diligenza ordinati ed eseguiti, e ciò durante un'invasione, la quale pel tempo che si prolungò, per gli estesi confini che costrinse a guardare, e per i tanti assalti e combattimenti cui dette luogo, impose al piccolo esercito Pontificio i sacrifizii di una formale campagna.

In tal circostanza infatti è ben grato di poter affermare che se le cure prodigate negli ospedali, nelle ambulanze e nei luoghi stessi dei combattimenti dagli Ufficiali Sanitarii e dalle Suore di Carità in pro dei feriti, furono degni di speciale encomio; non fu minore lo zelo ivi parimente spiegato dai Cappellani militari nel disimpegno del loro Ufficio; sicché a niuno mai mancarono i conforti di nostra santa Religione, e non pochi furono i Garibaldini che, mossi dalla loro pietà, ne accettarono il ministero per ricevere i Sacramenti negli ultimi istanti della vita.

Monsignor Cappellano Maggiore, nel mostrarsi soddisfatto dell'opera di ognuno dei medesimi, credette particolarmente di notare i Cappellani D. Luigi Galanti, D. Giulio Daniel, D. Augusto Berard, e D. Paolo Bastide, ai quali si è in dovere di aggiungere i nomi dei PP. Domenicani Legiers e Vannutelli, dei PP. Gesuiti de Gerlache e Wilde, dei Monsignori Stonore Sacré, del sacerdote D. Eugenio Psigné di Nantes, e del P. Anselmo Minore Osservante, che o per la speciale cognizione delle lingue erano stati invitati, o per essersi da sé stessi offerti erano stati accolti in aiuto dei Cappellani militari, coi qua li gareggiarono nell'esercizio del sacro Ministero.

Mercé la solerzia dell'Intendenza, in tanti movimenti che si fecero dalle truppe, non vi fu mai difetto né di viveri, né di foraggi, né di mezzi di trasporto.

La Gendarmeria prestò un servizio, superiore a qualunque elogio. Mentre prese parte coraggiosamente all'esterno colle altre truppe a quasi tutt' i combattimenti che si ebbero a sostenere, fu in Roma, sino agli ultimi momenti, sotto l'energico comando del Colonnello Evangelisti, la più valida tutela dell'ordine interno.

La Guardia Palatina d'onore contribuì anch'essa volonterosa ad alleviare i servizii delle altre truppe nella Capitale.

La Marina e la truppa di Finanza, l'una col guardare indefessamente la lunga linea della spiaggia del Mediterraneo da sbarchi clandestini, l'altra concorrendo sovente a respingere la invasione, furono di un utile sussidio.

Che dire inoltre di quella Guardia Urbana, che nei giorni più difficili si formava in Roma, pel nobile impulso del Principe Lancellotti, del Duca Salviati e del Marchese Patrizi?

Una eletta di persone, dando saggio ad un tempo di vera affezione al Governo Pontificio e di cristiana carità, prima si vedea dividere colle altre truppe i più importanti servizii nella città; indi recarsi sui campi di Mentana, per raccogliere e trasportare senz'alcuna distinzione i feriti; infine prestare ad essi ogni sorta di uffizii negli ospedali.

Il Conte de Christen vi prendea parte egualmente, con una eletta di Volontarii forestieri.

La regolarità dei servizii delle vie ferrate e dei telegrafi, nel l'intero corso degli avvenimenti, influirono eziandio non poco al buon andamento dei medesimi, per la rapidità dei trasporti, del personale e del materiale, e per la istantaneità e segretezza delle comunicazioni. Insomma, al termine della invasione, si aveva la soddisfazione di vedere ch'eran rimasti in potere delle truppe Pontificie circa 2000 Garibaldini, molte bandiere, non meno di 5000 fucili (senza contarne un gran numero che furono distrutti) rivolte, bombe, accette ed una gran quantità di armi bianche, di munizioni da guerra e di effetti di buffetteria.

Le cause cui si deve attribuire il conseguimento di sì felici risultati, furono in primo luogo: la fermezza e la serenità del l'animo, costantemente mostrata da VOSTRA SANTITA', che fu a tutti di luminoso esempio!

In secondo luogo: la fedeltà e il contegno delle popolazioni: il concorso previdente e concorde di tutte e singole le autorità: il valore e l'abnegazione delle truppe d'ogni Corpo ed arma: l'arrivo del Corpo di spedizione Francese, nell'istante del maggior pericolo: i numerosi errori del nemico, che d'altronde non si ha qui il còmpito né l'interesse di specificare.

BEATISSIMO PADRE.

Molto senza dubbio ebbe a soffrire il cuore di VOSTRA SANTITA', nell'attraversare fra tante angustie giorni così gravi; ma non Le sarà mancata neppure qualche consolazione, nel mirare la gara con cui tutte le Nazioni cattoliche volevano essere rappresentate nelle Sue truppe, e come tante famiglie (dalle più illustri alle più umili) aspiravano all'onore di farvi ascrivere i proprii figli.

Queste truppe ebbero la sorte ora di rendere un solenne omaggio di devozione e di fedeltà alla sacra Persona di VOSTRA SANTITA', come Pontefice e come Re; ed ebbero insieme la gloria di segnare, col successo delle loro armi, il principio dei nuovi trionfi della gran causa dell'ordine pubblico. Implora dopo ciò, il Pro-Ministro delle Armi sopra le truppe di VOSTRA SANTITA', e sopra di sé la Sua Apostolica Benedizione.

Roma, 28 Decembre 1867.

                DELLA SANTITA' VOSTRA.
             (f.) Umo Devimo Obbimo Suddito
                   ERMANNO KANZLER
           Generale, Pro-Ministro delle Armi.

Garibaldi a Mentana dirige il fuoco dei due cannoni garibaldini contro i pontifici. Il generale indossa un cappello alla calabrese anziché il tipico cappello rotondo. Alle spalle di Garibaldi si vede il suo Capo di S.M. Nicola Fabrizi, in abito civile ma con *kepi* rosso (dis. di Quinto Cenni basato sui ricordi dei veterani presenti alla scena).

RAPPORTO DEL COLONNELLO MENOTTI GARIBALDI, AL GEN. GIUSEPPE GARIBALDI SULLA BATTAGLIA DI MENTANA.

Firenze, 20 novembre 1867.

GENERALE,

Dietro ordine ricevuto nella notte del 2 al 5 novembre dal co mando del quartier generale, di disporre in ordine di marcia per le ore 11 12 ant. del giorno 5 il corpo da me comandato, diramai con apposito ordine del giorno le necessarie disposizioni, comunicate nella notte stessa a tutti i signori comandanti di colonna, affinché le colonne tutte si trovassero pronte a marciare nell'ora indicata.

Debbo premettere avanti a tutto che dopo la nostra vittoria di Monterotondo, avvenuta dal 25 al 26 ottobre, le male arti dei partiti avevano gettato in mezzo ai nostri generosi volontari la diffidenza ed il sospetto di non poter entrar in Roma: anzi vi furono molti che con turpissimi mezzi avevano fatto tal lavoro negli animi dei volontari anco onesti, da farli defezionare in gran numero, tutti i giorni.

E quindi della forza di 8000 uomini circa, che si era potuto raggiungere giorni prima del fatto di armi di Mentana, ne trovammo presenti al combattimento appena 4529.

Dal che evidentemente apparve che anziché i nemici che combattevamo sul campo dovevamo temere quelli che si erano intrusi dai nostri avversari.

Premetterò pure che i bisogni più urgenti del nostro corpo erano principalmente le munizioni, le scarpe, le coperte e le giberne: ora, siccome durante la notte del 2 al 5 era arrivata parte di cotesti oggetti, ordinai che nella mattina susseguente se ne facesse equa ripartizione, il che portò qualche ritardo a taluni battaglioni nella loro formazione di marcia.

Dopo essere rientrati in Monterotondo dalla nostra escursione su Roma, erano giunte voci che il nemico si preparasse per muovere contro di noi.

Ordini i più precisi erano dati al comandante il secondo battaglione della prima colonna, signor maggiore Ciotti, stanziato in Mentana, che nella notte raddoppiasse la vigilanza degli avamposti, spingendo pattuglie di ricognizione, e nel caso che verso l'alba venisse attaccato, resistesse energicamente e mandasse ad avvertire. Egli fu poco esatto a questi ordini di sorveglianza.

Le forze che io avevo l'onore di comandare si distribuirono nel modo seguente:

No due pezzi d'artiglieria conquistati nella presa di Monterotondo, con sole 70 cariche. Una compagnia del genio della forza di 40 uomini, comandata dal capitano signor Amici Aurelio.

- Un corpo di guide di 50 cavalieri, dei quali però unicamente montati venti, e questi stessi ridotti a 12 per lo stato dei loro cavalli, parte dei quali frazionati in servizio nelle varie colonne, comandati dal signor Ricciotti Garibaldi.

Tre battaglioni bersaglieri comandati, il primo dal capitano signor Luigi Stallo;
il secondo dal maggiore signor Antonio Burlando;
il terzo dal tenente colonnello signor Missori, al quale era aggregata la compagnia dei carabinieri livornesi, comandata dal signor capi tano Mayer,
il tutto della complessiva forza di 700 uomini.

Più la prima colonna comandata dal tenente colonnello signor Federico Salomone, formata di quattro battaglioni: il primo comandato dal maggiore signor Vecchi; il secondo dal maggiore signor Ciotti il terzo dal maggiore signor Ravelli ed il quarto dal maggiore signor Marini: il tutto della complessiva forza di novecento uomini.

La seconda colonna comandata dal tenente colonnello signor Frigesy Gustavo, formata di quattro battaglioni: il quarto comandato dal signor Tanara Faustino; il quinto dal capitano sig. Maggiolo; il sesto dal maggiore signor Rovighi Giulio; il tredicesimo dal capitano signor Cella; più due compagnie volanti comandate dal maggiore signor Sgarallino Iacopo: il tutto della complessiva forza di ottocento uomini.

- La terza colonna comandata dal maggiore signor Valzania, formata di tre battaglioni: il settimo comandato dal maggiore signor Sabattini ; l'ottavo comandato dal maggiore signor Marani; il nono comandato dal signor Antongina: il tutto della complessiva forza di 800 uomini.

 - La quarta colonna comandata dal maggiore signor Cantoni, formata di tre battaglioni: il decimo comandato dal maggiore signor Nodari; l'undecimo dal maggiore signor Ferrero; il dodicesimo comandato dal signor maggiore Gigli; il tutto della complessiva forza di 650 uomini.

La quinta colonna comandata dal tenente colonnello signor Paggi, formata di tre battaglioni: il quindicesimo comandato dal maggiore signor Vannutelli Orazio; il sedicesimo dal maggiore signor Buzzi; il diciassettesimo dal capitano signor Rambosio; il tutto della complessiva forza di 900 uomini.

La sesta colonna comandata dal colonnello signor Elia Augusto, formata di tre battaglioni: il 18o comandato dal maggiore signor Perlach Pietro; il 19o dal maggiore signor Ghedini; il 20° dal maggiore signor Bernieri Cesare: il tutto della complessiva forza di 750 uomini.

 - Tre battaglioni sciolti, cioè il 21o comandato dal maggiore signor Nisi;
il 22o dal maggiore signor Ravizza;
il 25o dal maggiore signor De Filippi; il tutto della complessiva forza di 650 uomini.

Finalmente due compagnie volanti comandate dal maggiore signor Andreuzzi della forza di 200 uomini.

 Sicché la forza totale numerica del corpo del centro da me comandato, rilevata dalle situazioni serali del 2 novembre, ammontava a 6429 uomini, dei quali non presero parte attiva nel fatto d'arme i battaglioni seguenti:

- I tre battaglioni della colonna Paggi, di 900 uomini, che trovavansi dislocati da parecchi giorni; il 15o comandato dal maggiore signor Vannutelli a Monticelli; il 16o dal maggiore signor Buzzi a Sant'Angelo in Capoccia, ed il 17o comandato dal capitano signor Rambosio sulle alture di Monte Porci e Monte Lupari, destinato a sorvegliare gli stradali di Nomentana e Tiburtina.

Qui non posso a meno di osservarle che il comandante la detta colonna dovrebbe rendere conto del come il 17o battaglione non coprisse, giusta gli ordini ricevuti, le posizioni di Monte Porci e Monte Lupari che precisamente stanno sulla destra della via che doveva percorrere il nostro corpo e che dista due chilometri circa da Mentana. Questo fu un errore fatale.

Più il 14o battaglione facente parte della prima colonna e comandato dal maggiore signor Marini, della forza di 500 individui, che trovavasi in Tivoli.
Nonché il 20o battaglione della colonna Elia comandato dal maggiore signor Bernieri della forza di 577 individui, che trovavasi a Monterotondo al servizio della piazza; e le due compagnie volanti forti di 200 uomini comandati dal maggiore signor Andreuzzi che trovavansi sulla destra del Tevere a Castelnuovo.

Per cui, dedotta la forza di 1777 uomini, complessivo dei battaglioni suddetti, rimane il totale dei combattenti a 4652 uomini che trovavasi in Monterotondo in attitudine di marcia. Due ore prima di marciare ordinai (in esecuzione all'ordine del quartier generale) che il primo battaglione bersaglieri comandato dal bravo capitano signor Stallo, fosse spedito in avanti come fiancheggiatore per esplorare il lato destro della strada da Mentana a Tivoli, destinandogli all'uopo l'ingegnere di stato maggiore signor Viviani, romano, conoscitore di quei luoghi, e precisamente della strada che dovevamo percorrere, e munito di un buon cannocchiale e di carta topografica; ingiungendo, con verbali istruzioni, al comandante del battaglione che partissero un'ora prima di quella stabilita per l'intero corpo.
Gli ordinai pure che appena uscito da Mentana mandasse sui fianchi, alle alture delle colline, grosse pattuglie di fiancheggiatori, con l'istruzione di ritirarsi sulla nostra via, allorquando sarebbe oltrepassato l'intero corpo. Infine l'avvertii che la sua marcia aveva per iscopo di coprire il nostro fianco destro, da dove si presumeva che il nemico ci avrebbe potuto attaccare; e venendo attaccato resistesse energicamente e ne mandasse immediatamente avviso.
Ma anco questo servizio fu imperfettamente eseguito. A quel battaglione faceva seguire, come avanguardia, gli altri due di bersaglieri, uno comandato dal tenente colonnello signor Missori e l'altro dal signor maggiore Burlando.
Dopo mezz'ora circa di marcia, ordinai pure che la compagnia di carabinieri livornesi (aggregata al battaglione Missori, della forza di 70 uomini, tutti scelti soldati) marciasse anch'essa sul nostro fianco destro. Ordinai infine che la trovavano già in pronto per marciare, come di fatto arrivato il comando generale alla testa delle medesime, dietro suo ordine, s'in cominciava la marcia.
Dopo tre quarti d'ora di cammino, e precisamente alle 12 , usciti appena con la testa dell'avanguardia da Mentana, fui avvertito che il battaglione Stallo, che doveva proteggere la nostra marcia sul fianco destro, era stato vigorosamente attaccato da un

considerevole corpo di zuavi papalini sul lato destro e di fronte, e che da bravo resisteva al primo impeto contro un nemico molto superiore di forze.
Allora, d'ordine del Comandante in capo, fermai la colonna, e feci marciare in avanti il secondo battaglione, comandato dal maggiore signor Ciotti, come sostegno, trovandosi già formato in battaglia nel paese di Mentana, facendogli occupare il colle avanzato sulla sinistra dalla strada, e precisamente la villa Santucci.
Intanto il comando in capo faceva avanzare il secondo e terzo battaglione bersaglieri per sostenere i due battaglioni impegnati nella mischia, occupando le colline alla destra dell'istessa strada.
La lotta fu impegnata tremenda, perché il nemico veniva rinforzato continuamente da nuove truppe. I corpi azzuffatisi dei volontari gli disputavano passo a passo il terreno, ripiegando ordinatamente per le esuberanti forze nemiche fino sotto il paese di Mentana.
Il Generale in capo frattanto ordinava che si avanzassero i nostri due pezzi d'artiglieria, e venissero piazzati sul colle in linea a destra di Mentana; contemporaneamente faceva collocare la seconda e sesta colonna sulla strada del paese con ordine di formare una barricata e di occupare i pagliai in avanti del paese verso la direzione del nemico.
Ordinava pure che la terza colonna prendesse posizione sui colli di destra in linea di Mentana, ed i tre battaglioni sciolti 21o 22o e 25o sui colli all'estrema sinistra del paese stesso; infine che la quarta colonna Cantoni, formante la retroguardia, rimanesse ferma di ri serva ove trovavasi sulla strada fra Mentana e Monterotondo; ed i due battaglioni della prima colonna pure di riserva all'entrata del primo paese. La nostra artiglieria frattanto, piazzata in favorevole posizione, tirava con effetto sul nemico, il che veduto dal Comandante in capo, diede ordine per una carica generale che fu immediatamente eseguita su tutta la linea. -
Posso assicurare francamente con orgoglio che poche volte vecchi soldati, al comando d'attaccare alla baionetta, siansi slanciati con tanto valore ed entusiasmo.
Tanto fu compatto e vigoroso l'assalto, che il nemico si pose in dirotta fuga, lasciandoci padroni del campo. La vittoria dei volontari pareva assicurata, quando rapidamente vidi muovere due fortissime colonne nemiche, le quali, protette dal fuoco delle loro artiglierie, che battevano contro le nostre due ali, si stendevano una a destra e l'altra a sinistra, e minacciando i nostri fianchi si avanzavano in linea di Mentana.
Tale era però la distanza che mantenevano nell'avanzarsi, che i nostri fucili non potevano offenderle, mentre la loro artiglieria continuava a fulminarci, e i loro fucili ci dirigevano una grandine di proiettili che spargeva la morte nelle nostre file.
Il corpo di destra del nemico si avanzava in colonne per compagnie, tentando di girare il nostro lato sinistro. I nostri, rinforzati dal decimo battaglione comandato dal maggiore Nodari, fecero una osti nata resistenza; ma sopraffatti dal numero e mancanti di munizione, dovettero indietreggiare. La nostra artiglieria pure taceva, perché aveva esauriti i suoi settanta colpi, unica dote che possedeva, e allora il corpo intiero cominciò a ripiegare.
Il Comandante in capo, vedendo l'impossibilità di sostenere più la nostra sinistra, e il pericolo quindi di essere circondati, seguì la ritirata della gente su Monterotondo, che fu eseguita lasciando alcune centinaia di volontari che si difesero valorosamente sino a notte nel paese di Mentana.
Arrivati col nerbo delle nostre forze all'altezza del convento dei Cappuccini ove già

trovavasi dal principio della ritirata il 12o battaglione, il Generale in capo vi lasciò un rinforzo coll'ordine di occupare altre posizioni, il che fu subito eseguito.

Arrivati a Monterotondo, lo stesso Generale in capo ordinò l'occupazione della stazione e del casino Ramorino.

Ordinava pure la costruzione di nuove barricate, e che il rimanente delle nostre forze prendesse posizione fuori di Monterotondo.

Così disposti stavamo pronti a ricevere di nuovo il nemico. Erano circa le ore 5 della sera quando l'ala sinistra del nemico, protetta dalle vallate, si presentava in direzione dei Cappuccini, di dove, scambiata ancora qualche fucilata coi nostri avamposti, retro cedeva e si accampava alle falde dei colli di fronte alle nostre posizioni.

Mentana non poté essere vinta che nel giorno 4 successivo, dopo onorevole capitolazione fatta colle nostre poche forze rimaste a difenderla.

I nemici per l'inoltrarsi della notte si accamparono ed accesero grandi fuochi e fino ad ora tarda regnò un perfetto silenzio. Verso le ore otto di sera il generale Garibaldi ordinava che l'intero corpo si mettesse in marcia per la strada che da Monterotondo conduce a Correse: il che fu eseguito. territorio pontificio sino al giorno appresso; quando per ordine del Generale in capo, motivato al certo da ragioni politiche, veniva imposto lo scioglimento dei corpi volontari con la consegna delle armi alle autorità militari italiane di Correse. Da parziali rapporti ricevuti si deplora circa 500 uomini tra morti e feriti. Mi riservo di darle un elenco di coloro che meglio si d - stinsero nel combattimento, non potendolo ora fare per la mancanza dei rapporti di parecchi comandanti di battaglioni. Non posso chiudere il presente rapporto senza rivolgere una parola di sincera lode e di fraterno affetto a tutti i volontari che con me divisero fatiche e gloria. Se non completammo l'unità della patria non fu nostra la colpa. Se lo straniero burbanzoso umilia la bandiera italiana, ricada la responsabilità su altri, non su noi che in po chi bastammo se non altro a difenderne l'onore.

E gli italiani con orgoglio possono ricordare il sangue versato da Monte Rotondo a Mentana.

M. GARIBALDI
già Comandante il Corpo d'operazione del Centro nella Campagna insurrezionale romana

Il maggiore Eugenio Valzania, comandante della 3a Colonna di volontari.

MAGG. EUGENIO VALZANIA:
LA TERZA COLONNA DI VOLONTARI NELLA CAMPAGNA DELL'AGRO ROMANO

(...) Il 17 [ottobre], radunata la nostra gente, alle ore cinque pomeridiane partimmo colle due colonne da Terni per Calvi, dove contavamo di completare la nostra organizzazione.

La marcia fu lunga e disastrosa, poiché sempre in mezzo ad oscure macchie ci fu d'uopo di superare gli erti dirupi delle montagne di Sabina. Finalmente, dopo la mezzanotte, giungemmo al paese, dove erano stati preparati i quartieri, per cui la nostra gente ebbe agio di ristorarsi dalla fatica di questa prima marcia.

Presentati i rispettivi ufficiali, distribuite le armi e data lettura del primo ordine del giorno.

Mentre stanziavamo a Calvi, ci raggiunse un centinaio di Romagnoli, fra cui sessanta Cesenati, che furono ripartiti fra le due colonne.

Alla mia poi si aggregò un picchetto di sei guardie di finanza con un sergente, che ci recarono utile grandissimo per la conoscenza dei luoghi nelle marcie successive, e che si batterono coraggiosamente quando avemmo la fortuna di scontrarci coi mercenari del Papa.

Così organizzate le due colonne, Caldesi ed io decidemmo di porre tosto in esecuzione il nostro piano. Consisteva questo nel recarsi alla stazione ferroviaria di Stivigliano, impossessarsi d'un convoglio e spingersi più avanti che fosse stato possibile nel territorio pontificio.

Ma un nostro ufficiale colà spedito, nella notte del 19, ci recava la notizia che i nemici, avuta contezza della direzione della nostra marcia, si erano recati con due cannoni e 1000 uomini per attraversarci il passo sulla strada verso Orte, e che la ferrovia in più punti era stata rotta, ponendoci così nel l'impossibilità di servircene.

Fu d'uopo quindi di cangiare disegno, e di comune accordo con Caldesi stabilimmo di recare sollecitamente aiuto a Menotti Garibaldi, comandante in capo, per mandato del generale, di tutte le forze rivoluzionarie che trovavansi in campagna, il quale, dopo il fatto d'arme di Monte Libretti, si era ritirato a Scandriglia, nel nostro territorio, per organizzare i suoi e provvederli di quanto mancavano.

Alle ore otto antimeridiane del 20 potemmo partire da Calvi, non ostante la pioggia che imperversava. Fermammo prima la nostra gente a Monte Buono, poi, toccate le Rocchette, facemmo un'altra sosta di un'ora a Torri, ed alle cinque di sera giungemmo a Cantalupo, dove si pernottò.

All'alba del 21 lasciammo questo paese; durante la marcia piovve sempre; giunti sotto Poggio Mirteto, la colonna di Caldesi procedette sino a San Valentino, mentre la mia guidai a Poggio Catino.

Non potemmo sostare a Poggio Mirteto, perché vi stanziava un reggimento di granatieri. In quei poveri alpestri casali la mia gente poté appena trovare un tozzo di pane.

Dopo un'ora partii per Bocchignano, dove giunsi alle tre pomeridiane; quivi trovai la colonna Caldesi, che non aveva potuto procedere sino al Convento della Farfa, perché le nostre marcie erano osservate dall'esercito italiano.

Infatti quattro squadroni di cavalleria, a quanto ci dissero, erano diretti a Montopoli, per Bocchignano erano passati i granatieri, e la Farfa, dove le nostre colonne dovevano ricongiungersi, era occupata dai bersaglieri.

In Bocchignano adunque, lurido ammasso di case, posto in terreno montuoso, i cui abitanti girando alla notte, per non rompersi il collo, usano rischiararsi la via con tizzoni ardenti, fummo costretti di pernottare.

Ma la mattina del 22 procedemmo innanzi, traversammo la Farfa, ché i bersaglieri non ci contrastarono il passo, e giunti sotto il paese di Fara, posto sulla vetta del monte, scendemmo a Coldadino, ove si giunse sul mezzodì. Qui pure, per la ristrettezza del luogo, mi convenne disgiungermi da Caldesi, e portai la mia colonna a Canneto, casale che dista cinque chilometri dal primo. Alla mattina del 23, ripassando dal Coldadino, ripresi unitamente a Caldesi la marcia. Alle undici giungemmo in una prateria circondata da selve.

Erano le macchie dei Monti Maggiori sui confini che noi stavamo per varcare. In questo posto le due colonne si fermarono per ordinarsi, e sul mezzogiorno, spedita la prima compagnia della mia colonna perché nel folto della selva fiancheggiasse la marcia di tutto il resto che procedeva serrato, sconfinammo felicemente, quantunque molestati da una pioggia dirottissima, e giungemmo alla strada ferrata fra Passo Corese e Monte Rotondo, dove accampammo la nostra gente.

Da questa posizione spingemmo la quarta compagnia della colonna Caldesi fino alla stazione di Monte Rotondo, per troncarvi il telegrafo e guastarvi la strada, e restammo in attesa di notizie.

In breve ce ne pervennero di importanti: a Roma il 22 era scoppiato un moto insurrezionale che fu subito represso, a Passo Corese era giunto Garibaldi stesso, nonché suo figlio Menotti colla sua colonna.

Queste notizie ravvivarono tosto gli spiriti dei nostri volontari, che la pioggia e le disastrose marcie avevano ridotti in triste stato.

[Presa di Monterotondo]

Richiesto dal generale, volai a lui, e ne ebbi istruzioni; tornato al nostro accampamento, porsi il suo saluto ai nostri, che ne furono entusiasmati. Nella notte stessa ritornava dalla stazione di Monte Rotondo la compagnia già spedita colà, che felicemente era riuscita nell'impresa affidatale, portando seco undici prigionieri pontificii. Questa operazione riuscì poi vantaggiosissima alla ritirata di molti valorosi compagni del l'eroe di San Giuliano, i quali, liberata quella stazione dal presidio pontificio, poterono liberamente da questo punto congiungersi con noi. Sul mezzogiorno del 24, le nostre colonne, passate in rassegna dal generale, riconducemmo a Monte Maggiore.

Quivi Garibaldi affidò a me ed a Caldesi un colpo di mano su Monte Rotondo, da compiersi la notte medesima, mentre la mattina seguente altre colonne ed il generale stesso sarebbero venuti in nostro soccorso.

Secondo le prese intelligenze, alle ore nove di sera staccammo in silenzio la marcia da Monte Maggiore per recarci col mezzo di un'esperta guida in luogo detto la Torraccia, poco distante da Monte Rotondo, dove ci aspettava uno del paese, che doveva in dicarci i punti più favorevoli per piombare nella città.

Nell'oscurità della notte, a mezza marcia, scomparve la guida, e perdemmo anche l'avanguardia, colla quale essa procedeva. Smarrimmo quindi la via, e ci fu forza ritornare sullo stradale di Roma, e marciare direttamente su Monte Rotondo.

Alle cinque del mattino del 25 giungemmo sotto il paese.

La nostra gente da un giorno intero non aveva toccato cibo, da due notti non aveva riposato, pure si mostrò pronta ed ardita; però il colpo di mano era divenuto impossibile in causa del tempo perduto nella marcia della notte. Feci allora avanzare sulle colline, alla destra di Porta San Rocco, due compagnie della mia colonna, comandate da due esperti capitani, la 1a e la 2a, le quali, giunte a poca distanza dal convento di S. Maria, cominciarono il fuoco, mentre la sinistra veniva attaccata da Mosto coi suoi bersaglieri, e più tardi, dal lato dei Cappuccini, dalla colonna Frigesy.

Allora feci avanzare il resto della mia colonna e quella di Caldesi fino al convento di S. Maria, che giace dirimpetto alla Porta San Rocco, da cui tutti i nostri poterono rispondere al fuoco nemico.

Monte Rotondo era occupato da circa 600 fra papalini, antiboini, dragoni e carabinieri. Avevano due cannoni, armi di precisione, ed erano trincerati in guisa da non poter essere offesi, in posizione fortissima. Noi eravamo in numero maggiore, ma con armi molto inferiori, con poche cartucce e combattenti allo scoperto; non è quindi a meravigliarsi se la lotta fu così accanita, fatale a buon numero dei nostri, e se i nemici opposero una resistenza di ventisette ore. Alla mia colonna toccarono gravi perdite, perché dovetti combattere sempre alla Porta San Rocco, dove fu impegnata maggiormente la lotta.

Verso la sera del 25 noi ci trovavamo alle stesse condizioni del mattino.

I nostri non erano scoraggiati, ma pesava ad essi di vedersi cadere al fianco i compagni, senza che loro fosse possibile il vendicarli.

Fu allora che Garibaldi, con quelle sue parole che fanno dei volontari tanti leoni, disse: *Bisogna vincere!* E dava ordine di preparar legna per le barricate volanti da trasportarsi sotto la Porta San Rocco, ed a me raccomandava le disposizioni per l'assalto che doveva eseguirsi la notte.

Nell'imbrunire incaricai il luogotenente Pratelli, uno dei miei più arditi ufficiali, di recarsi con un carro di legne e zolfo sotto la porta.

Ei ne venne a capo, bravamente aiutato anche da altri volontari bersagliati dalla moschetteria nemica.

Alle ore otto di sera, la Porta San Rocco cominciò ad ardere.

Io vi avea spinto due compagnie della mia colonna, l'una comandata dal bravo capitano Gioachino Sabbatini, l'altra da Claudio Sabbatini di Sogliano, che poco dopo eroicamente cadeva, colpito da una palla che gli tra verso il collo.

A questa ferita mortale il prode giovane non sopravvisse due giorni. La perdita di sì eletto ingegno, di sì generoso repubblicano, fu meritamente compianta da tutti i buoni, ed io che lo ebbi sempre carissimo, ne fui desolato. E qui fa d'uopo ch'io segni pure una parola d'encomio a queste due compagnie, la 1a e la 3a della mia colonna; esse si portarono egregiamente, ché oltre ad aiutare l'operazione dell'incendio, poterono dalle barricate offendere il nemico, che dalle finestre, a sinistra della Porta medesima, tentava d'impedire che si alimentasse il fuoco.

Tentai di introdurmi in città ordinando la scalata, ma la mura di cinta, che trovai molto alta nell'interno, e la mancanza di convenienti attrezzi me la resero impossibile. Tutte queste operazioni ci costarono sacrifizi immensi; non uno però venne meno al suo dovere.

Ricciotti Garibaldi stesso, impavido come di solito, in mezzo alle palle andava incoraggiando i volontari.

Con due piccoli cannoni che si trovarono a mia disposizione finimmo di abbattere la porta, la quale verso la mezzanotte cadde in frantumi.

Così fu aperto l'adito al paese, e poco di poi si procedette all'assalto, irrompendo nelle vie ed invadendo le case.

I nemici tutti si erano ritirati in castello; soltanto i dragoni, rinchiusi nella loro caserma, si arresero senza opporre resistenza.

Non era giorno ancora quando noi divenimmo padroni della città, e si ebbe qualche ora di calma. Ma sull'albeggiare i papalini cominciarono a tirare furiosamente sulle vie dominate dal castello, gremite di garibaldini.

Allora si eresse una barricata in faccia al duomo, e li cingemmo d'ogni intorno, cosicché, minacciati anche dal fuoco che aveva già invaso l'atrio del castello, alle ore nove innalzarono sulla torre del castello la bandiera bianca.

Incaricato dal generale e da Menotti, mi recai al castello col mio capitano Gioachino Sabbatini per capitolare.

Giunti nella corte, trovai schierati in ordine militare i pontificii coi loro ufficiali, ed ebbi a far molto per impedire l'ingresso ai volontari che volevano irrompere.

Mentre stavo trattando della resa, sopraggiunse il generale coi figli, che riuscirono a frenare l'impeto dei nostri.

Tutto il presidio, molte armi e munizioni, due cannoni e cinquanta cavalli vennero in nostre mani; i prigionieri furono scortati da una compagnia dei nostri volontari fino a Passo-Corese, ove vennero consegnati ai soldati italiani.

Intanto era corsa la voce che un buon numero di zuavi si avanzasse fino a Monte Rotondo, ed infatti a poca distanza dal paese si udivano diversi colpi di fucile.

Raccolsi allora quanta più gente mi fu possibile della mia colonna, e mi portai nelle vigne che dominavano lo stradale romano. Quivi mi vennero diretti alcuni colpi, che sulle prime esitai a credere provenienti dai nemici.

Non tardai però ad accorgermi che si trattava di una compagnia di papalini, che non ebbe tempo di ritirarsi in castello cogli altri.

Alcuni di questi furono fatti prigionieri, altri scamparono a Roma alla spicciolata e mal ridotti.

La persona proveniente da Roma ci assicurava, oltre a recarci tale notizia, che una colonna di circa 1000 zuavi partiva con due pezzi d'artiglieria da Roma, la mattina del 26, per venire in soccorso, di Monte Rotondo.

Difatti sul mezzogiorno la colonna di Salomone, che stanziava alla stazione di questo paese, venne attaccata dai zuavi, i quali però non appena conobbero che Monte Rotondo si era reso in nostro potere, si ritirarono di bel nuovo entro Roma. Così ebbe termine la gloriosa giornata di Monte Rotondo, la quale se da una parte ci costò molte perdite e fu causa che molto e nobilissimo sangue fosse sparso, per l'altra dimostrò al mondo intero che un pugno di giovani affranti dalle fatiche, dalla fame, dal freddo, solo animati dal santo pensiero della patria, fossero capaci di vincere le agguerrite e fortificate genti nemiche, per cui militavano tutte le favorevoli circostanze, tranne quella del numero.

Garibaldi stesso dimostrò come rimanesse contento de' suoi volontari di Monte Rotondo, e questo tornò ad essi gratissimo compenso.

Quanto a me, non posso che tributare un elogio amplissimo a tutta la mia gente, in ispecial modo ai miei ufficiali, fra cui mi è d'uopo rammentare anche il mio aiutante Agapo Ridolfi.

Occupato Monte Rotondo, Garibaldi organizzava le sue forze, che intendeva di condurre sotto le mura di Roma, ed in un suo ordine del giorno del 26 stesso a me conferiva il grado di colonnello comandante la terza colonna, e così la mia colonna venne a far parte del corpo del centro di operazione, sotto gli ordini del prode colonnello brigadiere Menotti Garibaldi.

[Casal de'Pazzi]

Il 27 ebbi ordine di partire con tutta la mia nuova colonna, forte di 1200 uomini, per Fornonuovo. Alla notte marciammo tra versando una selva foltissima, guidati da Menotti stesso, che conosceva la via, e riparando alla densa oscurità coi ceri fornitici dalle ben provvedute sacrestie di Monte Rotondo.

Giunti al luogo destinato e non appena la mia gente si fu coricata, secondo il solito, sul nudo terreno, che un improvviso temporale si sollevò, e vento e pioggia dirottissima tutto l'accampamento posero sottosopra.

Eravamo prossimi a due cascine, ma soltanto a giorno vi si poté riparare la maggior parte dei volontari.

Qui oltre la malvagità della stazione ebbimo a soffrire pure i tormenti della fame, poiché sul tardi soltanto giunsero i viveri, – e da ventiquattr'ore non si aveva toccato cibo, ma giunsero in sì piccola quantità, che io stesso rammento che ad una squadra di 36 individui toccarono otto piccoli pani di segale.

Fu allora che si vide lo stesso Garibaldi andar visitando i diversi crocchi de' suoi volontari, istigarli a provvedersi di pecore, che a grosse mandre nelle circostanti praterie si fanno pascolare, e consigliarli ad avvezzarsi a mangiare la carne arrostita anche senza tutti gli amminicoli coi quali si usa confezionarla.

Né è a dire che più lauto il pranzo avesse lui; poiché io stesso il vidi andar in cerca dai suoi di uno di quei piccoli pani. A mezzogiorno del 29 partimmo da Fornonuovo per Castel Giubileo, alle cui falde accampai la mia gente. Ventiquattr'ore dopo, mentre stavo praticando gli ammaestramenti di Garibaldi per cibare la mia colonna, a cui i viveri non erano ancora stati distribuiti, ebbi ordine di marciare.

Sulle prime feci osservare come i miei si trovassero sfiniti, ma quando mi fu risposto che noi eravamo destinati a presentarci primi alle porte di Roma, ogni altro pensiero si tacque, e senza più calcolare le sofferenze della mia gente, che non avrebbe tardato a compensarsene, mi posi in marcia per occupare il luogo detto le Vigne Nuove; e guidato dallo stesso colonnello brigadiere Menotti col 7° ed 8° battaglione, formai due ale, impadronendomi di tre case sgombre da poco dagli zuavi, situate fra il Ponte Salaro, e la Torre de' Pazzi, mentre il 9° battaglione lasciai riunito in riserva.

Il nemico mi stava a pochi passi, tenendo la destra dell'Aniene, e la sinistra del Tevere. Avanzai i miei avamposti, presente lo stesso Menotti, che sempre impavido si aggirava sotto i colpi continui della moschetteria nemica.

Contemporaneamente la mia sinistra veniva attaccata da alcune compagnie di zuavi inoltratisi fin sotto la Torre de' Pazzi, dove si era spinto lo stesso generale Garibaldi.

Il generale avea ordinato che non m'impegnassi in un serio combattimento, ma non potei a meno di rispondere al fuoco dei pontificii, i quali dopo poche ore si ritirarono al di là del Tevere.

Padroni della posizione in vista di Roma, ordinai che sull'imbrunire sorgesse nel campo un centinaio di fuochi.

Così pensavamo di avvertire della nostra presenza i Romani, i quali nel giorno seguente, insorti contro la tirannide papale, avrebbero aperte le porte e combattuto per la santa causa dell'Italia e della libertà, a fianco dei fratelli che il prode dei prodi, il loro antico generale, guidava a soccorrerli.

Ma in questi giorni nel mondo politico si compivano atti destinati a render vane le fatiche fino a quel giorno sostenute con eroica abnegazione da giovani volontari, destinati ad allontanarci da quello scopo che già stavamo per raggiungere.

Una convenzione, che in realtà segnava la rinuncia a Roma per parte del Governo italiano, era stata conclusa da rinnegati Italiani col despota di Francia.

Questa Convenzione, nel cui spirito superficiale intendevasi fosse il Pontefice lasciato in balia di sé stesso, era già stata dalla Francia stessa a più riprese violata colla legione d'Antibo, colla rivista Dumont, e l'Italia tacque.

Ora di fronte alle vittorie di Garibaldi, la Francia, sempre pronta ad accorrere là dove è una causa giusta a difendersi, la Francia, od a meglio dire il Bonaparte, gridò alla violazione, minacciò d'intervenire, e spedì senz'altro a Civitavecchia ed a Roma parecchi reggimenti della *grande armée*....

Così mentre noi vittoriosi eravamo giunti sino alle porte di Roma, mentre il dominio dei Papi era costretto a cedere l'usurpato seggio alla rivoluzione incalzante, l'esercito di Francia, corse a raddrizzare e sostenere il cadente protetto, e rinnovò – auspice lo stesso tiranno – il delitto del 1849.

Verso la sera ebbi ordine di ritirarmi verso Castel Giubileo.

Avrei tenuto la posizione fino al mattino, non ostante gli ordini ricevuti: ma mancandomi i viveri a mezzanotte, mi ritirai col 7° ed 8° battaglione, ché il 9° era già partito molto tempo prima con Menotti.

Imposi a due uomini, che solo mi fu dato trovare sul luogo, di guidarmi fino a Castel Giubileo.

Costoro, allegando non conoscere la via, si accinsere mal volentieri a precederci.

Io insistei, e ci avviammo; ma in breve mi accorsi che le guide prendevano tutt'altra direzione di quella che io voleva, cosicché seguendole improvvisamente ci saremmo trovati nel campo nemico.

Così fui costretto di rifare la via e vagare diverse ore, unicamente regolandomi colla illuminazione di Roma, che doveva rimanere alla mia sinistra.

Era una notte tristissima, oscura e fredda, come sono le notti di ottobre; i miei volontari da due giorni mancavano di viveri, erano vestiti leggermente, come quando partirono dalle loro case, affranti dalle fatiche, dal sonno, e non ancora avevamo potuto orizzontarci sulla direzione da prendere.

Qual terribile situazione! Per la prima volta mi sentii stringere dolorosamente il cuore, ed avrei disperato, se non mi fosse corsa alla mente l'alta responsabilità che pesava su me.

Procurai di riparare a tutto.

Il pericolo secondo ogni probabilità più imminente era quello di trovarci ad un tratto circondati dai nemici. Scelsi adunque un poggio, ove feci sostare la mia gente.

Il domani, qualunque ostacolo mi si fosse presentato, avrei tentato con ogni possa di superarlo per raggiungere Garibaldi.

Fortunatamente all'alba mi accorsi che eravamo giunti a poca distanza da Castel Giubileo.

Intanto il cannone nemico fulminava le case da noi occupate il giorno avanti, credendo che ivi fossimo ancora, tanto più che qualcuno dei nostri, forse addormentato, non accortosi della nostra partenza, vi era rimasto.

Quelli di costoro che poterono salvarsi ci dissero che quattro dei nostri furono fatti prigionieri.

A Castel Giubileo sperava di trovar i viveri, e la mia gente ne aveva ben estremo bisogno! Ma indarno, ché i viveri per la nostra colonna ci aspettavano a Monte Rotondo. Ancora dieci chilometri di marcia a stomaco da due giorni vuoto!... Vidi il generale, che mi confermò l'ordine di recarmi a Monte Rotondo, e mi posi di nuovo in cammino. I miei volontari procedevano silenziosi e disordinati.

Alla stazione di Monte Rotondo, non ostante le mie preghiere di seguirmi, molti de' miei proseguirono per Passo Corese.

Giunti a Monte Rotondo, molti altri che avevano ubbidito alla mia voce, udita la notizia che i Francesi erano a Roma, e che l'esercito italiano aveva passato i confini, nel timore di essere, secondo il solito, giuocati dalla diplomazia, mi abbandonarono per ritornare alle loro case.

Così ebbi il dispiacere di essere distaccato da giovani generosi, e specialmente da diversi miei compatrioti che nei fatti d'arme in cui li aveva guidati avevano dato ottime prove del loro valore.

[Battaglia di Mentana]

Nei due giorni che dopo questa desolante ritirata rimasi a - Monte Rotondo, ebbi campo di riorganizzare i miei battaglioni, e, coi nuovi volontari che giungevano sempre, di completarli.

Però dovetti accorgermi che le notizie politiche avevano disanimato tutto il corpo ed una parte pure delle altre colonne, specialmente dei due battaglioni Missori, giunti di fresco, erasi di spersa. Intanto attendeva ansioso il partito che in tali contingenze avrebbe preso Garibaldi.

Sul mezzogiorno del 3 novembre tutti ricevettero l'ordine di marciare immediatamente per Tivoli.

I miei battaglioni erano sul punto di marciare schierati lungo la via Nomentana, quando il generale, messo il cavallo al galoppo, cosa insolita in questa campagna, percorse la linea della mia gente, mi strinse la mano allegro, e mi ordinò di proseguire la marcia senza far suonare le trombe.

La mia colonna era preceduta dai tre battaglioni bersaglieri, e formava parte del centro d'operazione.

Io aveva già colla testa del 7° battaglione oltrepassato le ultime case del villaggio di Mentana, quando improvvisamente la nostra avanguardia venne attaccata dai nemici che ci attendevano.

Ed eccoci all'ultima pagina di questa storia, alla giornata di Mentana, la quale se da una parte ci fu direttamente fatale per l'esito infelice che ebbe, dall'altra affermò solennemente col sangue il nostro diritto su Roma, procacciò in faccia agli uomini liberi d'Europa e della stessa Francia eterno obbrobrio al sire francese, suscitò presso tutte le nazioni la simpatia per la nostra causa ed una severa condanna al nostro Governo, nonché tiranno, schiavo.

Un ufficiale di stato maggiore a gran corsa mi portò l'ordine del generale di occupare subitamente le alture alla destra del paese, e di mantenere quella posizione importantissima durante la battaglia. Con tutta celerità eseguii quest'ordine, disponendo il 7° battaglione, meno una compagnia, alla mia estrema sinistra, l'8° nel centro, il 9° alla destra, in posizione da proteggerci la ritirata, e la compagnia del 7° fu posta all'estrema destra.

In breve la battaglia s'impegnò accanita su tutta la linea.
Dopo un'ora circa, il nemico erasi spinto fino alle prime case di Mentana, contrastando il terreno colla sinistra dei nostri.
Allora feci avanzare l'8° battaglione ed una parte del 7°, che presero parte al combattimento nel centro, in vicinanza della strada di Mentana, e la sciai il 9° sempre nella primitiva posizione, perché si guardasse alle spalle; ma questo battaglione non rimase perciò inoperoso, ché anzi la compagnia comandata dal Semenza, spinta sull'altro versante della collina dal bravo maggiore Antongini, non solo resisteva all'urto di una compagnia nemica, ma la obbligava a retrocedere.
Dopo a due ore circa di fuoco, le truppe pontificie, che baldanzose avevano dall'esercito francese che le appoggiava reclamato l'onore di attaccarci per prime, venivano dai nostri respinte su tutta la linea.
Ma i battaglioni francesi e l'artiglieria nemica, vista la insufficienza delle truppe papali, si avanzarono a ristorare le sorti della giornata già per esse perduta, e ricominciarono vivissimo il combattimento.
Uno dei nostri cannoni fu allora trasportato nel centro della posizione da me occupata, e lo stesso Garibaldi vidi puntare il cannone sulle colonne francesi che serrate s'avanzavano alla sinistra di Mentana.
La lotta, sulle prime accanita, incominciò in breve dalla nostra parte a sostenersi più debolmente.
L'artiglieria nemica ci bersagliava, ed a noi mancavano già le munizioni, quando i volontari, che occupavano già le posizioni a sinistra di Mentana, dove la lotta ferveva maggiormente, battuti da forze tre volte superiori, si ritirarono, mentre coloro che si trovavano a far fuoco dalle case del paese non ebbero più campo di farlo.
Dalla nostra parte, noi pure opponemmo una forte resistenza.
 Ma sopraffatti da nuove forze superiori, avvisati che una forte colonna nemica si avanzava sulle colline a destra, in faccia al mio 9° battaglione, accennando così a tagliarci la ritirata di Monte Rotondo, raccolsi quanta più gente potei del 7° e dell'8°, e col 9° intatto mi ritirai a Monte Rotondo, dove ritrovai le porte già barricate dai nostri che ivi avevano riparato. Mi recai dal generale, e compresi che egli aveva deciso di ripiegare a Passo Corese verso l'ora di notte.
La mattina del 5 novembre entrai nella camera di Garibaldi a Passo Corese. Egli mi accolse serio, ma per nulla scomposto. E disse poco dopo: *Il corpo dei volontari è sciolto – comunicatelo ai bravi giovani che vi attendono*; e volgendosi al suo seguito, soggiunse: *Inviatene avviso a tutti gli altri comandanti di corpo.*

EUGENIO VALZANIA
comandante la terza colonna.

L'assalto risolutivo della fanteria francese a Mentana
(*Supplemento illustrato della Tribuna*, 5 novembre 1893).

Il col. Augusto Elia, comandante la 6a Colonna dei Volontari a Mentana.

RAPPORTO DEL COMANDANTE LA 6A COLONNA, COL. AUGUSTO ELIA, SULLA BATTAGLIA DI MENTANA.

Ancona, li 12 novembre 1867.

Generale [Nicola Fabrizi, Capo di S. M. dei volontari, ndA],
Rispondo all'invito diretto dalla S. V. a tutti i comandanti di Colonne che si trovarono presenti al combattimento di Mentana, inviandole questo rapporto sulla parte avuta nel combattimento suddetto, dalla 6a colonna da me comandata.

Alle ore 11 1/2 a. m. del 3 corrente mossi da Monterotondo alla testa della Colonna seguendo l'ordine di marcia prescrittami dal Comando Generale con ordine del giorno della sera precedente.

Le mie forze, molto diradate dopo il ritorno a Monterotondo, si componevano del 18o Battaglione, ridotto a 195 uomini, comandato dal maggiore Perlach Pietro, del 19o comandato dal maggiore Cesare Ghedini forte di 200 uomini, del 20o battaglione comandato da Cesare Bernieri forte di 340 uomini, rimasto a Monterotondo agli ordini del Comandante di quella piazza colonnello Carbonelli.

Giunto al paese di Mentana verso la 1 p. m. dovetti fare alto essendomi impedita la marcia dai volontari della 3a colonna, che ci precedeva, comandata dal colonnello Valzania, i quali con un'ordinata contromarcia a sinistra passando avanti il nostro fronte si portavano a prendere posizione sulle colline a sinistra del paese.

Da qualche ferito, che si vide passare, avemmo conoscenza che ci trovavamo in faccia al nemico e che ai posti avanzati eransi incominciate le fucilate. In quel punto mi venne ordine dal generale Garibaldi, trasmessomi dal suo aiutante capitano Coccapieller, di fare occupare da parte dei miei le case a sinistra di Mentana.

Trasmisi l'ordine ai maggiori Perlach e Ghedini ed i nostri vi penetrarono risoluti a respingere ogni attacco del nemico. Vista eseguita tale operazione mi portai presso Garibaldi per ulteriori istruzioni. Egli trovavasi a metà del paese circondato dai vecchi compagni e dai suoi aiutanti, dando ordini pel combattimento.

Vedutomi, mi diede ordine di raccogliere le rimanenti mie forze e di spingermi con esse al di là delle case, che formano il lato sinistro del paese di Mentana, se vi si giunge da Monterotondo; ordinai ai miei, che non erano nelle case, di seguirmi in avanzata verso la parte più presa di mira dal nemico. Avevo con me i maggiori Perlach e Ghedini, l'aiutante maggiore Tironi, l'aiutante in seconda Barattini Filippo, l'ufficiale d'ordinanza Falaschini Pietro, il capitano Berti Antonio, il tenente Augusto Marinelli, il mio capo di stato maggiore capitano Boldrini, il capitano Canini dei Mille, il tenente Occhialini ed i sottufficiali Longhi, Zagaglia, Beretta, Melappioni, Berti, Pezzali, Leone Bucciarelli, Saltara, Beducci, Mariotti, Marinelli Luigi, Ferraioli ed i caporali Luigi Padiglioni, Cesare Burattini e l'aiutante del 18o battaglione sottotenente Luigi

Carnevali.

Si erano pure uniti a me i capitani Grassi e Ballanti. Altri volontari comandati da Salomone e da Frigesy, fra i quali i bravi Buratti e Giammarioli rafforzavano la posizione, fatta segno alle palle nemiche.

Ordinai ai bravi che avevo con me, di spiegarsi in catena e rasentando le siepi, fiancheggianti la strada che taglia quei campi e conduce alla villa Santucci, spingersi in avanti nell'intento di sloggiare il nemico dalla villa occupata.

I garibaldini rispondevano da bravi al fuoco nemico e gli ufficiali ne li incoraggiavano; eravamo fulminati dall'artiglieria e dal fuoco vivissimo delle carabine; più di un volontario era caduto al mio fianco e già feriti il mio aiutante in primo Tironi, il capitano Antonio Berti che bravamente rimasero al loro posto.

La faccenda si faceva sempre più seria; mandai l'aiutante in seconda Burattini, onde riunisse quanti dei nostri potesse e li portasse con sé al fuoco, ma ritornò solo. Si era da ogni parte impegnati e non conveniva fare scendere i garibaldini che occupavano le case; privi di rinforzi ed incalzati dagli Zuavi pontifici fin sotto le case di Mentana, riuniti intorno a me quanti più ne potei, ufficiali e soldati, ordinai una carica alla baionetta; coadiuvati dai nostri, che dalle case tiravano addosso agli assalitori e dal tiro dei cannoni che il Generale aveva fatto piazzare in buon posto, i miei, incoraggiati dagli ufficiali primi ad esporsi, si slanciano contro i papalini e sotto gli occhi di Garibaldi, di Fabrizi, di Menotti, di Ricciotti, di Canzio, di Mario e di altri bravi giunti sul posto in quel punto, mettono in fuga, incalzandoli colla punta della baionetta, gli assalitori. Fu un attacco brillantissimo, tanto che Canzio, che mi era venuto vicino, si congratulò con me pel risultato.

Si credette per un momento alla vittoria. Il 3o battaglione della colonna Salomone comandato dal maggiore Ravelli prese strenua parte al combattimento a fianco dei miei; del battaglione facevano parte alcuni anconitani fra i quali il furiere Aldobrando Campagnoli che a Montelibretti si condusse con tanto valore da venire proposto per la promozione ad ufficiale, Riccardo Cancellieri ed il Federici nativo di Rimini. A Mentana il Campagnoli combattendo a corpo a corpo, venne ferito da colpo di baionetta e fatto prigioniero dai francesi.

Ciò avveniva verso le 4 pom.; ma passato poco tempo ci vedemmo più fortemente attaccati in altro punto.

Il generale Fabrizi, venerando patriota, esperto ed ardito soldato, si era trovato esso pure in quella pericolosa posizione, incoraggiando col suo esempio e sangue freddo al combattimento i nostri, i quali sfiniti da una lotta che durava da quattr'ore incessante, e qualche volta a corpo a corpo, bruciavano sul nemico in fuga le ultime cartucce.

Attorno a Fabrizi stavano gli eroi di cento altri combattimenti, Missori, Guerzoni, Tanara, Bezzi; tutti studiavano le mosse del nemico, che credevano in ritirata; questo invece, cambiata tattica e direzione all'attacco, spingeva forti colonne sulle alture della nostra posizione di sinistra, difesa da Valzania, allo scopo di tagliarci la ritirata su Monterotondo.

La natura dei tiri, la regolarità e rapidità dei medesimi, il fischio delle palle, tutto aveva cambiato.

Non erano più le truppe papaline che si battevano contro i pochi ed estenuati garibaldini, privi ormai di munizioni; stavano di fronte ad essi i primi soldati del mondo che facevano le prime prove dei loro *Chassepot* sui petti dei patrioti italiani.

La colonna Valzania stette salda finché ebbe cartuccie da sparare contro il formidabile assalto; ma poi, sopraffatta da forze imponenti e ridottasi senza munizioni, dovette ripiegare. Abbandonata la posizione di sinistra fu giuocoforza ai nostri di battere con la maggiore celerità possibile in ritirata, per non essere tagliati fuori da Monterotondo. Non furono però in tempo di farlo i molti, che trovavansi, per ordine avuto dal Generale, ad occupare le case ed il Castello di Mentana, i quali rimasero prigionieri e fra questi molti del 18o e 19o battaglione appartenenti alla mia colonna.

Il 20o battaglione, pure facente parte della 6a colonna, rimasto a Monterotondo, fece anch'esso il suo dovere.

Il bravo capitano Litta, che lo comandava in assenza del maggiore Bernieri, visto che a Mentana erasi impegnata con calore l'azione, allo scopo di garantire ai nostri la ritirata in caso di rovescio, portò la maggior parte delle sue forze ad occupare il convento dei Cappuccini situato in buona posizione sulla strada che va a Mentana, da dove poté arrestare la foga dei francesi, che si avanzavano seguendo i nostri, i quali poterono ritirarsi con ordine.

Giovò non poco l'azione risoluta del capitano Raffaello Giovagnoli, che si trovava al Romitorio, da dove respingeva i ripetuti attacchi del nemico. Egli volle tentare un ultima controcarica alla testa di un centinaio di valorosi, che fecero prodigi.

Molti di quei bravi caddero attorno al Giovagnoli colpiti dalle palle dei *Chassepot* dell'imperatore di Francia; fra quelli che più si distinsero per valore, primeggiò il sottotenente Luigi Coralizzi, che riportava grave ferita alla testa da farlo ritenere per morto.

Tutti fecero il proprio dovere. Gli ufficiali molto si distinsero per ardire e sangue freddo, nel condurre i volontari al combattimento.

Non mi è permesso di dare preciso ragguaglio dei feriti e dei morti appartenenti alla mia colonna, stanteché, come già dissi, essendo una buona parte dei volontari rimasti entro le case occupate per ordine del generale Garibaldi, fu ad essi chiusa la ritirata su Monterotondo e caddero quindi prigionieri dei francesi. E potendo avvenire, che per la inesattezza delle notizie, io ommetta di comprendere fra i primi alcuni di quelli che sono ora prigionieri in Roma, mi è forza astenermi dal compilare la nota richiestami dalla S. V. Onorevolissima; però mi riserbo inviarla non appena per via di documenti e di esatte informazioni, sarò giunto a conoscere con sicurezza il vero stato delle cose.

Frattanto le invio un primo elenco dei feriti e dei morti, che non mi fu difficile di compilare, essendo quasi tutti caduti a me vicini, mentre difendevano la importante posizione affidataci dal generale Garibaldi.

Morti, il capitano Grassi di Jesi, i tenenti Vianini Pietro di Alessandria, Mazzoni Giuseppe di Bologna, i furieri Giorgini Francesco di Sinigallia, Pezzoli Augusto di Bologna, i caporali del Frate Valentino di Fabriano, Cappuccini Pietro di Ancona, Luzzi Baldassare di Osimo, Toscani Domenico di Filottrano, Petravecchia Nicolò di Matelica.

Feriti i capitani: Tironi Augusto aiutante maggiore, Berti Antonio di Ancona, Canini Cesare dei Mille, Ballanti Gaspare di Corinaldo, Zagaglia Carlo di Jesi; i tenenti Occhialini Serafino, Falaschini Pietro di Ancona, Montanari Giovanni di Bagnacavallo, Campagnoli Aldebrando di Ancona; i furieri Elia Leopoldo di Ancona, Berti Raffaele di Ancona, Pezzoli Augusto di Bologna, Gatti Filippo di Jesi, i sergenti Marchetti Virgilio di Ancona, Fida Camillo di Fabriano, Bernani Cesare di Fabriano; i soldati

Marsili Luigi di Osimo, Sileoni Tita di Osimo, Nigretti Federico di Bagnacavallo.

Il comandante la 6a colonna
Col. A. Elia.

I volontari sconfitti ripassano il confine italiano a Passo Corese.

FERDINAND GREGOROVIUS, MENTANA E MONTEROTONDO DOPO LA BATTAGLIA
(Da *WANDWERJAHRE IN ITALIEN*, IV, *VON MANTUA BIS MENTANA*, 1873)

Cinque giorni dopo la battaglia io mi recai a Mentana con alcuni amici romani per visitarla. Fu una passeggiata incantevole attraverso la tranquilla campagna, sotto il sole puro e il cielo nitido di novembre.
La via Nomentana era animata soltanto da gruppi di soldati. Sull'Aniene erano ancora attendate le vedette francesi.
Passavano ancora carrozze che trasportavano feriti.
Antiche tombe romane in rovina sorgono nei campi che si attraversano, dove, secondo l'uso remotissimo dei padri, i pastori abruzzesi portano a pascolare le loro greggi. I belati delle pecore e le note tenui delle zampogne dei pastori riempiono l'aria di lamento e il cuore del viandante di mistero, sentimento che resta perennemente in ognuno che abbia attraversato quella sacra località.
Qua e là si erge una torre baronale diroccata, sulla cima di un verde colle, che rammenta l'epoca feudale, quando Roma era ancora una repubblica e il papa non era in essa padrone assoluto. Raramente si incontra qualche solitario casale adibito in parte ad osteria, con una torre medioevale a lato ed una cappella rustica. Ve ne è una ad otto miglia da Roma, detta Capo Bianco, che serve anche da taverna, ed ha sulla porta un boschetto di verdi lauri. Non era visibile un essere vivente; tutto sembrava morto, intorno. Il conte L. vi aveva mandato dei cavalli di ricambio, per poter proseguire il viaggio rapidamente.
Una strana e profonda gravità invase tutta la comitiva quando ci cominciammo ad avvicinare ai sanguinosi campi di Mentana. Io ricordavo la sublime ode del Petrarca:

Italia mia, benché il parlar sia indarno... Che fan qui tante peregrine spade?

Donna E. diceva i versi del nobile Leopardi: *Piangi, che ben n'hai d'onde, Italia mia..*

Superando un'altura, si giunge al bosco di Mentana, un bosco di quercie tedesche, che qui sono rimaste nane.
Già in questo luogo, e poi per tutta la strada fino al paese, noi vedemmo, per i fossi e i cespugli, una quantità straordinaria di cartuccie. Queste, e degli alberi abbattuti, erano l'unica traccia del combattimento, perché i morti già erano stati seppelliti, ed i feriti ricoverati negli ospedali.
Mentana appare dietro questa boscaglia; prima la Vigna Santucci colle sue mura bianche, dove si combatté così aspramente; poi una cappella sulla strada, ancora piena di paglia, sulla quale più di un ferito trovò la morte.
Il palazzo baronale degli Orsini sorge nello sfondo, simile ad una fortezza, con torri e merli, sul pendìo verde d'un colle, solitario e fiero come un ricovero di briganti; il paese è ancora nascosto da piccole alture.
In basso la valle è fosca, circondata da colli sparsi qua e là di olivi e vigneti; ma tutto ha un aspetto selvaggio, sinistro ma pittoresco. Una strada conduce su per uno sperone di rupi giallastre.

Ora si vede il paese, una fila di case senza interesse, simile ai castelli dei monti Sabini, che spirano tanta miseria e desolazione; si direbbero dipendenze del castello feudale, che una volta il signore vi ha annesso per comodo proprio, e dato ai suoi vassalli per abitazione.

Dinanzi al palazzo sta la chiesa gentilizia. Essa era aperta e già riconsacrata e molti feriti vi erano morti; fra gli altri, un belga che era venuto a Roma e si era arruolato fra gli zuavi pochi giorni prima la battaglia. Una palla gli aveva spaccato il cranio; diciassette ferite gli avevano trapassato il corpo.

Su un pezzo di carta, trovato presso di lui, stava scritto: *le comte d'Erb, fils du duque d'Erb*. Dalla porta della Chiesa si accede al piazzale di fronte al castello, dove si vede una colonna senza capitello, intorno alla quale giacciono delle bisaccie militari.

Qua e là, rovine marmoree dell'antico *Nomentum*.

Sulla parete esterna della chiesa una statua mutilata che il popolo chiama San Giorgio. Il castello era pieno di soldati francesi, i quali si esercitavano coi loro fucili ad ago, che vantavano tanto, affermando che senza di quelli i Pontificii non avrebbero mai preso Mentana.

Entrammo nel castello che rivela parecchie epoche architettoniche.

La parte più antica, formata dalle torri rotonde, mostra la maniera di costruzione del secolo XIII, che a Roma chiamano saraceno; cioè, queste torri son fatte di frammenti di peperino e di altri varî materiali di riempimento, fra cui pezzi di marmo. La parte anteriore del castello è invece assai più recente, ed ha finestre in stile rinascimento. I merli sono mezzo rovinati, alcuni furono fracassati dalle palle di cannone.

In complesso, l'edificio appare come un castello baronale del medio evo, di prim'ordine. Sul portale stan le armi di Sisto V, o meglio di suo nipote Michele Peretti, al quale gli Orsini avevano venduto Mentana.

Sulla porta giacevano ancora resti di fucili garibaldini, che gli assediati avevano spezzati, secondo l'uso guerresco, prima di capitolare.

Nell'interno, scale in rovina e stanze colle pareti squarciate dalle bombe.

Nel cortile del castello le guardie francesi offrivano un pittoresco colpo d'occhio; stavano preparando il pranzo, tutte affaccendate intorno ad un fuoco che attizzavano con le bacchette dei fucili garibaldini.

Ci furono portate delle palle di fucile, che avremmo facilmente potuto raccogliere per terra, di forma conica, di armi rigate o di *chassepot*; raramente se ne trovavano di quelle solite rotonde dei fucili garibaldini.

Noi visitammo il piccolo solitario paese.

I suoi abitanti erano rimasti per 15 ore nascosti nelle cantine, in preda allo spavento, mentre le palle rimbalzavano come grandine sui tetti.

Vi fu un'eccezione; in una casa, una bomba aveva squarciato la parete di una stanza: ebbene, vi furono trovati donne e bambini tranquillamente seduti, come se nulla fosse accaduto.

Ci fu detto che i garibaldini avevano occupato il borgo per otto giorni.

Una donna ci raccontò che fra di essi vi erano dei signori simpatici, che pagavano quello che chiedevano, e aggiunse che un capitano aveva pagato un pollo 25 soldi, del che era rimasta molto soddisfatta.

Altri non avevano potuto pagare nulla davvero, perché non possedevano un soldo in tasca.

(...)

Da Mentana si giunge in meno di mezz'ora per una strada assai buona fra cespugli e vigneti a Monterotondo. Il grande castello baronale, una volta degli Orsini ed ora appartenente al Principe di Piombino, è un edifizio imponente e bello, con una torre grandiosa, e sorge, in cima al paese che quasi nasconde. Era pieno di soldati francesi. Nel cortile giacevano più di mille fucili garibaldini, accatastati in disordine; cattive armia percussore, forse della Guardia Nazionale, mucchi di baionette, guaine di sciabole, bacchette si vedevano sparse sul terreno. Erano state raccolte a Monterotondo e sulle strade vicine.

Fui condotto nella casa dove Garibaldi aveva abitato; questa si trovava nella piazza inferiore, non lungi dal Duomo. Qui egli aveva due camerette al piano superiore. Sul suo letto, coperto con una coperta gialla, era appesa una sacra immagine e un vasetto di cristallo coll'acqua benedetta, del quale egli si serviva tanto come dello specchio che stava nel canterano.

Ora questa stanza è abitata da un capitano francese.

Vedemmo anche il Duomo, Santa Maddalena, dove si erano acquartierati i volontari. Sugli altari si vedevano ancora ornamenti di chiesa infranti, vesti ecclesiastiche in brandelli, crocifissi e ceri spezzati. Nella sacrestia tutto era sossopra: gli armadi sforzati, i messali e i registri lacerati e sparsi a terra. Una donna che ci condusse là dentro, additò, con segni di spavento, il Tabernacolo dell'altare maggiore, dal quale era sparito il calice.

Ci fu parlato di altre profanazioni, che non crediamo opportuno riferire; qualche cosa di simile al Sacco di Roma del Borbone. Furon veduti due volontari far la guardia sulla porta, avendo uno una mitra in testa, l'altro un pastorale in mano. Questi volontari seppellivano i loro morti alla rinfusa, nelle chiese stesse; gli ufficiali li calavano nelle tombe, avvolti in paramenti di broccato e d'oro.

A Monte Rotondo era più visibile che a Mentana il pauroso eccitamento dei paesi devastati dalla guerra; 189 questa infatti ha solo 500 abitanti appena; quello 1300. Il popolo non era favorevole ai garibaldini: «L'invasione ci ha rovinato», ci assicurava un impiegato al Municipio, facendo grandi gesti e parlando con forza di tutte le imposte in denaro, foraggio, cavalli, esatte da Garibaldi, imposte che talora alcuni suoi indegni sottoposti prendevano senz'altro per sé.

La piccola città è situata, alta e forte, sul dorso di un'altura, dalla quale si gode una veduta bellissima dei monti sabini, fino a Monte Gennaro.

Si vede Tivoli, Sant'Angelo e Monticelli, molto vicini; più lontano, la bianca Palombara, Montelibretti ed anche Nerola, e in mezzo ai monti l'abbazia benedettina della Farfa, che in tempi remoti fu distrutta dai longobardi di Spoleto, e poi ricostruita grandiosamente.

Verso nord, la campagna è dominata dal dentato Soratte, ai cui piedi il Tevere serpeggia, uscendo dall'Umbria, per continuare il tortuoso cammino fino a Roma, accompagnato sulle due rive da due strade romane, la Flaminia e la Salara.

Di Roma, a così grande distanza, si vedono ancora, come linee appena percettibili, le torri di Santa Maria Maggiore e del Laterano; ma la cupola di S. Pietro domina intera e piena, la solenne campagna, come una sfera oscura. Quando i pellegrini che vengono dall'Oriente per questa strada, sono giunti in vista di questi grandiosi segnacoli della Chiesa, possono lietamente inginocchiarsi e venerare!

Vi sono molti quadri che rappresentano scene di questo genere. Un artista di genio potrebbe oggi prendere a soggetto questo drammatico contrasto: dei volontari garibaldini in camicia rossa che, dalle alture di Monte Rotondo, vedono per la prima volta la cupola di S. Pietro.

Essa dovette sembrare loro il simbolo della méta così appassionatamente inseguita, come già ai Goti di Alarico o alle soldatesche affamate del Borbone e di Frundsberg doveva sembrare la città di Roma, veduta in lontananza.

Il loro capo avrà forse loro spesso additato quella cupola sublime; e ne avrà loro parlato con parole fiammeggianti di patriottismo—come ne aveva parlato a Ginevra, al Congresso per la Pace, dal quale Garibaldi—per una ironia della storia—quasi immediatamente passò sul campo di battaglia, a Mentana!

E' cosa piena d'interesse rappresentarsi i pensieri che dovevano agitare l'animo di quest'uomo straordinario nell'avvicinarsi a Roma, di quest'uomo così vario di destino e di fortuna, la cui vita fu una lotta per la libertà combattuta in due parti del mondo! uomo che certamente avrebbe avuto una parte più notevole nella storia, se la natura al suo disinteresse da antico romano, e alla sua incomparabile attività e vigoria di carattere, avesse accoppiato il genio di un uomo di Stato.

Nel rivedere Roma, Garibaldi avrà ricordato con stupore quel tempo, già passato alla storia, in cui egli aveva difeso contro i Francesi la metropoli del mondo intero. Volgendosi alla campagna di Tivoli, si sarà visto nel ricordo ritirarsi da Roma, con altre schiere di volontari, un po' meglio armati e disciplinati delle attuali, verso gli Appennini. Era il 30 luglio 1849.

Sorrideva al suo spirito il pensiero di entrare ora in quella Roma che già aveva dovuto abbandonare, e che formava la brama più ardente della sua vita. Ma egli non entrò in Roma; non piantò sul Campidoglio, né lo stendardo della Repubblica, né il tricolore italiano. Battuto dalle truppe del Papa e di Napoleone a Mentana, lo vediamo di nuovo prigioniero di Stato a Varignano.

Misero sotto processo lui che non poteva essere soggetto a giudizio, perché troppi complici aveva, la serie dei quali cominciava a Palazzo Pitti[28].

---

[28] Nel 1867 Palazzo Pitti era la residenza di re Vittorio Emanuele II.

CADUTI DI PARTE NAZIONALE NELLA CAMPAGNA DELL'AGRO ROMANO. 1867.

(Nell'elenco sono inclusi tutti i Caduti, inclusi quelli di Villa Glori, dell'eccidio di casa Arquati, di Monterotondo ecc.)

Dappertutto sgozzati, massacrati dappertutto.
Ma se il cadavere giace sul terreno, l'idea sta ritta.
Vedete quei giovani; essi giacciono nelle cruenti pianure, e sulle loro labbra aleggia ancora il grido di allarme: li direste seminati; e lo sono: il solco si chiama libertà.
(Victor Hugo, *Mentana*, 1867)

L'Ara dei Caduti di Mentana
(*Supplemento Illustrato della Tribuna*, 31 novembre 1897).

Antonio Albera;
Cesare Alessandrini;
Attilio Andreucci;
Romolo Angelucci;
Romeo Animali;
Giovanni Battista Arata;
Antonio Arquati;
Francesco Arquati;
Nicola Assanti;
Lorenzo Avanzini;
Ernesto Baffi;
Demetrio Baini;
Rodolfo Balzarotti;
Filippo Barchiesi;
Gaetano Bartolini;
Vincenzo Barzetti;
Oreste Basini;
Leonardo Bastianelli;
Giovanni Bazzocchi;
Giuseppe D'Orazi;
Ettore Bencivengna;
Almerico Benedetti;
Enrico Bernardi;
Giuseppe Bernardi;
Vincenzo Bertagni;
Francesco Berti;
Raffaele Berti;
Cesare Bettarelli;
Alessandro Betti;
Eugenio Bianchini;
Valentino Bianconi;
Mariano Bisbocci;
Giulio Bolis;
Achille Bologna;
Antonio Bonanni;
Albino Bondi;
Clemente Bondi;
Egidio Boni;
Pietro Boni;
Gaudenzio Bono;
Luigi Borani;
Achille Borghi;
Pietro Boschi;
Francesco Bosi;
Giacomo Bottega;
Giovanni Bovi Campeggi;
Carlo Baraggio;
Giovanni Brizzi;
Pietro Bucciglioni;
Filippo Buma;
Antonio Buzzi;
Enrico Cairoli;
Giovanni Cairoli;
Gustavo Caillon;
Achille Cantoni;
Natali Capaccioli;
Natale Capanaroli;
Giuseppe Caparara;
Pietro Cappuccini;
Antonio Caretti;
Pietro Carletti;
Augusto Carlotti;
Paolo Casertelli;
Giovanni Cavalcoli Ferri
Francesco Chelazzi;
Giovanni Cherubini;
Ferruccio Chiti;
Ubaldo Cipriani;
Pietro Clementini;
Ercoli Coli;
Ludovico Collucciello;
Luigi Colonnelli;
Pietro Colonnelli;
Ettore Comparini;
Eduardo Corazzini;
Angelo Cortinois;
Luigi Costa;
Pietro Costa;
Raffaele Costanzi;
Giuseppe Cozza;
Geniale Cremonesi;
Pietro Crespi;
Rodolfo Curti;
Diomede D'Alesio;
Ferdinando Damiani;
Domenico Dandini;
Pietro De; Angelis;
Raffaele De Benedetto
Antonio de Capitani d'Arzago
Domenico De Fabritis
Nicola De Franchis
Luigi Degli Innocenti
Vincenzo Del Cogliano
Valentino Del Frate
Leopoldo Della Torre
Antonio Dighiero;
Augusto Dominicali;
Antonio Donini;
Luciano Epifani;
Eugenio Ermellini;
Romolo Fabri;
Giuseppe Fabrizi;
Pietro Fabrizi;
Giuseppe Facci;

Feliciano Falcinelli;
Francesco Fanti;
Alessandro Fantozzi;
Primo Farneti;
Riccardo Fermi;
Giuseppe Fermi;
Enrico Ferrole;
Giuseppe Fioramonti;
Alberto Fiorentini;
Francesco Flavioni;
Pacifico Fontanieri;
Francesco Franceschi;
Martino Franchi;
Zenobio Francisi;
Terenzio Genianiani;
Eurico Gherardi;
Vincenzo Gliselli;
Giorgio Gigli;
Federico Ginocchi;
Giovanni Giovacchini;
Giuseppe Giovacchini;
Paolo Giovacchini;
Francesco Giorgini;
Pietro Giovagnetti;
Fabbio Giovagnoli;
Carlo Giovannini;
Diego Giovannetti;
Icilio Gironi;
Francesco Giuliani;
Cesare Govoni;
Achille Grassi;
Luigi Grassi;
Rocco Grassini;
Giovanni Grotta;
Pietro Gualagnini;
Ércole Guidi;
Emilio Gussali;
Emilio Gussalini;
Giovanni Battista Igi;
Augusto Innocenti;
IannettiAngelo;
Sante Lanari;
Luigi Lanfo;
Ércole Latini;
Luigi Leonardi;
Alcide Linari Bellini;
Sante Linari;
Raniero Lippi;
Pio Lombardi;
Ettore Lucandri;
Germano Maestrani;
Domenico Magari;

Angelo Magnarini;
Francesco Maioni;
Giuseppe Mancinelli;
Antonio Mantovani;
Ettore Marasini;
Carlo Mariani;
Lorenzo Marinangeli;
Angelo Marinelli;
Angelo Marioli;
Giuseppe Marsano;
Cesare Martinelli;
Vittorio Masini;
Vittorio Masini;
Pietro Massimi;
Lorenzo Mattai;
Pietro Mazzoni;
Aurelio Mecatti;
Lorenzo Menghi;
Girolamo Merli;
Angelo Milareni;
Giovanni Moglia;
N. Monaco;
Settimio Montanari;
Giuseppe Moruzzi;
Edoardo Negrini;
Giovanni Neri;
Luigi Nicasi,;
Felice Novelli;
Francesco Paccazocchi;
Angelo Pallotta;
Pier Paolo Pallotta
Ugo Pantolini;
Vincenzo Pascoli;
Edoardo Passarelli;
Nicola Patrevecchia;
Giuseppe Pecenco;
Francesco Pellizzari Vigo;
Carlo Petroncini;
Augusto Pezzoli;
Agide Pirazzini;
Luigi Poggini;
Giovanni Pollaroli;
Achille Porcacchia;
Gaetano Prudenzi;
Pietro Quintili;
Giacomo Radice;
Giulio Rappaini;
Leopoldo Rajà;
Mario Recchi;
Antonio Riccardi;
Giuseppe Ricci del Vasto
Valemmo Ripanti;

Anselmo Riva;
Giovanni Rizzo;
Amatore Ronchetti;
Francesco Rossi;
Muzio Rossi;
Nazareno Rossi;
Eugenio Rossini;
Raffaele Rossini;
Ubaldo Ruspetti;
Claudio Sabbatini;
Francesco Sabbioni;
Angelo Saccomano;
Giuseppe Sammarini;
Alessandro Santarelli;
Romano Sanviti;
Giuseppe Scaramellini;
Leopoldo Schappadori;
Giuseppe Segapeli;
Mario Sentinelli;
Oreste Severi;
Gaetano Silva;
Giovanni Sintoni;
Enrico Spada;
Giuseppe Spadoni;
Adolfo Stefanina;
Oreste Stignani;
Vincenzo Storni;
Michele Succhiarelli;
Luciano Suppiei;
Cesare Talliani;
Agostino Tagliazucchi;
Oscar Talevi;
Giuseppe Tampellini;
Pietro Tassella;
Giuditta Tavani Arquati:
Pietro Terenzi;
Luciano Testi;
Luigi Testore;
Gaetano Tiburzi;
Giuseppe Tobanelli;
Bartolomeo Tortorelli;
Pietro Trinca;
Donato Turricchi;
Giuseppe Vziel;
Luigi Vecchioni;
Giuseppe Venier;
Gaetano Veronesi;
Pietro Viancini;
Domenico Vietri;
Giuseppe Wecrhaguez;
Francesco Zatabonelli;
Gregorio Zalloni;

Augusto Zen.

Ara-Ossario dei Garibaldini caduti nella Campagna dell'Agro Romano, Mentana.

Gli Zuavi pontifici furono il reparto pontificio più impegnato nella battaglia di Mentana, perdendovi 23 uomini.

CADUTI DI PARTE FRANCO-PONTIFICIA
NELLA CAMPAGNA DEL 1867

Sono indicati le località della morte e la nazionalità. Si noti come si tratti nella stragrande maggioranza di non italiani, a riprova quantomeno della scarsa fiducia che il governo pontificio nutriva nei militari indigeni, preferendo impiegare volontari esteri, molto più affidabili: a Mentana risulta un solo caduto suddito pontificio, il maresciallo d'Artiglieria Carlo Bernardini!.

Albano. Il funerale di uno Zuavo morto per il colera, 1867.

BAGNOREA

Pieter Nicolaas Heykamp, olandese

FARNESE

Emmanuel Dufour, francese

MONTELIBRETTI

Arthur Guillemin, francese
Urbain De Quelen, francese
Augustin De La Lande, francese
Alfred Collingridge, britannico
Hubert Mercier, belga
Odouard de Roeck, belga
Gotfried van Ravenstijn, olandese
Francois Martinaggi, francese
Pieter Jong, olandese
Franciscus van Den Boom, olandese
Johannes Crone, olandese
Leopold De Coesters, belga
Antonius Bongenaars, olandese
Domenico Giaria, italiano
Antonius Otven, olandese
Hendrik Scholten, olandese

NEROLA

Joseph Tremeur, francese
Francois Ladaviere, francese
Henri Mael, francese
Louis Vallee, francese

VITERBO

Antonio Quadretta, italiano

RIETI

Domenico Massei, italiano
Giacomo Scharama, italiano
Johannes Sthaele, svizzero
Jean Dupovy La Mothe, francese
Adolf Zecker, svizzero

ROMA
(compresi i caduti di Monterotondo, di Mentana e le vittime dell'attentato alla caserma Serristori)

Ginesio Coppi, italiano
Francesco Carrara, italiano
Luigi Sandri, italiano
Telosforo Proietti, italiano
Francesco Antico, italiano
Annibale Reale, italiano
Aristide Cadennec, francese
Alessandro Iacoppini, italiano
Achille Burli, italiano
Pedro Rius De Torralda, spagnolo
Henri De Foulcault, francese
Adeodat De Fournel, francese
Antoine Huygen, francese
Alexie Desbordes, francese
Louis Carrey, francese
Emilie Claude, francese
Giacomo Foggi, italiano
Cesare Desideri, italiano
Pietro Mancini, italiano
Frederic De Dietfutr, francese
Andrea Portanova, italiano
Domenico Tartavini, italiano
Fortunato Chiusaroli, italiano
Oreste Soldati, italiano
Luigi Fulmini, italiano
Carmelo Carletti, italiano
Giuseppe Cerasani, italiano
Carlo Bernardini, italiano[29]
Victor Vichot, francese
Jean Devorcek, francese
Anton Partel, tirolese
Odoard Larroque, francese
Francese Mirando, italiano
Michelangelo Mancini, italiano
Carlos d'Alcantara, belga
Julie Henquenet, francese
Maturin Guillermic, francese
Giuliano Watts Russel, britannico
Hendrik van Den Dungen, olandese
Edmondo Lalande, francese
Augustin Guilmin, belga
Hendrik Roemer, olandese
Johannes Maes, belga
Everard Heyman, olandese
Ernest Haburg, tedesco
Johannes Saver, tedesco
Johannes Zanduliet, olandese
Ives Zaffrenon, francese

---

[29] Maresciallo d'Artiglieria, unico suddito dello Stato Pontificio caduto a Mentana.

Jacob Melckert, olandese
Elie Chevalier, francese
Walraad Derp, belga
Cornelis Pronck, olandese
Placidus Meyemberg, tedesco
Johannes Leton, francese
Johannes Vetzel, tedesco
Pierre Tabarnel, francese
Henri Matthys, francese
Rudolf Devorscek, boemo
Emilie Ladermier, svizzero
Franz Grabitzer, tedesco
Wilhelm Franckle, tedesco
Anton Albrick, tirolese
Joseph Schmidt, svizzero
Konrad Scheup, svizzero
Jacob Kramer, svizzero
David Bonnavaux, svizzero
Pius Rehm, tedesco
Ludwig Rhein, tedesco
Georg Vehlein, tedesco.

REGOLARI FRANCESI

Pierre Fougeres, *chasseur*
Jean Binchet, *chasseur*
Ludovique Mentre, *corporal*
Oswald Steibli, *fusilier*

Monumento ai Caduti pontifici. Roma, Cimitero del Verano.

INNODIA DEL 1867.

INNO PONTIFICIO
(SALVE ROMA IMMORTALE)

Roma immortale, di martiri e di santi;
Roma immortale, accogli i nostri canti:
Gloria nei cieli a Dio Nostro Signore,
Pace ai fedeli di Cristo nell'amore.

A Te veniamo, angelico pastore;
In Te vediamo il Mite Redentore.
Erede santo di vera e santa fede,
conforto e vanto a chi combatte e crede.
Non prevarranno la forza ed il terrore,
ma regneranno la verità e l'amore.

Salve, salve, o Roma!
patria eterna di memorie,
cantan le tue glorie
mille palme e mille altari.

Roma degli apostoli,
Madre e guida dei redenti,
Roma luce delle genti,
Il mondo spera in te!

Salve, salve o Roma!
la tua luce non tramonta,
vince l'odio e l'onta
lo splendor di tua beltà.

Roma degli apostoli,
madre e guida dei redenti,
Roma luce delle genti,
il mondo spera in te!

MARCIA TRIONFALE PONTIFICALE.

Salve, Salve Roma, patria eterna di memorie,
Cantano le tue glorie, mille palme e mille altari.

Roma degli Apostoli, Madre guida dei Redenti,
Roma luce delle genti, il mondo spera in te!

Salve, Salve Roma, la tua luce non tramonta,
Vince l'odio e l'onta lo splendor di tua beltà.

Roma degli Apostoli, Madre e guida dei Redenti,
Roma luce delle genti, il mondo spera in te!

INNO DELLA TRUPPA PONTIFICIA A PIO IX.
(1867)

Al clangore di trombe guerriere
Del più grande dei Regi al cospetto,
Del Soldato s'accende il pensiere,
Del Soldato rinfiammasi il cor.
E sublime s'innalza dal petto
La canzone di fede e di onor.

La Corona che il capo ti cinge
Noi giurammo protegger col brando,
E del giuro che tutti ci stringe
O Signore, terremo la fé.
Sull'arena dei forti pugnando
Noi siam pronti a morire per te.

Re dei Regi, Vicario del Dio,
Che ti guida fra tanta procella,
Il prodigio che n'offri, o gran Pio,
Tutto il mondo spiegare non sa.
Tosto sorgere in cielo la stella
Tutto il mondo stupito vedrà.

Passeranno la terra ed il cielo
Ma di Dio, no, non passa l'accento,
Della Sposa il santissimo velo
No, l'Eterno squarciar non farà:

Ad un guardo ad un soffio a un accento,
La falange d'abisso cadrà.

VIVA PIO! dal mare e dal monte
Sorga il grido dei figli fedeli,
La Corona che cinge sua fronte
Non si strappa… la regge il Signor:
Chi resiste al Monarca dei Cieli?
Cosa è l'uomo d'innanzi al Signor?

CHANT DES ZOUAVES PONTIFICAUX
(1861)

Vive Lamoriciére !
Répétons tous en chœur
Son noble cri de guerre :
Perdre la vie, sauver l'honneur.

En avant ! Marchons, (bis)
Zouaves du Pape, à l'avant-garde
En avant ! Marchons, (bis)
Le pape nous regarde
En avant bataillon !

Car notre général,
Qui se connaît en gloire,
Nous méne à la victoire,
A la victoire comme au bal.

Il sera sur nos lévres,
En bravant le canon,
O noble Becdeliévre,
Le cri de ton vieux bataillon.

Et toi, brave Charette,
Toi, notre commandant,
Toujours à notre tête,
Tu nous conduiras en avant.

Et quand il sera proche
Le moment de mourir,
Sans peur et sans reproche,
Les Zouaves le verront venir.

(*Versi aggiunti dopo il 1870:*)

Vous les vieux camarades,
Si fiers et si vaillants,
Comme aux belles parades,
Chantez encor, malgré les ans.

Et vous, verte jeunesse,
Nos fils et nos neveux,
Répétez sans faiblesse,
Le cri des forts, le cri des vieux.

Ah ! Si jamais l'Église
Fait appel à vos bras,
Gardez notre devise :
Le Zouzou ne recule pas !

Pour l'Église et la France!
Marchons toujours unis !
C'est là, notre espérance,
Malgré les "bips", nos ennemis!

INNO DEGLI ZUAVI INGLESI.

"Anima mia, anima mia,
Ama Dio e tira via."

Saint George and old England forever !
Once more her sons arm for the fight,
With the cross on their breasts,
to do battle For God, Holy Church, and the right.
Twine your swords with the palm branch, brave comrades,
For as pilgrims we march forth today;

Love God, O my soul, love Him only,
And then with light heart go thy way.

We come from the blue shores of England,
From the mountains of Scotia we come,
From the green, faithful island of Erin,
Far, far from our wild northern home.
 Place Saint Andrew's red cross in your bonnets,
Saint Patrick's green shamrock display;

Love God, O my soul, love Him only,
And then with light heart go thy way.

Dishonor our swords shall not tarnish,
We draw them for Rome and the Pope;
Victors still, whether living or dying,
For the martyr's bright crown is our hope;
If 'tis sweet for our country to perish,
Sweeter far for the cause of today;

Love God, O my soul, love Him only,
And then with light heart go thy way.

Though the odds be against us, what matter?
While God and Our Lady look down,
And the saints of our country are near us,
And angels are holding the crown.
March, march to the combat and fear not,
A light round our weapons will play;

Love God. O my soul, love Him only,
And then with light heart go thy way

Gli Zuavi pontifici reduci da Mentana, novembre 1867.

CAMICIA ROSSA.

Quando all'appello di Garibaldi
m'unii coi mille suoi prodi e baldi
questa Ei con voce mi dié commossa
Camicia rossa

E dall'istante ch'io t'indossai
Camicia rossa, t'idolatrai
nel petto un foco scese repente
Camicia ardente

Porti l'impronta di mia ferita
sei tutta lacera, tutta scucita!
e per ciò appunto mi sei più cara
Camicia rara

Fida compagna del mio valore
s'io ti contemplo, mi batte il cuore
par che tu intenda la mia favella
Camicia bella

Di gloria emblema, dell'ardimento
il tuo colore mettea spavento!
Fulmin di guerra ciascun ti noma
Camicia indoma.

Là sul Volturno meco hai sudato:
partii soldato, tornai soldato!
Tu sei la stessa che allor vestia
Camicia mia.

A chi t'indossa fan sorda guerra
i prepotenti di questa terra
ma il popol tutto l'ammira e canta
Camicia santa.

E sempre meco con fiero orgoglio
sempre un tuo lembo portar io voglio
fosti mia stella, sarai mia guida
Camicia fida.

E s'altra volta d'Italia il grido
chiami i valenti su l'adrio lido
daremo insieme fuoco alla miccia

O mia camicia.

Se dei Tedeschi nei fieri scontri
vien ch'io la morte dei prodi incontri
chi sa qual sorte ti fia serbata
Camicia amata.

Ma se, adornato d'allori il crine,
muoio in mia terra libera alfine
ti vuo' sepolta nella mia fossa
Camicia rossa.

A FERRO FREDDO
(La Garibaldina)

Il dardo è tratto, di terra in terra
suona l'allegro squillo di guerra;
l'Italia è sorta dall'Alpi al Faro,
e vuol col sangue che l'è più caro
segnar le tracce dei suoi confini.
Al nostro posto, Garibaldini!

Avanti, urrà!
L'Italia va!
Fuori, stranieri,
fuori di qua !

Una camicia di sangue intrisa
basta al valore per sua divisa;
a darsi un'arma che non si schianti
basta un anello dm' ceppi infranti!
ogni arma è buona con gli assassini.
A ferro freddo, Garibaldini !

Non dietro ai muri, non entro ai fossi,
ma in campo aperto, diavoli rossi;
chi vuol cannoni, vada e li prenda,
come torrente che d'alto scenda,
come valanga di gioghi alpini.
A ferro freddo, Garibaldini!

Pochi, ma buoni. L'Italia affronta
le avverse squadre, ma non le conta;
come i trecento devoti a morte,

che della Grecia mutar la sorte,
marciam compatti, feriam vicini.
A ferro freddo, Garibaldini!

Poveri e ricchi, dotti ed ignari,
dinanzi al fuoco, tutti siam pari.
Pari nel giorno del gran conflitto,
saremo pari dinanzi al dritto.
Siamo soldati, ma cittadini.
A ferro freddo, Garibaldini!

Oggi guerrieri, doman colòni,
senza Medaglie, senza galloni!
Giurammo a Italia la nostra fede;
la libertade ci fia mercede,
come agli antichi padri latini.
A ferro freddo Garibaldini.

CURAGI FIÖI[30]

Curagi fiöi
sü e giü par la cità
l'è rivai Garibaldi
l'è rivai Garibaldi,
curagi fiöi
sü e giü par la cità
l'è rivai Garibaldi
con tüti i so suldà.

Ai calava mac pij
ad suné il campanün
e pö i eru turna
e pö i eru turna,
ai calava mac pij
ad suné il campanün
e pö i eru turna
al témp 'd l'anquisisiùn.

---

[30]Si tratta della versione in piemontese di una canzone cantata dalla Legione italiana di Montevideo: *Arriba, muchachos,/ que las quatros son/ llega Garibaldi/ llega Garibaldi/ con su batallon!*

ANDEREMO IN ROMA SANTA.

Anderemo in Roma santa
per vedere il Campidoglio,
pianterem su quello scoglio
la bandiera dei tre color.

Anderemo in Roma santa
per scacciare lo straniero,
pianteremo su San Piero
la bandiera dei tre color!

A ROMA, A ROMA...

E a Roma a Roma
ci sta un papa
che di soprannome si chiama Pio Nono
butteremo giù dal trono
dei papa in Roma non ne vogliamo più!
Lo butteremo giù dal trono
dei papi in Roma non ne vogliamo più!

Prima in San Pietro
e poi in San Paolo
le lor teste vogliamo far saltar!
In piazza d'armi la ghigliottina,
le loro teste vogliamo far saltar
E in piazza d'armi la ghigliottina,
le loro teste vogliamo far saltar!

Chi siete voi? Noi siam garibaldini!
Voi siete vili barbari e assassini
No! Siam valorosi garibaldini
che anche Roma vogliamo liberar!
Siam valorosi garibaldini
che anche Roma vogliamo liberar!

E sulle mura di quei conventi
piazzeremo i nostri cannoni
e ai preti e ai frati
quei birbantoni
il buon giorno
glielo lo daremo noi.

E sulle mura del Campidoglio
pianteremo, pianteremo il Tricolore,
e a Pio Nono, quel malfattore,
il buon giorno glielo daremo noi!

SULLA MONTAGNA DI MONTEROTONDO.

Sulla montagna del Monterotondo
j hö sentü suné la banda
Garibaldi che comanda
ch'al cumanda i garibaldin!

Vieni bella vieni sul mar
che t'aspettano i marinar
vieni o cara vieni sul mar
che t'aspetta i marinar!

Guarda là quella barchetta
che la va come il vapore
ci sta dentro il mio amore
l'è vestito da Garibaldin!

Vieni bella vieni sul mar
che t'aspettano i marinar
vieni o cara vieni sul mar
che t'aspetta i marinar.

LA RONDINELLA DI MENTANA.

D'infelice campagna racconta
i disastri, o gentil rondinella,
con l'accento di mesta favella,
che natura a te in dono compartì.

Quando solchi lo spazio infinito,
all'aprir della fredda stagione,
reca ovunque la triste canzone,
ch'è il lamento del prode che muor.

Vedi a rivi l'italico sangue,
che bruttò di Montana il paese?
Lo versò l'orgoglioso francese

in difesa al Pontefice-re.

Maledetto di Francia il signore,
vil monarca, spergiuro il più tristo,
che al volubil Vicario di Cristo
sta in difesa di trono e d'altar!

Ma rammenta o vilissmo Sire
quando i Vespri nel siculo suolo
fer completa la strage né uno solo
rimaneva onde dir come fu

Sappi ancor la tua stirpe codarda
deve far la mertata sua fine
i destini hanno tutti un confine
a anche i troni san far vacillar.

Torna dopo il tuo volo
sospendi sopra 'l suol
che die' tomba agli arditi
italiani che furono traditi
da chi un giorno offrì lor libertà.

E una prece alle vittime
innalza nella dolce
gentil tua favella
adorabile mia rondinella
dolce augel della mesta canzon.

LA MADRE DEL CANTONI.

La canzone popolare è ispirata alla morte del tmaggiore Achille Cantoni, di Forlì, comandante la Quarta Colonna di volontari, definito da Garibaldi "figlio prediletto delle Romagne", caduto a Mentana. Nella realtà fu il fratello a recarsi a rintracciarne la sepoltura, mentre la madre morì poco tempo dopo di crepacuore.

Addio o forlivesi
ci rivedremo un dì
se arrivo andare a Roma
non torno più a Forlì.

Scriverò una letterina
diretta alla mia mammà
che suo figlio Achille
si trova in campo ammalà.

Attacca i suoi cavalli
la prende anche il fucil
e la si mette in strada
come un garibaldin.

Quando fu a metà strada
incontra un contadin
era vestito di panno
di panno del più fin.

Dimmi o contadino
dimmi la verità
quel panno che porti indosso
dove tu l'hai comprà?

Non voglio dir bugie
voglio dire la verità
a un generale sul campo
che noi abbiam spoglià.

E lei si mise a piangere
a piangere e sospirar
Povero il mio Achille
dove me l'hanno ammazzà?

Dimmi o contadino
sapresti voi insegnar
la tomba del Cantoni
in dove la ci stà?

Andate un po' più avanti
là c'è un alberin
la tomba del Cantoni
là ci sarà vicin.

TAVOLE UNIFORMOLOGICHE

CAPORALE DELLA LEGIONE D'ANTIBES.

Trattandosi di un reparto composto- sia pure non ufficialmente- da soldati regolari francesi, la divisa è quella tipica dei fanti del Secondo Impero, del taglio che resterà in uso sino al 1914, con la *redingote* blu con i risvolti con spalline gialle anziché rosse come nell'esercito francese, pantaloni rossi con ghette e *shakot* con nappina, qui con copertura di tela. L'aquila imperiale e la coccarda tricolore vennero sostituite con le chiavi ed il triregno e la coccarda pontificia bianco. gilla, chiamata scherzosamente dai romani *ovo sodo*. Il fucile è un *Minié* mod. 49 di produzione francese. (Coll. Colloredo Mels)

TENENTE DEI DRAGONI PONTIFICI IN TENUTA DI CAMPAGNA.

In campagna i dragoni pontifici tendevano a sostituire l'elegante tenuta verde con risvolti a doppiopetto rossi e l'elmo con criniera e pennacchio rosso con una tenuta più pratica ed essenziale; i pantaloni da cavalleria sono del tipo francese. (Coll. Colloredo Mels)

SERGENTE DEGLI ZUAVI PONTIFICI.

Il sergente degli *Zouzou* indossa la caratteristica divisa grigia (azzurro cielo per gli ufficiali) con ricami rossi (*soutaches*) e galloni dorati, i tipici pantaloni a sbuffo e come copricapo il kepì grigio con banda e ricami rossi; per l'alta uniforme era previsto un colbacco di astracan con pennacchio.
Il fucile *Remington* venne utilizzato a partire dall'ottobre 1868. L'uniforme degli zuavi non piacque alla Curia, tanto che monsignor de Merode esclamò che solo dei francesi potevano avere l'idea di vestire i difensori del papa da maomettani. Ma l'uniforme piacque a Pio IX.
(Ill. di Massimo Brandani, Coll. L. S. Cristini).

SOTTOTENENTE DEGLI ZUAVI PONTIFICI IN TENUTA DA CAMPAGNA

In guerra questo ufficiale ha sostituito i saruals in stoffa grigio azzurra con una versione in tela bianca, più comoda.
La divisa degli ufficiali si distingueva da quella della truppa per il colore più tendente all'azzurro e per i ricami in lana nera anziché rossa, che sulla schiena formavano un *nido d'ape*.
(Dis. di M. Brandani, coll. L.S. Cristini)

TROMBETTIERE DEGLI ZUAVI PONTIFICI.

I musicanti portavano la stessa divisa della truppa: unica distinzione la presenza al colletto della giacca di speciali distintivi in ottone dorato, una cornetta per trombettieri e corni ed una lira per per gli altri musicanti. (Coll. L.S. Cristini).

BERSAGLIERE GENOVESE DEL BTG. BURLANDO.

I tre battaglioni di bersaglieri genovesi, veterani delle campagne garibaldine del 1860- con il nome di carabinieri genovesi- e del 1866, costituivano l'*élite* dell'esercito garibaldino, per addestramento e morale altissimo.
Molti di loro a Mentana continuavano ad indossare la caratteristica divisa in tela grigia, che li rendeva immediatamente riconoscibili tra gli altri volontari...
Il bersagliere è armato di una carabina piemontese M33 per truppe leggere.(Coll. Colloredo Mels).

VOLONTARIO GARIBALDINO.

La fretta con cui vennero allestite le molteplici formazioni che parteciparono alla Campagna dell'Agro Romano fece sì che solo pochi volontari fossero ben equipaggiati come il nostro garibaldino, evidentemente un veterano della campagna del 1866 in un reggimento di Volontari, come indica il cinturone dell'Esercito con la fibbia recante la croce di Savoia. Il moschetto è un vecchio modello francese M1822T della Guardia Nazionale. (Coll. Colloredo Mels

UFFICIALE GARIBALDINO.

Spesso sprovvisti anche di divisa, gli ufficiali garibaldini non portavano nel 1867 distinzioni di grado. In questo caso che sia un ufficiale è indicato dalla qualità della giubba a due petti e dal revolver. Ad ogni modo è equipaggiato anche con una giberna italiana ed una cartucciera a tracollo. (Coll. Colloredo Mels)

VOLONTARIO GARIBALDINO.

Questo giovanissimo volontario, che porta al collo un fazzoletto tricolore, si è equipaggiato con materiale di provenienza pontificia, tra cui il cinturone con giberna, il *sabre* briquet di un gendarme e il cappello alla ciociara con le penne di cappone di uno squadrigliere pontificio (chiamati dai romani, *zampitti* o *caccialepri*). L'arma è un fucile a spillo per la caccia. (Coll. Colloredo Mels)

Un gruppo di volontari garibaldini - Filippo Palizzi (1818 – 1899)

NOTA BIBLIOGRAFICA

AAVV, *Il Risorgimento dei romani: fotografie dal 1849 al 1870*, Roma 2010.
G.C. Abba, *Ritratti e profili*, Torino 1912.
G. Adamoli, *Da S. Martino a Mentana*, Milano, 1892.
C. Angelini, *Secondo anniversario di Mentana*, Livorno 1869.
A. M. Banti, P. Ginsborg, *Storia d'Italia. Annali 22. Il Risorgimento*, Torino, 2007.
A. G. Barrili, *Con Garibaldi alle porte di Roma.. 1867: ricordi e note,* Milano 1895.
A. Battaglia, *L'Italia senza Roma. Manovre diplomatiche e strategie militari (1865-1870)*, Roma 2015.
L. Battista, *Da Orte a Mentana*, Firenze 1867.
R. Belluzzi, *Il Anniversario di Mentana. Notizie dei bolognesi morti e feriti raccolte da Raffaele Belluzzi edite a spese del Comitato di soccorso*, Bologna 1869.
D. Beales, Eugenio F. Biagini, *Il Risorgimento e l'unificazione d'Italia*, Bologna 2005.
A. Bianchi, *I Garibaldini feriti a Mentana nel 1867 e curati in Roma presso l'ospedale di S. Spirito. Riassunto istorico clinico*, Roma 1872.
C. Bianchi, *Mentana. Narrazione storica,* Milano 1868.
A.M. Bonetti, *Da Bagnorea a Mentana*, Lucca, 1889.
A. Borella, *Dopo Mentana*, Torino 1868.
M. Bugani et all., *Cantoni e gli altri*, Forlì 2010.
G. Candeloro, *Storia dell'Italia moderna. 5. La costruzione dello Stato unitario (1860-1871)*, Milano, 1968.
G. Carosi, *La battaglia di Mentana*, Roma 1870.
A. Caruso, *Con l'Italia mai! La storia mai raccontata dei mille del papa*, Milano 2015.
G. Castellini, *Eroi garibaldini*, 2 voll., Bologna 1911.
F. Cavallotti, *Storia dell'insurrezione di Roma nel 1867*, Milano 1869.
E. Cecchinaro, *Camicie Rosse: i garibaldini dall'Unità alla Grande Guerra,* Roma- Bari 2015.
C. Cerbelaud, *Les Zouaves pontificaux*, Paris 1963.
L. Cianchi, *Napoleone III e Mentana*, Firenze 1873.
C, Coccia, *Garibaldi e i suoi volontari a Villa Glori, Monterotondo e Mentana*, Roma, 1912.
C. Coulombe, *The Pope's Legion. The Multinational Force who defended the Vatican,* New Yorl 2008.
R. De Cesare, *Roma e lo stato del papa dal ritorno di Pio IX al XX settembre*,Roma, 1907.
P. Del Vecchio, *La colonna Frigyesi e la campagna romana del 1867*, Torino, 1867.
F Della Peruta, *L'Italia del Risorgimento. Problemi, momenti e figure*, Milano, 1997.
P. Della Torre, *L'anno di Mentana. Contributo ad una storia dello Stato Pontificio nel 1867*, Milano 1968.
P- De Polnay, *Garibaldi, the man and the legend*, New York, 1961.
H. d'Ideville, *Les Piémontais a Rome. Lettres recueillies et éditées. Mentana- La prise de Rome, 1867- 1870*, Paris 1874.
D. G. E. de Mevius, *Histoire de l'invasion des Etats pontificaux en 1867*, Paris 1875.
A. Elia*, Ricordi di un garibaldino*, 2, *Dal 1859 al 1900*, Bergamo 2018.
G. Esposito, *Armies of the Italian Wars of Unification, 1848- 1870, (2) Papal States, Minor States & Volounteers*, Oxford 2018.
N. Fabrizi, *Mentana*, relazione a stampa, Firenze sd (1868?).

P. V, Ferrari, *Villa Glori, ricordi ed aneddoti dell'autunno 1867*, Roma 1899.
R. Field, *Garibaldi*, Oxford 2011.
G. Franco, *I crociati di San Pietro*, Roma, 1869-70.
A. Frediani, *101 battaglie che hanno fatto l'Italia unita,* Roma 2011.
G. Garibaldi, *Memorie*, Torino 1907.
Glorieuse victoire de Mentana, remportée le 3 Novembre 1867 par les troupes du Saint-Pére, unie aux Français contre les bandes garibaldienne, Paris 1868.
F. Gregorovius, *Wanderjahre in Italien*, IV, *Von Ravenna bis Mentana*, Leipzig 1876.
F. Gregorovius, *Diari romani,* II, Roma 1967.
J. Guenel, *La derniére guerre du pape: Les zouaves pontificaux au secours du Saint-Siége (1860-1870)*,Rennes, 1998.
G. Guerzoni, *Garibaldi*, Firenze 1882.
F. Guidotti, *Mentana, Waterloo di Garibaldi*, Mentana, 1982
F. Guidotti, *Mentana e il Risorgimento*, Roma, 1988.
F. Guidotti, *Storia della battaglia di Mentana*, Roma, 1992
F. Guidotti, *Da Mentana a Roma Capitale*, Monterotondo, 1996
F. Guidotti, *Volontari della Padania e nord Italia con Garibaldi per Roma Capitale,* Monterotondo, 1997.
F.Guidotti, *L'occupazione di Monterotondo, atti e documenti*, Monterotondo 2006.
C. Hibbert, *Garibaldi and his Enemies: The Clash of Arms and Personalities in the Making of Italy,* London 1965.
M. Isnenghi, *Garibaldi: il mito, le favole*, Milano 2013.
M. E. Herbert, *Mentana, and What happened before it,* London 1868.
E. Kanzler, *Rapporto alla Santità di Nostro Signore Papa Pio IX. felicemente regnante del Generale Ermanno Kanzler pro-ministro delle armi sulla invasione dello Stato Pontificio nell'autunno 1867*, Roma, 1868.
Cdt. Krause, "La bataille de Mentana, ou la premiére utilisation opérationnelle du fusil français modéle 1866: le chassepot" https://www.defense.gouv.fr/terre/histoire-et-patrimoine/histoire/batailles/bataille-de-mentana.
L. Innocenti, *Per il Papa Re*, Roma 2004.
Leroux, *Narrazione della battaglia di Mentana e degli altri principali fatti avvenuti nello Stato Pontificio*, Bologna, 1868.
G. Locatelli (G. Battista Zitti), *Monterotondo e Mentana. Ricordi di un garibaldino*, Bergamo 1896.
D. Mack Smith, *Garibaldi, a Great Life in Brief*, London 1956.
A. Manca dell'Asinara, *Garibaldi e Mentana*, Roma 1982.
A. M.[ario] , *Sulla questione romana. Pensieri d'un provinciale dopo i fatti di Mentana*, Firenze 1868.
A. Mario, *Garibaldi*, Genova 1879.
U. Massimiani, *I giorni di Mentana,* Mentana 2010.
A. Mombello, *Mentana. Ricordi di un veterano*, Milano 1934.
I. Montanelli, *Da Passo Corese a Tivoli*, Todi, 1868
P. Nouailles- Degorge, *Mentana*- L. Gruaz, *L'attentat de la caserne Serristori*, Paris 2015.
O. Ortensi, *La Squadra Garibaldina Abruzzese del Capitano Onia Ortensi a Monterotondo ed a Mentana nel 1867*, Torino, 1900.
C. Ozanam, *Une ambulance à la bataille de Mentana*, Paris 1878.
J. Powell, *Two Years in the Pontifical Zouaves*, London 1871.

E. M. Pearson, *From Rome to Mentana,* London 1868.

A. Petacco, *O Roma o morte. 1861- 1870: la tormentata conquista dell'unità d'Italia,* Milano 2010.

P. Pieri, *Storia militare del Risorgimento,* Torino, 1962.

P. Raggi, *La Nona Crociata. I volontari di Pio IX in difesa di Roma 1860- 1870,* Ravenna 2002 2a.

U. Rattazzi, A. Luzio, *Aspromonte e Mentana, documenti inediti,* Firenze 1935.

Régiment des Zouaves Pontificaux, *Listes des Zouaves ayant fait partie du Régiment du 1er Janvier 1861 au 20 Septembre 1870,* 2 voll., Lille 1910-1911.

Ricordo dei forlivesi morti a Mentana, Forlì 1868.

M. Rosi, *I Cairoli,* Bologna 1929.

F. Rusconi, *19 anni di vita di un garibaldino, ovvera da Murazzone 1848 a Mentana 1867,* Firenze 1870.

L. Riall, *Garibaldi: Invention of a Hero,* New Haven, 2007.

J. Ridley, *Garibaldi,* New York, 1976.

L. Salvatorelli, *Pensiero e azione del Risorgimento,* Torino, 1943.

T. Salzillo, *I fatti d'arme delle prodi legioni pontificie nella invasione garibaldesca di ottobre e novembre 1867 del Patrimonio di San Pietro,* Roma 1868.

M. Scandigli, *Le grandi battaglie del Risorgimento,* Milano 2011.

A. Sconocchia, *Le camicie rosse alle porte di Roma,* Roma 2011.

D. Silvani- Loreni, *Resoconto morale e finanziario per l'erezione del monumento in Mentana ai martiri del MDCCCLXVII,* Roma 1878.

A. Silvi, *Nerola: L'epopea garibaldina del 1867,* Bagni di Tivoli, 1999.

G. Staffa, *Le guerre dei papi,* Roma 2016.

N. Taccone- Gallucci, *Mentana o La rivoluzione e il Papato,* Bologna 1868.

S. Tomassini, *La guerra di Roma: storie di inganni, scandali e battaglie dal 1862 al 1870,* Milano 2018.

G. MacCaulay Trevelyan, *Garibaldi and the Making of Italy,* London, 1914.

USSME, *Il generale Giuseppe Garibaldi,* Roma 1982.

USSME, *Giuseppe Garibaldi: l'uomo, il condottiero, il generale,* Roma, 2007.

S. Vicario, *Mentana, la campagna del 1867,* Mentana 1985.

G. Vico, *Garibaldi nella provincia di Rieti,* Poggio Mirteto 1982.

A. Vigevano, *La fine dell'Esercito Pontificio,* nuova ed. Parma 1995.

A. Vitali, *Le dieci giornate di Monterotondo,* Bologna, 1868

L. Villari (a cura di), *Il risorgimento,* Roma, 2007.

A. Viotti, *Garibaldi: The Revolutionary and his Men,* Poole, 1979.

E. de Wallincourt, *Les héros de Mentana,* Lille- Paris 1868.

Presso l'Archivio dell'Ufficio Storico dello Stato Maggiore dell'Esercito è conservato il Fondo G- 5 Mentana[31].

---

[31] Inventario in http://www.esercito.difesa.it/storia/Ufficio-Storico-SME/Documents/150312/G-5 Mentana.pdf

www.ingramcontent.com/pod-product-compliance
Lightning Source LLC
LaVergne TN
LVHW081541070526
838199LV00057B/3743